NIFD
国家金融与发展实验室
National Institution for Finance & Development

商业银行绿色金融实践

曾　刚　万志宏　编著

Green Finance: The Practice of
Chinese Banking System

经济管理出版社
ECONOMY & MANAGEMENT PUBLISHING HOUSE

图书在版编目（CIP）数据

商业银行绿色金融实践/曾刚，万志宏编著 . —北京：经济管理出版社，2016. 12
ISBN 978 - 7 - 5096 - 4679 - 3

Ⅰ. ①商…　Ⅱ. ①曾…　②万…　Ⅲ. ①商业银行—经营管理—研究—中国
Ⅳ. ①F832. 33

中国版本图书馆 CIP 数据核字（2016）第 262163 号

组稿编辑：宋　娜
责任编辑：宋　娜
责任印制：黄章平
责任校对：赵天宇

出版发行：经济管理出版社
　　　　　（北京市海淀区北蜂窝 8 号中雅大厦 A 座 11 层　100038）
网　　　址：www. E - mp. com. cn
电　　　话：（010）51915602
印　　　刷：北京晨旭印刷厂
经　　　销：新华书店
开　　　本：720mm × 1000mm/16
印　　　张：13. 25
字　　　数：217 千字
版　　　次：2016 年 12 月第 1 版　　2016 年 12 月第 1 次印刷
书　　　号：ISBN 978 - 7 - 5096 - 4679 - 3
定　　　价：78. 00 元

序　言

中国社会科学院金融所　曾　刚

随着中国经济的快速发展，工业化和城镇化加快推进，环境压力不断增大，环境问题开始成为关系国计民生的重大战略问题。2015 年 10 月，中共十八届五中全会强调，"实现'十三五'时期发展目标，破解发展难题，厚植发展优势，必须牢固树立并切实贯彻创新、协调、绿色、开放、共享的发展理念"。正式将"绿色"确定为我国经济社会长期发展的战略目标之一。

绿色发展与绿色金融密不可分。一方面，绿色发展离不开绿色金融的支持；另一方面，绿色发展过程中经济结构和产业结构调整，也为绿色金融提供了潜在的市场需求。正是在这种背景下，实践层面，在过去一段时间中，我国商业银行的绿色金融实践取得了相当大的进展。2007 年，国家环保总局、人民银行、银监会三部门为遏制高能耗、高污染产业的盲目扩张，联合发布了《关于落实环境保护政策法规防范信贷风险的意见》，为商业银行绿色信贷业务发展奠定了制度上的基础，并得到了商业银行的积极回应。

之后，我国绿色金融的相关政策制度逐渐完善丰富，出台速度明显加快。2012 年银监会发布了《绿色信贷指引》，对商业银行开展绿色金融进行引导性监管。2013 年国务院印发《国务院关于加快发展节能环保产业的意见》，银监会出台绿色信贷统计制度。2015 年中共中央、国务院出台《关于加快推进生态文明建设的意见》。2015 年，银监会发布《能效信贷指引》。12 月，人民银行发布《关于发行绿色金融债券有关事宜》，正式在银行间债券市场推出绿色金融债券，为金融机构支持绿色产业开辟了债务资本市场融资渠道。同时，中国金融学会绿色金融委员会还发布了

《绿色债券支持项目目录（2015 年版）》，这是我国第一份关于绿色债券界定与分类的文件，将为绿色债券审批与注册、第三方绿色债券评估、绿色债券评级和相关信息披露提供参考依据。近两年，各地方政府也积极响应中央号召，出台各种支持绿色金融和绿色产业的政策，引导和促进本地区民间资本更好地投资绿色金融，从各方面推动绿色金融的普及和发展。

总体上看，在政策的积极引导和商业银行的持续努力下，我国商业银行的绿色金融实践取得了初步的成果。截至 2015 年底，我国银行业金融机构绿色信贷余额已达到 8.08 万亿元，其中 21 家主要银行业金融机构绿色信贷余额达 7.01 万亿元，较年初增长 16.42%，占贷款余额的 9.3%，其中节能环保项目和服务贷款余额为 4.4 万亿元，较年初增长 20.4%，节能环保、新能源、新能源汽车等战略新兴产品贷款余额共 1.6 万亿元，按贷款支持资金比例，预计可节约标准煤 1.7 亿吨，二氧化碳当量 4 亿吨，减排化学需氧量 341.3 万吨，氨氮 34.1 万吨、二氧化硫 587.7 万吨、氮氧化物 160.1 万吨，节水 9.3 亿吨。绿色信贷对推动可持续发展发挥了重要的作用。

在绿色金融业务规模迅速增长的同时，商业银行也积极完善相关的管理体系，为绿色金融业务的可持续发展奠定了良好的制度基础。比如，兴业银行在董事会层面，成立了以董事长、行长、副行长组成的社会责任工作领导小组，作为全行赤道原则以及绿色金融有关工作的决策、推动与协调机构。在集团层面，则成立了环境金融专项推动小组，作为集团绿色金融业务发展的推动与协调机构。在总行层面，成立环境金融部作为全行绿色金融专业管理部门，负责全行绿色金融业务推动、产品开发、技术支持、风险评审。在 35 家分行设立环境金融中心，作为区域绿色金融专业经营与管理部门。形成了从上到下的完整的绿色金融管控体系。中国工商银行则按照环境和社会风险信息，建立了公司贷款的绿色分类体系，该体系分为四级十二类（四级包括环境友好类、环境合格类、环境观察类和环境整改类等）。依托客户绿色信贷分类体系，按照贷款的"绿色"程度实现了对每笔贷款的绿色信贷分类，更有效地引导了银行的信贷投向。此外，其他一些银行也进行了许多有益的尝试。

实践中，商业银行还持续加大绿色金融产品的创新力度，从单一的绿色信贷逐步扩展到涵盖企业客户和个人客户的、多元化产品体系。从客户角度，对于企业客户，绿色金融产品和服务已经涵盖绿色产业的成长全周期，满足企业融资、融智、融商的全方位需求。对个人客户，则通过发行绿色理财、低碳信用卡、绿色按揭贷、绿色消费贷等方式，为其提供了参与推动全社会绿色转型的渠道和方式，有效激励个人客户绿色消费、绿色实践。从产品角度，合同能源管理、合同环境服务、特许经营权质押、碳资产、排污权抵质押等创新信贷产品已发展较为成熟。除此之外，通过多元化金融工具的创新（如信托、租赁、投行、基金、绿色债券等产品），商业银行绿色金融产品体系以及业务能力也得到了进一步的拓展和提升。

　　总体上来讲，金融是现代经济的核心和资源配置的枢纽，"绿色发展"理念的落地离不开绿色金融体系的完善。对商业银行而言，发展绿色金融不仅是支持我国经济结构调整升级的一个重要责任，也是银行自身抓住发展机遇，促进和实现自身可持续发展，实现自身资产结构优化的需要。在未来有着极大的发展潜力和空间。

目　录

引言：银行业引领绿色金融革命…………………………………… 1

一、中国发展绿色金融的必要性…………………………………… 1

（一）保护环境和实现可持续发展迫在眉睫…………………… 1

（二）环境保护亟须金融的全方位支持……………………… 4

二、银行业发展绿色金融的动力和优势………………………… 6

（一）商业银行推动绿色金融业务发展的动机………………… 6

（二）我国商业银行发展绿色金融业务的优势………………… 6

三、发展绿色金融，推动可持续发展…………………………… 8

第一章　绿色金融：内涵与理论基础………………………… 10

第一节　绿色金融内涵……………………………………… 10

一、绿色金融………………………………………………… 10

（一）绿色金融的界定……………………………………… 10

（二）绿色金融与传统金融的区别和联系………………… 12

二、绿色金融体系…………………………………………… 13

（一）绿色金融参与者……………………………………… 13

（二）绿色金融的基础设施………………………………… 14

（三）绿色金融机构、产品与市场………………………… 14

第二节　绿色金融的理论基础……………………………… 18

一、绿色金融与可持续发展………………………………… 18

（一）绿色金融是经济可持续发展的必然要求…………… 18

（二）现行金融体系存在缺陷，需要绿色金融革命……… 19

二、绿色金融发展方式与途径 ·················· 19

（一）环境经济学理论基础 ················· 19

（二）绿色金融发展着眼点与机制设计 ··········· 20

第三节 绿色金融发展的综合评价 ·············· 22

一、金融业的环境表现指标 ················· 23

二、银行绿色金融发展阶段评价 ··············· 24

（一）绿色金融发展阶段论 ················· 24

（二）绿色银行评价体系 ·················· 25

三、金融机构可持续发展评价 ················ 26

参考文献 ························· 28

第二章 绿色金融政策体系 ················· 29

第一节 绿色金融政策的国际经验 ············· 29

一、绿色金融政策体系 ·················· 30

二、绿色金融政策国际经验 ················· 30

（一）美国绿色金融政策 ·················· 30

（二）欧洲绿色金融政策 ·················· 31

（三）韩国绿色金融政策 ·················· 32

（四）日本绿色金融政策 ·················· 33

第二节 中国的绿色金融政策体系 ············· 34

一、中国绿色金融政策体系的演进 ············· 34

（一）"十一五"期间初步确立了绿色金融政策 ······· 34

（二）"十二五"首次全面规划环境经济政策 ········ 34

（三）"十三五"绿色金融将迎来新的发展空间 ······· 35

二、中国绿色金融政策体系的现状 ············· 36

（一）绿色经济的基础性政策 ··············· 36

（二）绿色金融政策 ···················· 37

（三）现状总结与效果评价 ················· 40

（四）存在的主要问题 ·················· 42

第三节 系统推进绿色金融政策体系建设 ········· 42

一、基础设施建设 ···················· 43

（一）法律法规和金融监管基础设施建设 ·········· 43

（二）绿色金融基础设施建设 ·················· 44

二、财政金融政策的直接支持 ·················· 45

（一）灵活运用财政政策 ···················· 45

（二）金融与货币政策 ······················ 46

三、绿色金融的机构建设 ····················· 46

（一）机构建设 ··························· 46

（二）优化金融机构的分工合作 ················· 47

参考文献 ····························· 47

第三章 中国的商业银行与绿色金融 ············· 48

第一节 商业银行与可持续金融 ·············· 48

一、可持续金融与商业银行 ·················· 48

（一）环境风险管理（ERM） ················· 48

（二）企业社会责任（CSR） ················· 49

（三）可持续金融 ························· 50

二、国际商业银行发展绿色金融实践 ············· 50

（一）可持续的金融倡议 ···················· 51

（二）国际赤道银行经验 ···················· 52

第二节 中国商业银行的绿色金融实践 ·········· 58

一、中国商业银行发展绿色金融的动力 ··········· 58

（一）政策监管环境变化 ···················· 58

（二）商业银行自身发展的内在要求 ············· 58

（三）商业银行发展绿色金融的优势 ············· 59

二、中国商业银行绿色金融实践 ··············· 60

（一）绿色金融发展现状 ···················· 61

（二）制约商业银行绿色金融发展的因素 ··········· 63

第三节 商业银行发展绿色金融的建议 ·········· 64

一、树立绿色可持续发展理念 ················· 64

（一）将可持续发展作为商业银行的公司治理理念 ····· 64

（二）制订绿色发展战略 ···················· 65

（三）设置绿色金融的行业和部门政策 ············ 65

二、完善绿色金融管理框架和流程 ·············· 65

（一）完善绿色金融管理组织架构 ···················· 65

（二）建立完善绿色金融风险管理体系 ·············· 66

（三）改进绿色金融业务管理方法和技术 ·········· 66

三、积极开发绿色金融业务和产品 ···················· 67

（一）结合自身条件，打造绿色金融产品和服务体系 ······ 67

（二）积极利用政策优惠，降低业务风险和成本 ······ 69

四、其他措施 ·· 69

（一）加强组织能力建设，重视人才培养 ·········· 69

（二）继续推广绿色运营 ······························· 70

（三）加大绿色金融相关信息的沟通和宣传力度 ······ 70

参考文献 ··· 70

第四章　商业银行的绿色信贷 ························· 72

第一节　绿色信贷的国际经验 ···························· 72

一、绿色信贷概述 ·· 72

（一）绿色信贷的源起 ······································· 72

（二）绿色信贷的中国内涵 ································ 73

二、国际银行业绿色信贷产品分类 ···················· 74

三、各国银行业绿色信贷政策与实践 ················· 75

（一）美国 ··· 75

（二）英国 ··· 75

（三）加拿大 ·· 76

（四）日本 ··· 77

（五）德国 ··· 79

四、国际绿色信贷经验总结与启示 ···················· 80

（一）国际经验总结 ··· 80

（二）对中国的启示 ··· 81

第二节　我国的绿色信贷政策 ···························· 82

一、绿色信贷政策演进 ·· 82

（一）起步阶段 ··· 82

（二）发展阶段 ··· 82

（三）完善阶段 ··· 83

二、绿色信贷制度主要内容 ······················· 85
（一）决策机制与约束机制 ······················· 85
（二）绿色信贷监督约束机制 ····················· 88
（三）绿色信贷激励约束机制 ····················· 89
第三节　我国商业银行绿色信贷实践 ··············· 90
一、我国商业银行绿色信贷概况 ··················· 90
（一）商业银行绿色信贷配套措施 ················· 90
（二）商业银行绿色信贷开展状况 ················· 91
（三）绿色信贷的阶段性成果 ····················· 92
（四）不断进行绿色信贷产品创新 ················· 93
二、我国商业银行绿色信贷实践 ··················· 94
（一）工商银行 ································· 94
（二）中国农业银行 ····························· 94
（三）中国银行 ································· 96
（四）建设银行 ································· 97
（五）兴业银行 ································· 98
（六）华夏银行 ································ 101
三、我国商业银行绿色信贷问题和不足 ············ 102
（一）商业银行主动性和管理能力有待提高 ········ 102
（二）环境信息披露不足 ························ 102
（三）地方政府过度干预 ························ 103
（四）商业银行自身缺陷 ························ 103
第四节　创新型绿色信贷业务 ···················· 104
一、合同能源管理融资 ·························· 104
（一）概述 ··································· 104
（二）案例 4 - 1：A 银行合同能源管理项目固定贷款 ··· 105
二、特许经营权质押融资 ························ 107
（一）概述 ··································· 107
（二）案例 4 - 2：C 银行污水处理特许经营 BOT 项目贷款 ··· 108
三、绿色融资租赁 ······························ 110
（一）概述 ··································· 110
（二）案例 4 - 3：ZX 银行绿色融资租赁（银租通）业务 ··· 111

四、绿色产业基金 ……………………………………………………… 113

（一）概述 …………………………………………………………… 113

（二）案例4-4：D银行设立"京津冀碧水蓝天产业投资基金" ……… 114

五、外国政府转贷款 …………………………………………………… 115

（一）概述 …………………………………………………………… 115

（二）案例4-5：B银行利用世界银行节能转贷

项目资金对ZL水泥集团贷款 ……………………………… 117

第五节　推动银行绿色信贷 …………………………………………… 119

一、完善绿色信贷的制度基础和环境 ………………………………… 119

（一）完善法律环境 ………………………………………………… 119

（二）完善政策制度 ………………………………………………… 119

二、完善商业银行绿色信贷业务运作机制 …………………………… 120

（一）明确业务准入标准 …………………………………………… 120

（二）加强风险管控与审批流程 …………………………………… 121

（三）建立有效信息沟通机制 ……………………………………… 122

（四）创新业务合作机制 …………………………………………… 122

（五）商业银行多方面拓展绿色信贷业务 ………………………… 123

（六）增强商业银行社会责任意识 ………………………………… 123

（七）加强专业人才的引进与培养 ………………………………… 123

参考文献 ………………………………………………………………… 124

第五章　绿色债券 ………………………………………………………… 126

第一节　绿色债券概述 ………………………………………………… 126

一、绿色债券定义和分类 ……………………………………………… 126

（一）绿色债券定义 ………………………………………………… 126

（二）绿色债券分类 ………………………………………………… 127

二、绿色债券特征 ……………………………………………………… 128

第二节　绿色债券的国际发展 ………………………………………… 129

一、国际绿色债券市场发展 …………………………………………… 130

（一）市场规模快速壮大，成为重要的绿色项目资金来源 ……… 130

（二）市场参与多元化，市场专业化程度有所提高 ……………… 131

（三）债券类型日益多样化，其中收益类债券成为主要类型 …… 133

（四）绿色债券多为中长期高信用等级的债券产品 ················ 133

二、绿色债券市场发展的国际经验 ····························· 133

（一）制度支持 ··· 133

（二）市场参与者推动自下而上的制度和机制建设 ··········· 135

三、对中国发展绿色债券市场的启示 ······················· 136

第三节　中国绿色债券发展 ································· 138

一、中国发展绿色债券的必要性 ························· 138

（一）增加绿色投资融资渠道，降低融资成本 ··········· 138

（二）化解商业银行信贷风险，为商业银行提供新的业务增长点 ······· 138

（三）推广绿色投资理念，推动资本市场创新 ··········· 139

二、中国绿色债券发展现状 ····························· 139

（一）发展现状 ····································· 139

（二）存在问题 ····································· 141

（三）绿色债券发展政策动向 ························· 141

三、中国绿色债券发展前景 ····························· 142

（一）融资重点领域 ································· 142

（二）发行人和债券类型多样化 ····················· 143

第四节　中国的商业银行与绿色债券 ····················· 146

一、绿色债券给商业银行带来的机遇 ····················· 147

（一）商业银行的绿色债券发展潜力巨大 ··············· 147

（二）商业银行具有发展绿色债券的自身优势 ··········· 148

二、商业银行绿色债券探索实践 ························· 149

（一）兴业银行绿色资产支持证券（ABS）实践 ········· 149

（二）浦发银行承销中广核碳债券 ····················· 150

（三）农业银行双币绿色债券海外发行 ················· 151

（四）工商银行绿色债券发展计划 ····················· 152

参考文献 ··· 153

第六章　碳金融 ··· 155

第一节　碳金融概述 ····································· 155

一、碳金融源起 ··· 155

（一）《京都议定书》与碳市场发端 ··················· 156

（二）民间自愿减排 ·················· 157

二、市场体系 ······················ 157

（一）市场类型和分布 ················ 157

（二）市场参与者 ·················· 158

（三）交易工具与交易方式 ·············· 160

三、碳金融市场发展意义 ··············· 162

第二节　全球碳金融市场发展与趋势 ········· 163

一、发展特点和趋势 ················· 163

（一）排放权交易数量日益扩大 ··········· 163

（二）结构性不平衡日益明显 ············ 164

（三）碳金融市场基础设施建设不断完善，市场融合加快 ··· 166

二、后京都时代国际碳金融市场展望 ········· 167

（一）全球经济复苏前景制约了碳金融市场的短期走势 ··· 167

（二）国际碳金融市场将迎来全面发展和整合的新时期 ··· 168

第三节　中国的碳金融发展 ·············· 170

一、中国的低碳政策 ················· 170

（一）参与国际应对气候变化行动 ·········· 170

（二）推动国内低碳经济发展 ············ 171

（三）建立中国碳市场试点和统一的碳市场 ······ 172

二、中国清洁发展机制 CDM 现状 ·········· 173

（一）政策规范 ··················· 173

（二）中国参与 CDM 现状 ············· 174

（三）CDM 对中国碳市场发展的影响 ········ 177

三、7 省市试点碳排放权交易 ············ 179

（一）市场发展概况 ················· 179

（二）试点地区交易机制比较 ············ 180

（三）各交易所创新实践 ··············· 182

（四）试点过程中的问题与不足 ··········· 183

四、我国碳交易发展前景 ··············· 184

第四节　中国商业银行的碳金融实践 ········· 185

一、商业银行的碳金融实践 ············· 185

（一）兴业银行的碳金融实践 ············ 185

（二）浦发银行的碳金融服务 ·· 189

（三）其他银行的实践 ················· 191

二、影响商业银行开展碳金融业务因素 ························· 192

（一）商业银行主观原因 ················· 192

（二）制约商业银行碳金融业务的客观因素 ········· 194

三、发展商业银行碳金融业务的建议 ················· 195

（一）构建完善的碳交易市场和机制 ············· 195

（一）建立有效的激励和约束机制 ············· 195

（三）建立完善的碳金融法律体系 ············· 196

（四）培育碳金融业务的中介机构 ············· 196

（五）宣传碳金融业务的意义 ·············· 196

参考文献 ··· 197

引言：银行业引领绿色金融革命

当前，环保和绿色发展已成为我国民众最关心的问题之一。我国环境质量远远低于全球平均水平，同美丽中国的构想存在巨大的现实差距。可持续发展，既反映了人民群众改善生活环境的迫切心声，也是推动我国经济转型、促进经济长期健康发展、履行大国义务的必然要求。绿色金融是实现可持续发展的重要途径，商业银行作为我国金融系统的重要组成部分，应该转变发展理念，结合中国实际，积极开拓绿色金融产品和市场，引领中国的绿色金融革命，在此过程中实现自身转型和经济社会发展。

一、中国发展绿色金融的必要性

（一）保护环境和实现可持续发展迫在眉睫

当前，环保和绿色发展已成为我国民众最关心的问题之一。改革开放以来经历 30 多年的经济高速增长，我国已经成为世界第二经济大国，但粗放的经济增长给我国带来了许多严重的环境问题。根据美国耶鲁大学与哥伦比亚大学联合推出的环境表现指数（EPI）[①]，我国已经成为世界上环境问题最严重的国家之一。2016 年的 EPS 榜单包含世界上 178 个主要国家与地区，我国环境表现综合排名为第 109 位。目前我国的环境质量远远低于发达国家水平，如此之差的环境与我国建设美丽中国构想有很大差距。

[①] Yale, Environmental Performance Index: 2016 Report, see http: //epi. yale. edu/reports/2016 - reportt/last visited on 2016/9/4.

表 0 - 1   2016 年中国与主要国家 EPI 排名、得分比较

国家	分数	全球排名
中国	65.1	109
美国	84.72	26
日本	80.59	39
英国	87.38	12

资料来源：美国耶鲁大学和哥伦比亚大学联合推出的 EPI。

愈演愈烈的大气污染正严重影响中国。环境保护部发布的 2016 年 7 月重点城市空气报告显示，京津冀区域 13 个城市空气质量达标天数比例在 54.4% 左右。[①] 超标天数中以 PM2.5 为首要污染物的天数最多，其次是 O_3。根据世界卫生组织（WHO）2005 年出台的空气质量标准，中国 500 个大型城市中，只有不到 1% 达到要求。中国工程院钟南山院上更是发出了"灰霾空气比非典可怕得多"的警示。根据香港地区研究资料：PM2.5 每立方米增加 10 微克，呼吸系统疾病的住院率可以增加 3.1%。灰霾从 25 微克增加到 200 微克，日均病死率可以增加到 11%。根据美国 NASA 卫星绘制的 PM2.5 全球分布图，我国已经成为 PM2.5 颗粒物浓度最高的地区，这将大大影响人民的生活健康。

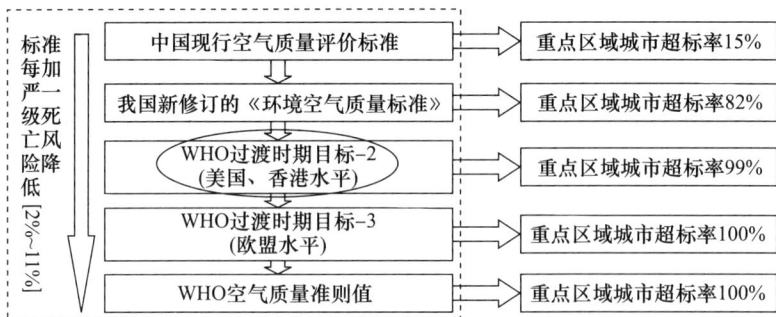

图 0 - 1   中国当前空气质量概况

资料来源：根据国家环保部网站、环境治理相关数据整理综合。

---

① 《环境保护部发布 2016 年 7 月重点区域和 74 个城市空气质量状况》，参见中央政府门户网站 http://www.gov.cn/xinwen/2016 - 08/11/content_ 5098974.htm，最后访问于 2016 年 9 月 4 日。

水资源匮乏及污染严重现象日益突出。目前全国600多座城市中，有300多座缺水，其中严重缺水的108座。北京市人均占有水量为全世界人均占有水量的1/13，不如一些干旱的阿拉伯国家。我国环境保护部发布的《2015中国环境状况公报》[①]指出，全国来自5118个地下水水质监测点数据显示，水质为优良级的占9.1%，良好级的占25.0%，较好级的占4.6%，较差级的占42.5%，极差级的占18.8%。在地表水方面，中国水环境质量也面临重大挑战，长江、黄河等十大流域国控断面中劣V类水质断面占8.8%，十大流域水质总体为轻度污染，湖泊水库富营养化问题仍然严重。

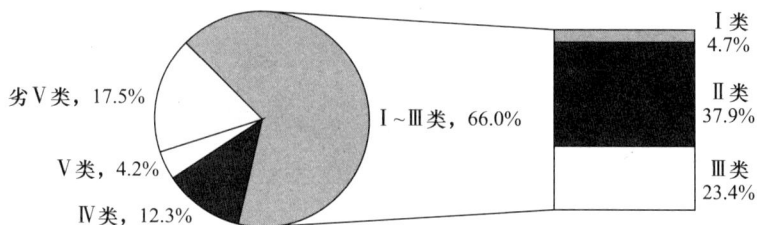

图0-2　2015中国省界水体水质状况

资料来源：《2015中国环境状况公报》。

党和国家领导人对影响群众生活的环保问题非常重视，习近平总书记指出，中国将按照尊重自然、顺应自然、保护自然理念，贯彻节约资源和保护环境的基本国策，更加自觉地推动绿色发展、循环发展、低碳发展，把生态文明建设融入经济建设、政治建设、文化建设、社会建设各方面和全过程，形成节约资源、保护环境的空间格局、产业结构、生产方式、生活方式，为子孙后代留下天蓝、地绿、水清的生产生活环境。李克强总理指出，环境保护是生态文明建设的主阵地。他希望环境保护、发展改革等有关部门同各地方密切协作，促进区域协调发展，做生态文明建设的引领者、推动者、实践者，抓紧制定生态文明建设的目标体系和推进办法，完善体制机制和政策措施，为国家发展和民生改善做出新贡献。当前我国正

---

① 环保部：《环境保护部发布〈2015中国环境状况公报〉》，2016年6月4日，参见环保部官网 http://jcs. mep. gov. cn/jcgzdt/201606/t20160604_ 353548. shtml，最后访问于2016年9月4日。

面临严峻的环境压力，经济飞速发展带来日益严重的污染与人民追求良好的生活质量相矛盾，如何通过制度创新改善环境成为当前政府的头等大事。

（二）环境保护亟须金融的全方位支持

我国在 1983 年就将环境保护定为一项基本国策，但人口迅速增长，经济快速发展，城镇化速度加快，给环境保护造成了巨大压力，并使环境问题在短期内集中爆发。环境治理需要大量投资支持，同时也凸显了金融市场手段的必要性。

1. 单纯的行政手段作用有限

当前我国环境治理主要集中于行政手段，例如为了治理大气污染所施行的机动车限行，以及强制下达节能减排指标等。行政手段虽然在短期内容易收到明显成效，但是从长期来看完全依靠行政手段存在着诸多弊端。首先，地方政府的环保达成度存在水分，各级政府还处在盲目追逐 GDP 增长的阶段，出现许多环境保护不作为现象，如环保行政监管不到位、行政处罚缺失等屡见不鲜；其次，行政手段的社会成本居高不下，无法调动企业参与的积极性；最后，行政手段治理环境的未来空间有限，目前各种行政手段都已经施行，但环境还在恶化。可以看出过重依靠行政手段无法解决当前的环境问题，应当更多利用市场的力量，发挥市场的自动调节机制，形成行政手段与市场调节双管齐下的环境治理模式。

2. 政府治理环境投资有限

环境治理投资作为公共物品，在我国主要由中央及各级地方政府主导。虽然每年的环保投入逐步增加，但仍存在许多制约环保投资的因素。一是我国当前区域经济发展不平衡，各地政府治理环境的投入能力受其经济发展水平制约；二是我国还存在中央与地方财政收入分配不均情况，各级地方政府作为环境治理的主体在财政分配上处于弱势。环境治理是一项长期工程，其短期内很难产生经济效应，这个特点造成其偿付能力有限，有碍于资金的筹集。据估计，"十三五"期间我国绿色产业每年至少需要投入 2 万亿元以上，但受制于中央与地方财政资金，投资只能占 15%～20%，社会出资比重将占 85%～90%，拓展环境治理项目的融资渠道是一个急需解决的问题。需要调动社会与企业的积极性与主动性，将社会资金吸纳到环境保护中去。在具体操作上学习发达国家经验，建立市场化的环保投资体制，吸纳私人资本进行环保投资，做大做强环境保护产业。

表0-2　全国环境污染治理投资情况　　　　单位：亿元

年度	城市环境基础设施建设投资	老工业污染源治理投资	建设项目"三同时"环保投资	投资总额
2010	4224.2	397	2033	6654.2
2011	3469.4	444.4	2112.4	6026.2
2012	5062.7	500.5	2690.4	8253.6
2013	5223	849.7	2964.5	9037.2
2014	5463.9	997.7	3113.9	9575.5

资料来源：国家环境保护部。

金融可以通过杠杆作用和资源配置功能引导社会资源流向，进而直接影响国家环保和生态文明建设进程和实施成效。而环保和生态文明目标的实现，离不开金融的支持和保障。为早日破解资源、环境约束难题，实现我国经济社会可持续发展以及人与自然的和谐共处，必须顺应绿色发展要求，大力发展绿色金融，实施绿色金融战略，实现金融与实体经济的良性互动和长远发展。

3. 金融对环保支持不充分

目前我国的金融体系在支持环境保护方面仍存在许多不足。政府推出了绿色信贷等政策手段，但受政策本身效力级别不足、绿色金融概念和统计口径混乱、与绿色信贷配套绩效评价标准和行业环保绩效评价指南等技术性政策的缺失、鼓励性和补贴性的优惠绿色信贷政策不足及法律责任和监督制约机制缺位等诸多因素的制约，中国绿色信贷政策体系的完善和实施效果的显现有待时日。

2015年，中国银监会、国家发展和改革委员会发布了《能效信贷指引》，随后绿色信贷规模有所增长。中国银行业协会2016年发布的《2015年度中国银行业社会责任报告》显示，截至2015年底，银行业金融机构绿色信贷余额8.08万亿元，21家主要银行业金融机构绿色信贷余额7.01万亿元，较年初增长16.42%，占各项贷款余额的9.68%。但与银行总信贷资产相比，绿色信贷占比相比2014年9.33%并没有明显提升。

此外，我国的绿色债券、绿色保险和绿色投资基金的发展刚刚起步，绿色金融体系的发展大有可为。

二、银行业发展绿色金融的动力和优势

商业银行具有较强的内在动力推动绿色金融业务的发展，相比其他金融机构，商业银行具有良好的信息数据基础、贷款评估体系等，客观上成为引领绿色金融发展的先头兵。

（一）商业银行推动绿色金融业务发展的动机

1. 规避社会和环境风险

随着各国对企业环境责任管理的法规力度加强，银行在金融业务中面临的环境风险加大，如果存在严重环境问题的投资项目失败，会给银行财务状况带来负面影响，银行甚至可能承担环境污染清洁的连带责任。国际金融公司一份面向新兴市场国家金融机构调查问卷[①]显示，金融机构关注社会和环境问题的主要动机是金融机构可能因为环境事件面临声誉风险，产生不良贷款并对金融机构总体收益产生影响。

2. 开拓市场潜力和新利润增长点

绿色金融服务于可持续发展和经济转型，节能减排、环保产业的发展空间巨大。调查显示，金融机构开展可持续发展金融所带来的主要好处包括：开拓新的市场空间、增加环境贷款规模、积累声誉并获得公众认可。

（二）我国商业银行发展绿色金融业务的优势

1. 银行在中国融资体系中仍占主导地位

在中国，以银行为核心的信用体系仍是支撑实体经济发展的支柱。改革开放以来，虽然中国金融业逐步开放和市场化，但在传统经济增长模式和居民高储蓄率的情况下，中国仍然是一个主要依赖间接融资的经济体。从社会融资内部结构来看，2014年，我国社会融资规模122.86万亿元，其中人民币贷款81.43万亿元，占比66.3%；外币贷款、委托贷款、信托贷款、银行承兑汇票等表外融资规模24.91万亿元，也主要依赖银行信用的支撑；而债券和股票融资仅为15.48万亿元，占比12.6%。总体来看，目前银行在我国社会融资体系中仍处于核心地位。

2. 商业银行是绿色金融的先行者

从绿色金融国际和国内发展看，商业银行是绿色金融的开拓者和践行

---

① Rachel Kyte. Banking on Sustainability: Risk Management and Growth Opportunities. Environment & Social Development, Dept. 2008.

者。国际上，商业银行自发形成了约束自身行为的赤道准则，积极推动绿色投资者网络建设，在绿色债券发行、绿色基金和绿色股权投资中，在碳金融市场上，均能够看到商业银行的活跃身影。商业银行不仅通过绿色信贷直接支持绿色投资，而且还通过绿色信贷资产证券化，绿色投资银行业务等，为金融市场提供各种绿色金融产品。

3. 银行在发展绿色金融方面有比较优势

我国商业银行较早涉及绿色金融领域，具有资源、标准、流程、产品创新等方面比较优势。

第一，业务资源丰富。商业银行同工商业企业建立了资金结算和信贷等长期关系，积累了大量企业信息和环境贷款相关经验，银行还拥有庞大的机构和个人客户资源，可以很好发挥中介桥梁作用，帮助绿色合格企业拓宽融资渠道，开发绿色证券产品，降低融资成本和财务风险，提升其在市场经济中的竞争力和可持续发展能力；银行具有绿色客户或项目选择的专业能力基础。

第二，商业银行在金融机构中较早树立了"绿色"发展理念和战略，完善了绿色信贷政策制度体系。商业银行在众多金融机构中，较早开展了绿色金融业务，将资金投向国家产业政策鼓励发展的绿色经济领域，形成比较完善的环境和社会风险控制管理体系；在行业投向上，鼓励和引导全行积极支持生态保护、清洁能源、节能环保、循环经济等绿色经济领域的信贷业务。同时，对企业实行名单制管理，从严控制"两高一剩"行业投放，并且制定完善了绿色信贷分类标准，实现了对客户环境和社会风险的量化管理。

第三，具有标准化的审批和风险管理流程。随着《新巴塞尔协议》的实施，我国银行业大多已形成了较为严谨的风险管理体系，在流程、技术方面更为规范，这个流程经过国际先进经验、模型和国内信贷实践检验后，可以提升市场投资人的可信度，切实起到增强信用、防范风险、保障收益的作用。

第四，在未来混业经营背景下，商业银行可以综合多种业务，开展多维度创新。银行无论是充当绿色证券发行人、承销商，还是绿色信贷资产证券化发起人，或绿色相关信托计划和理财产品，以及有关融资租赁，都可以开展积极有效的产品创新，提升对绿色经济发展的支持和服务能力。

总体来说，银行在机构治理体制、政策标准体系、产品服务体系、行业分类体系以及流程管理体系等方面均具有较强的优势发展绿色金融业务，更好支持绿色经济的发展，引领中国金融体系的绿色革命。

三、发展绿色金融，推动可持续发展

我国商业银行在推动绿色金融发展进程中，已经取得了局部、阶段性成果。

一是"绿色金融理念和战略"在大中型银行得到普及和贯彻。工商银行等国有四大银行在贯彻银监会绿色信贷指引方面发挥了积极作用，对贷款实施环境标准一票否决，并积极推出银行绿色信贷操作细则。股份制银行如兴业银行、华夏银行、浦发银行等更是积极转变经营战略，以兴业银行为例，该银行是我国唯一一家赤道银行，一直倡导绿色可持续发展经营理念，强调企业的环境和社会责任与使命，定期推出可持续发展报告，实现经营战略从强调经济效益向社会效益转变。

二是部分银行已经建立了绿色金融管理架构和完整流程。例如兴业银行在总部设立了环境金融部，在相关贷款的环境风险审批方面实现归口管理。

三是绿色金融业务取得了初步成果。截至 2015 年底，银行金融机构绿色信贷余额 8.08 万亿元，其中，21 家主要银行金融机构绿色信贷余额达 7.01 万亿元，较年初增长 16.42%，占各项贷款余额的 9.68%。贷款所支持项目预计可节约标准煤 2.21 亿吨，节约水 7.56 亿吨，减排二氧化碳当量 5.50 亿吨、二氧化硫 484.96 万吨、化学需氧量 355.23 万吨、氮氧化物 227.00 万吨、氨氮 38.43 万吨。绿色信贷对推动可持续发展发挥了重要作用。各商业银行还积极创新开拓其他绿色金融产品和服务，围绕绿色信贷和可持续发展，陆续开发能效融资项目、碳资产质押授信业务以及未来收益权质押融资等；积极参与碳金融市场基础设施建设，进行碳金融产品设计、碳金融顾问服务等；涉足绿色债券、绿色股权投资、绿色基金等业务，业务覆盖政府、企业和个人层面。

应该看到，我国商业银行目前的绿色金融业务发展还存在一些主观和客观上的不足。一是对绿色金融重要性关注不够，没有上升到银行战略层面，特别是中小型银行，对开展绿色金融业务缺乏主动性，更多是被动合规，在银行组织架构、管理、业务流程和激励机制中没有做出相应转变，在产品设计、金融服务提升、环境与社会信息沟通等方面进展缓慢；二是

商业银行自身的业务、人才储备不足，不足以支持开发绿色金融产品；三是配套政策法规不完善，配套的市场环境有待培育，例如缺乏客观的企业环境影响数据体系、企业的环境评级等，增大了银行发展绿色金融业务的困难。

从未来发展看，中国政府正在积极推动可持续发展的金融支持体系，为绿色金融发展赋予了更广阔的发展空间和机遇。在"十二五"和"十三五"规划中，从绿色金融体系、财政政策、税收政策等多角度推动绿色金融政策框架建立，在国际层面也积极参与国际绿色金融标准的制定和应用，促进国际最佳实践经验的传播。中国人民银行牵头的绿色金融工作小组提出了构建中国绿色金融体系的诸多现实性建议。可以预见，未来在绿色金融政策法规建设、财政和金融政策支持、机构建设、金融基础设施建设如绿色评级、排放权市场建设、环境成本核算体系和数据库、绿色投资者网络等方面将取得新的进展，为商业银行开展绿色金融业务提供更加广泛的空间和更具有激励性的政策信号。

在这一背景下，商业银行必须把握"可持续发展"趋势，深入贯彻实施"绿色金融和可持续发展"理念，完善绿色金融组织架构和流程，积极开发绿色金融产品，充分履行环境、社会责任，实现新的跨越发展。

第一章　绿色金融：内涵与理论基础

第一节　绿色金融内涵

气候变暖和环境恶化已成为全球共同面对的威胁，在联合国气候变化框架公约大力倡导下，各国纷纷出台政策，扶植相关节能环保产业，民间环保意识也大大高涨，金融体系在产品、组织、流程、制度等方面适应政策和市场需要而变化，"绿色金融"应运而生。

一、绿色金融

金融本质是资金融通，金融体系通过资金动员和价格信号，对整体社会的投资效率、投资效果和最终产出具有方向性影响。在传统的金融理论和实践中，人们主要关注金融体系的经济（货币）产出和效率，而对其社会影响、环境影响乃至对整个自然生态的影响重视不够，导致经济利益和社会利益、环境发展等产生冲突和对立，引发人们对金融业自身在可持续发展中的地位和作用的反思，对金融体系提出了全面改革要求。"绿色金融"（Green Finance）以"绿色"二字，区别于传统的面向石油、煤炭燃料为主导的工业化进程而忽略经济社会和自然可持续发展的"棕色"金融，强调金融体系对环境、自然和社会可持续发展问题的关注。

（一）绿色金融的界定

国内外学术界对"绿色金融"并无统一界定。例如，Salazar（1998）认为，绿色金融是指有利于环境保护的金融创新；Cowan（1999）认为，绿色金融是绿色经济和金融学的交叉学科，主要探讨绿色经济的资金融通；《美国传统词典》（第四版，2000）将绿色金融称为"环境金融"（Environmental Finance）或"可持续金融"（Sustainable Finance），认为绿色金融是研究如何使用多样化金融工具来保护生态环境及保护生态多样性，达到环境保护和经济发展的协调，从而实现可持续发展；Labatt 和 White（2002）认为，绿色金融是以改善环境质量、转移环境风险为目的，以市场为基础的金融工具。

国内学者也对绿色金融内涵进行了广泛探讨。王军华（2000）认为，绿色金融是指金融在经营活动中注重对环境污染的治理及对生态环境的保护，通过金融的社会资金引导作用，促进经济与生态的协调发展并实现经济的可持续发展。李心印（2006）则在此基础上强调绿色金融需要注重环保产业的发展。邓翔（2012）认为，这些概念的核心并没有偏离环境保护和可持续发展理念，因此，绿色金融可以定义为通过最优金融工具和金融产品组合来解决环境污染和气候变迁问题，从而实现经济、社会和环境的可持续发展。

实践中，国际组织和实务界在涉及环境、气候和生态等问题时，也提出各种不同的定义和概念，例如气候金融（Climate Finance），侧重探讨为缓解气候恶化所实施的金融手段；联合国基于 ESG（环境、社会与治理）提出的负责任金融则范围更广，一些金融组织和机构在实践中也提出了绿色金融的操作标准和定义。

根据国务院发展研究中心课题组（张承惠、谢孟哲，2015）的总结，狭义的绿色金融定义涉及对金融手段是否为绿色的判定，即金融组织、市场和经营行为是否有助于促进环境资源保护和可持续发展，关注重点是行业、流程和技术问题，衡量标准有些是程序性的（如联合国 ESG 治理），有些是事先定义优先支持的绿色产业（技术）的行业标准等。广义"绿色金融"从系统性角度出发，侧重于探讨金融如何实现可持续发展的目的和功能，根据金融系统目标设定融资标准，对环境风险进行资本分配，实现金融系统和宏观经济稳定。从中国现实看，对绿色金融从功能和系统性视角进行清晰定位，将有助于未来发展。

本书以下使用的绿色金融采用广义概念，指"绿色经济的资金融通"，强调在资金融通的目的、功能和资金使用过程中贯穿环境保护和经济社会环境可持续发展理念。绿色金融体系是金融部门支持环境保护与改善、能源有效利用与开发等促进经济社会可持续发展的组织、制度、行为和产品的总和，并可进一步细分为绿色金融政策、绿色金融机构、绿色金融市场和绿色金融产品等不同层面。按此广义概念，旨在减少碳排放的"碳金融"、强调应对气候变化的"气候金融"等均可归入其范畴。

表1-1 绿色金融的国际定义

狭义	广义
哪种金融活动（或工具）是绿色的	对绿色金融系统整体而言，"绿色"意味着什么
侧重过程：用来评估环境管理、生命周期的影响	侧重目的：有助于可持续发展的金融系统
侧重点：行业、技术及问题	侧重实质影响：经济转型、稳定、可持续增长等

资料来源：张承惠、谢孟哲：《中国绿色金融：经验、路径与国际借鉴》，中国发展出版社，2015年3月。

(二) 绿色金融与传统金融的区别和联系

绿色金融是为绿色经济服务的整个金融体系，是广义金融体系的一部分，其特殊处在于：

第一，强调"绿色"目标和绿色职能。金融部门把环境保护作为一项基本职能，在投融资决策中把与环境条件相关的潜在回报、风险和成本纳入内生性因素进行考量，在金融活动中注重对生态环境的保护以及环境污染的治理，通过金融业的杠杆和利益传导机制影响其他行为主体的投资取向和市场行为，引导社会经济资源流动，促进社会的可持续发展。

第二，运用"绿色准则"，即在金融活动中，突出"环境相关的风险—收益"权衡，因而也是对传统金融体系的重塑，改变了金融活动空间。相比传统的金融经营理念和活动，绿色金融将可持续发展原则融入金融机构的管理、服务以及监管过程中，在追求经济收益的同时，更加关注人类社会的生存环境和长远发展。

概言之，绿色金融是对原有金融体系从理念到过程的"绿化"和重塑。从微观内涵看，绿色金融要求金融机构将环境成本、收益以及风险纳入经营决策，并通过多样化的金融工具促进社会环境优化，遏制环境破坏活动，主体是金融机构，核心是绿色金融服务；而绿色金融的宏观内涵，则是将绿色金融看作一个系统和环境互动的过程，强调绿色资金整体投入对社会、经济、环境的影响以及影响绿色金融发展的外部因素。

二、绿色金融体系

绿色金融体系是一个有机整体，包括金融体系的监管和组织者、资金的需求者、供给者、金融中介和金融市场，以及相应的中介服务，借助绿色金融产品（直接融资和间接融资工具），使用绿色金融准则等，连接成一个完整的资金融通体系，如图 1-1 所示。

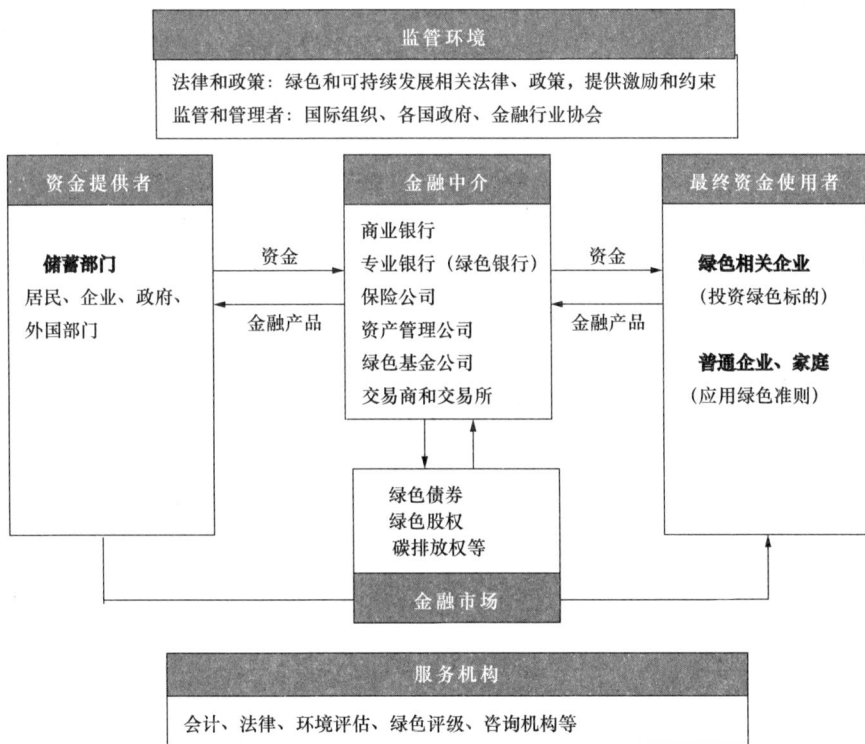

图 1-1　绿色金融体系

（一）绿色金融参与者

资金需求主要来自绿色和可持续发展项目的投资，包括传统产业的技术更新换代以及环保新兴产业的投资（绿色目的投资），除此之外，面向传统行业的资金需求者，金融机构和金融市场采用绿色标准提供资金，也构成了绿色金融体系一个不可忽视的部分（绿色准则的应用）。资金供给来自储蓄盈余部门，在资金转化过程中，金融中介通过绿色信贷、绿色保险、绿色股权和基金投资等方式，金融市场通过发展绿色债券、绿色指数投资、碳排放权交易等方式，为资金供求者提供直接或间接融资服务。政府监管部门通过政策手段和措施，直接或间接影响投融资供求，第三方中介机构如环境评估、绿色评级和民间环保组织则为绿色金融市场运行提供必要的辅助服务。

（二）绿色金融的基础设施

绿色金融体系的发展需要众多基础设施的支持，即由法律和法规政策提供约束和激励机制，由市场基础设施提供交易平台和信息，以便利资金融通。

1. 法律法规和政策基础

绿色金融体系的发展离不开法律法规和制度环境的约束和激励，从各国实践看，主要包括环境法律责任、强制环境保险、排放权立法、环境信息披露等各方面立法和规则的制定，通过财政、金融、产业和竞争政策手段，动用财政杠杆融通资金、降低资金成本、提高环境污染代价等政策手段，自上而下开拓绿色金融发展空间，保障绿色金融的运行。

2. 市场基础设施

在传统的基础设施如资金结算、交易网络平台、信息共享之外，绿色金融体系还需要一些特定的市场基础设施，主要是对"绿色"的认证和评估。这些基础设施包括：①绿色评级与评估系统，主要是对绿色投资、绿色信贷、绿色债券等的认定和评估，对环境、社会和可持续发展影响的客观评价，绿色信用等级的评定等；②环境成本核算体系和数据库，能够提高环境评估效率和数据的可获得性，降低投资者对绿色项目的评估成本，便利投资机构基于环境成本核算进行投资管理，并将环境成本核算引入企业环境管理、碳排放权发放等管理机制中。这些绿色相关的基础设施，能够切实区分绿色与非绿色金融，降低绿色企业融资成本，为绿色金融产品提供市场认可的认证。

（三）绿色金融机构、产品与市场

1. 绿色贷款

绿色贷款是指银行用较优惠的利率和其他条件来支持有环保效益的项目，或限制有负面环境效应的项目。绿色贷款包括针对个人的房屋贷款、汽车贷款、绿色信用卡业务，以及面向企业的项目融资、建筑贷款和设备租赁等。

　　赤道原则（Equator Principles）是目前全球流行的自愿性绿色信贷原则。根据赤道原则，如果贷款企业不符合赤道原则中的社会和环境标准，银行将拒绝提供融资。赤道原则的意义在于第一次将项目融资中模糊的环境和社会标准数量化、明确化和具体化。截至 2016 年 3 月，全球已有 36 个国家的 82 家银行和金融机构表示接受"赤道原则"（表 1-2 列示了英国《银行家》杂志 2015 年全球综合排名前 25 的银行采纳 EPs 的情况），涵盖了新兴经济体 70% 以上的国际贷款项目。对银行来说，接受赤道原则有利于获取或维持好的声誉，保护市场份额，也有利于良好的公司治理和对金融风险科学、准确的评估，同时也能减少项目的政治风险，因而逐渐成为国际银行业的通行准则，但 EPs 在我国尚未受到足够重视，目前中国仅有兴业银行一家银行承诺接受 EPs，成为全国首家赤道银行。

表 1-2　《银行家》2015 年排名前 25 的银行采纳"赤道原则"情况

排名	银行名称	国家	是否采纳赤道原则
1	中国工商银行	中国	否
2	中国建设银行	中国	否
3	摩根大通	美国	是
4	美国银行	美国	是
5	汇丰控股有限公司	英国	是
6	花旗银行	美国	是
7	中国银行	中国	否
8	富国银行	美国	是
9	中国农业银行	中国	否
10	三菱 UFJ 金融集团	日本	是
11	法国巴黎银行	法国	是
12	巴克莱银行	英国	是
13	法国农业信贷集团	法国	否
14	西班牙国际银行	西班牙	是
15	苏格兰皇家银行	英国	是
16	高盛集团	美国	否
17	三井住友金融集团	日本	是
18	德意志银行	德国	是

排名	银行名称	国家	是否采纳赤道原则
19	交通银行	中国	否
20	法国兴业银行	法国	是
21	瑞穗金融集团	日本	是
22	摩根士丹利	美国	是
23	意大利联合信贷银行	意大利	是
24	荷兰国际集团	荷兰	是
25	荷兰合作银行集团	荷兰	是

资料来源:《银行家》杂志,http://www.equator-principles.com,2015年。

2. 绿色银行

旨在为绿色基础设施项目融资的政策性银行,典型的如英国绿色投资银行,是英国政府全资拥有的政策性银行。政府出资30亿英镑作为银行资本并拥有一个董事席位,但银行独立于政府运营。绿色投资银行的作用是解决英国绿色基础设施项目融资中的市场失灵问题。英国政府希望通过调动私人投资加快向绿色经济转型。根据《英国绿色投资银行年报》,绿色投资银行每投资1英镑可撬动近3英镑私人资金。英国绿色投资银行按三个准则评估项目:稳健性、杠杆效应、绿色效应。投资重点是具有较强商业性的绿色基础设施项目。至少有80%的投资将针对海上风电、废物回收、废物再生能源和非住宅能效等领域。该银行可通过股票、债券和担保等方式进行投资,但不提供软贷款、风险投资或补贴。

3. 绿色保险

绿色保险又叫环境保险,是在市场经济条件下进行环境风险管理的一种手段。一般来说,环境责任保险以被保险人因污染水、土地或空气,依法应承担的赔偿责任作为保险对象。生态保险意义在于:如果没有保险,许多企业在发生意外的污染事件之后将无力提供赔偿和修复环境,而且对某些行业采取强制保险能将环境成本内化,减少环境风险过大的投资行为。

4. 绿色债券

绿色债券是为绿色项目投资直接或间接融资的债券,主要由国际金融组织和政府支持金融机构发行,近年来一些企业也开始加入发行者行列。

由于发行者信用级别较高，能享受政府担保或免税，可以较低利率融资以支持绿色项目。目前，国际上已发行绿色债券的机构包括世界银行、亚洲开发银行、英国绿色投资银行、韩国进出口银行等。绿色债券的承销商通常是国际投资银行，投资者则包括大型机构投资者和部分高净值个人投资者。绿色债券的平均期限为 5~6 年。2007 年以来，全球发行的绿色债券总市值超过 50 亿美元，其中世界银行约占 50%。

绿色债券能够吸引投资者的原因主要是：①绿色题材和社会价值；②较短的期限和较高的流动性，绿色债券期限一般为 3~7 年，且具有较好的二级市场流动性；③部分绿色债券免税，具有良好的投资回报；④较低的风险。通过投资绿色债券，投资者避免了对单个环保项目的投资风险，且发行机构本身也会对所投资项目进行严格筛选。

5. 绿色股权投资

绿色股权投资，即直接进行绿色项目和绿色环保企业的股权投资，目前国际上大规模绿色直接投资的主导方是国际知名的金融集团，同时也有一些专业投资者参与。1999 年，世界资源所（World Resources Institute）发起"新风险投资"（New Yentures）项目并得到花旗集团的资金支持。该项目专注于投资新兴市场经济体环境行业中的中小企业。1999 年至 2012 年，该项目共帮助 367 个"产生明显环境效益"的中小企业获得风险投资 3.7 亿美元。气候变化资本集团（Climate Change Capital）从事全方位的绿色产业投融资业务，其私募股权部门只投资于 500 万~2000 万欧元规模的公司，行业集中于清洁能源、绿色交通、能源效率、垃圾处理等。其他国际上专门开展绿色私募/风投的还有 Environmental Capital Partners 等数十家公司。

6. 绿色指数和股票投资基金

国外金融市场已有相当数量具备较好流动性的绿色金融产品，其中以 ETF 指数和基金类产品为主，也包括碳排放权类衍生品等。这些产品吸引了包括个人在内的广泛投资者。目前国际上的绿色指数主要包括：标准普尔全球清洁能源指数（包含全球 30 个主要清洁能源公司股票）、纳斯达克美国清洁指数（跟踪 50 余家美国清洁能源上市公司）、FTSE 日本绿色 35 指数（环保相关业务的日本企业）。这些指数都催生了跟踪该指数的相应投资基金。此外，特色指数和基金还包括德意志银行 x - trackers 标普美国碳减排基金、巴克莱银行的"全球碳指数基金"等。我国在这方面起步较晚，目前在 A 股市场有部分基金产品（如 A 股富国低碳环保基金、中海环保新能源基金等），但规模相对较小且投资标的并未严格限定在环保行业。

7. 碳排放权交易（碳金融）

碳金融市场，是温室气体排放权交易以及与之相关的各种金融活动和交易总称，包括基于配额的市场（Allowance – based Markets）和基于项目的市场（Project – based Markets）。其中，欧盟是最大的配额交易市场，2013 年，欧盟碳市场总交易量约 102.6 亿吨，交易额约 528.49 亿美元；中国已经开展 7 个试点省市的碳交易，目前已经成为全球第二大碳排放权配额交易市场。

第二节　绿色金融的理论基础

一、绿色金融与可持续发展

传统金融系统之外，发展"绿色金融"能够推动可持续发展，长远来看，将促进环境、社会和经济效益的提高。

（一）绿色金融是经济可持续发展的必然要求

金融是现代经济的核心和资源配置的枢纽，经济、社会和环境可持续发展要求绿色金融体系的支持，反过来绿色金融体系会对生态环境、经济增长模式、产业结构、金融结构等产生重大影响。

1. 绿色金融能够推动经济和环境可持续发展

绿色金融在确保经济发展的同时，对环境保护起到促进作用。通过将自然资源存量、人类经济活动造成的自然资源损耗以及环境损失的经济价值核算内化到金融评价和资源配置领域，不仅有助于合理利用资源，提高效率，帮助和促进企业降低能耗，避免企业陷入先污染再治理、再污染再治理的恶性循环，还能够通过价格和市场手段，促使企业放眼未来，给予生态、环保等需要长期投资的产业足够重视，通过在金融资源配置上"惩罚污染、奖励环保"，推进金融业和环境的良性互动。

2. 绿色金融能够促进产业的绿色升级和结构转型

在经济发展过程中，淘汰落后产能，实现结构升级需要金融业的帮助和扶持，金融的发展也有助于发送相关信号，拉动产业升级。例如政府通过碳排放权利法，从无到有创造出碳金融市场和碳金融产品，通过价格信号和市场机制，引导企业实现节能减排，拉动传统能源行业的升级换代，激发新的碳节能减排技术创新，形成绿色金融政策、绿色金融市场和绿色投资的良性互动，从而拉动整个能源、交通运输产业的绿色升级。

3. 绿色金融引领整个社会的可持续发展理念

绿色金融有助于形成可持续发展的社会责任认同。世界可持续发展工商理事会认为，金融业是社会可持续发展的领导者，金融行业应该以使世界更美好为使命。社会责任的思想催生了绿色责任思想，金融机构能够通过自身行为，促进企业社会责任和公众社会责任的提升。

（二）现行金融体系存在缺陷，需要绿色金融革命

由于市场失灵和外部性问题，现行经济和金融系统存在缺陷，不利于绿色投资和可持续发展，表现为：

第一，绿色投资的社会和环境收益大于私人收益，因此绿色产品难以合理定价（通常是定价过低），污染性产品定价过高，由此导致绿色投资收益率较低，投资不足。

第二，绿色投资往往周期长，融资过程容易面临期限错配问题，需要支付更高的期限风险补偿，并且导致融资成本过高，降低经济主体绿色投资的回报率。

因此，解决绿色投资不足的关键，是从政府和私人经济主体两个方面寻求政策、市场的合力，使投资的社会和环境收益显性化，降低绿色投资成本，提升投资规模和效率。

二、绿色金融发展方式与途径

（一）环境经济学理论基础

环境经济学理论指出，环境污染具有很强的负外部性，企业生产经营活动造成外部空气污染，社会受到损失而企业自身却没有为其付出全部代价，社会成本远高于私人成本；与之相反，绿色投资的社会效益大于私人收益，存在正的外部性。由于私人利益和社会利益不一致，使得资源配置将偏离社会最大化福利下的帕累托最优状态，私人活动为追求利润最大化

而进行的产出水平与社会所要求的最优水平偏离。纠正外部性导致的市场失灵，方式主要是政府管制和市场交易。

1. 政府管制

政府可采取一定措施，使污染的社会成本显性化，并转化为企业的私人成本，通过成本提高抑制企业过度污染排放行为；通过增加私人的边际投资收益鼓励私人的绿色投资行为，从而实现环境目标。据此，政府可以通过对污染企业征收税收，还可以通过推出绿色金融创新性产品如绿色保险，将环境风险通过保费形式显性化，间接提高污染型项目成本，从而达到抑制污染型投资的目的；正向的激励则包括对绿色投资进行各种形式的补贴和减免税收，对绿色产品进行补贴等。

2. 市场交易和科斯手段

科斯定理指出，当财产权明确且得到充分保障、交易成本较低时，经济主体对于可以通过对污染排放权进行协商交易，从而使产权交易费用内化为企业的投资成本，使外部成本内部化。在产权界定条件下，科斯手段受到政府干预的作用比较小，从而减轻了政府失灵或决策失误所带来的负面影响，同时政府的管理成本较低；能够更直接解决受害者的环境污染问题，且协调过程较为灵活。但产权的界定往往比较模糊，有市场竞争结构导致的成本费用的升高往往会导致价格扭曲与市场失灵，因此，关于初始的产权分配和责任约束便显得至关重要。在绿色金融领域，碳金融市场的产生便是基于联合国气候变化框架合约和各国（地区）排放量的总量控制机制而产生的。

（二）绿色金融发展着眼点与机制设计

促进绿色金融发展的政策和机制的着眼点在于通过构建一系列创新型绿色金融工具，提高绿色项目相对于污染项目的回报率，引导市场投资，培育绿色金融市场，从而鼓励生产者增加可持续发展项目投资，提高清洁型产品的产量。具体来说，可以在"庇古"税和"科斯"交易机制基础上，引导和发挥市场力量，提高污染项目的成本、降低其产出价格，从而降低其收益；提高绿色项目的回报率（提高其产品价格、降低融资成本等）；通过提升消费者和企业的社会责任等方式影响消费者和企业选择。

第一，通过税收、补贴和外部监管措施改变企业投资的成本—收益对比。政府可以对企业征收"庇古"税，使污染的社会成本显性化，并转化为企业的私人成本，通过成本的提高抑制企业过度污染排放行为；对于绿色项目的投资，可通过"补贴"方式使环境可持续发展的社会收益显性化并转化为企业的私人收入，通过收入（收益）的提高鼓励企业增加绿色投资；政府也可通过强制性地提高环境责任披露，提升投资者的环境责任要求，要求强制性环境保险，间接提高污染型项目的经济成本和社会声誉成本，达到抑制污染型投资、增加绿色投资的目的，但其缺点在于政府决策失误或者政府失灵带来负面影响，会同时使管理成本较高。

第二，通过市场交易，为绿色和棕色项目实现定价，引导市场资金流向。由于污染项目或可持续发展项目的外部效应，市场对此难以进行合理定价，因此还需政府全面政策扶植，例如政府通过设置总量排放限制，发展排放权交易市场；通过设置绿色投资和绿色信贷标准，为绿色信贷和绿色债券提供补贴；对企业的绿色投资项目给予担保、融资发行便利等。

第三，培育绿色金融理念，提高企业以及消费者的社会责任感。通过法律与道德手段和方法，使企业从单纯追求利润最大化改变为追求利润和社会责任，使消费者从单纯追求消费改变为同时追求消费享受和社会责任，从而改变对清洁产品和污染型产品的供求关系。政府可以确立金融机构环境法律责任或建立与此相关的一系列法律政策，强化投资者的社会责任，通过强制性手段降低企业排污动机，达到保护环境的效果。同时，还应加强企业的环境信息披露机制，提高企业的社会责任感。

主要金融工具/产品/市场及其发挥作用的经济学机理如表1-3所示。

表1-3　绿色金融机制

类别	工具/产品	机理
财政手段	价格补贴	提高绿色项目的回报率
	污染税	增加非绿色项目成本，提高绿色项目的相对吸引力
绿色间接融资	绿色银行	通过规模效益和专业化运作，提高绿色投资回报率
	绿色贷款	降低绿色项目的资金成本
	强制性绿色保险	将环境风险通过保费显性化，抑制污染性投资
	绿色基金	提高规模效益和专业化运作能力，降低绿色投资成本
绿色直接融资	绿色IPO通道	提高绿色企业的融资便利性，间接降低融资成本
	绿色债券	降低绿色项目的资金成本，提高绿色投资资金的可获得性和使用效率

类别	工具/产品	机理
绿色直接融资	绿色股权投资	通过风险资金的引入，增加绿色投资
	碳排放权交易	通过市场机制，实现减排成本的合理定价，降低减排成本
绿色金融环境建设	绿色评级	将环境风险显性化，降低融资成本，增加污染性投资融资成本
	绿色股票指数	提高环境信息的可获得性，降低环境项目的评估成本，提升价格信号影响力
	环境成本信息系统	引导更多资金进入绿色行业，达到降低绿色投资成本的效果
	环境信息披露机制	提高（降低）企业对绿色（污染性）投资的偏好
	绿色投资者网络	机构投资者环境责任提升，提高被投资企业的绿色偏好
	环保教育	提高消费者对绿色产品的消费偏好，提升企业绿色投资吸引力

资料来源：作者根据绿色金融工作小组《构建中国绿色金融体系》（2015）整理添加。

第三节　绿色金融发展的综合评价

对绿色金融发展程度和效果的评价，具有宏观和微观两个层面的意义。宏观上，全面把握一国绿色金融发展水平，了解绿色金融结构发展规律，判断国家间差距，评价绿色金融发展的经济、社会和环境绩效，探索我国加快绿色金融发展的途径。从微观层面看，对各机构绿色金融发展的战略、措施、服务和工具等进行梳理评价，有助于全面提升金融机构发展绿色金融业务水平，优化金融机构的资源配置，提高决策的有效性、准确性和科学性。

从国际上看，绿色金融发展的测度和评价主要有宏观视角和微观视角。微观层面的评价，主要对单个金融机构开展绿色金融服务的意愿、能力、效益进行评价。国际组织如世界银行、世界自然基金会、国际金融公司等均开发了评价系统，评价主要内容包括：①金融机构自身运行过程中贯彻绿色环保理念状况；②金融机构对绿色金融信息披露的完整性、准确性和及时性；③金融机构在绿色金融管理领域的战略导向、组织架构、制度设计、机制等状况；④金融机构开展绿色信贷、绿色证券、绿色保险业务等的绩效水平、产品创新和风险控制能力，并且对以后两个方面作为评价重点。我国银监会和环保部对商业银行的绿色信贷进行的评价即是这一范畴。宏观视角评价，主要把绿色金融发展及其环境作为一个整体，了解绿色金融发展的阶段性和绿色金融政策的整体效果。主要评价方法包括专家打分法和问卷调查法。

一、金融业的环境表现指标

2000 年世界可持续发展工商理事会与联合国环境规划署共同设计了金融业的环境绩效评价体系（EPI – Finance 2000）[1]，用以衡量不同类型金融机构在环境保护、可持续发展领域的表现。起草者希望这份指标能够与财务报告和社会责任报告一起，成为金融机构信息披露的重要工具，使对金融机构的环境业务效率衡量更加标准和透明。

该指标体系的适用对象为具备标准的环境管理系统或者遵守如 ISO14001 环境公共标准的金融机构，主要功能为：衡量金融机构环境管理的效果和优化情况；测度金融机构与环境相关的业务流程和风险控制情况；促进金融机构内部学习和信息交流。该报告最终构建的评价指标体系（见表 1 - 4）包括商业银行、投资银行、资产管理公司和保险公司四类评价对象。

表 1 - 4　金融业环境表现指标

指标	商业银行	投资银行	资产管理	保险公司	内部运营
管理表现（Management Performance Index）					
1. 知晓	粘贴环境保护宣传画、设立环境事业部				
2. 培训	开展环境管理培训				
3. 审核	制定环境管理审计制度				
操作表现（Operational Performance Index）					
4. 将环境风险整合到核心业务中	环境风险评估	环境风险评估	绿色资产管理	考虑环境风险因素，提供相关险种	电能、热能、用水、纸张、废物处理、交通等
5. 提供以环境保护为导向的服务	资助具有良好环保潜质的投资者	与具有良好环保潜质的投资者交易	投资具有良好环保潜质的投资领域	与环境相关的创新保险政策	

资料来源：EPI – Finance 2000。

---

[1]　Oliver Schmi – Schonbein and Arthur Braunschweig E2 Management Consulting AG. Switzerland Environmental Performance Indicators for the Financial Industry, www. epifinance. com.

评价内容可以分为三大维度：①管理表现指标。主要考察金融机构的环境管理体系，包括环境管理的目标类型和数量、标准化业务流程及其相关措施实施情况、金融机构业绩及内外部交流情况。②操作表现指标。主要考察两方面内容，包括"金融机构将环境产品和服务整合到现有核心业务的水平"、"金融机构为了提高收益主动开展环境服务和产品创新的能力"。③内部管理指标。主要包括金融机构运行过程中耗费的电能、热能、用水、纸张等指标。由于相关指标在工商业中已经具有比较成熟的检测体系，该指标体系未予重点分析。

总体来看，金融业的环境绩效评价提供了较为初级的评价思路和维度，但评价过程中还需要依靠额外的信息来源作为辅助，特别是在金融机构内部管理方式、组织架构不断变化的情况下，使用者需要在该指标体系基础上，根据适用性对其进行不断升级和完善。

二、银行绿色金融发展阶段评价

（一）绿色金融发展阶段论

荷兰著名经济学家马塞尔·杰肯（2001）指出，金融机构对待绿色金融发展的态度呈阶段性演进，从消极抗拒和被动风险规避，到主动管理环境风险，寻求市场机会，随着公众环保意识的提高和企业对社会责任的认同，银行国际化程度逐步增加，表明绿色金融发展呈现出阶段性特点。

其在《金融可持续发展与银行业：金融部门与地球的未来》一书中指出，金融机构（银行）对待环境保护的态度可以分为四个阶段，分别为：①抗拒阶段（Defensive），即银行认为环境问题只能增加成本而没有任何收益，因而采取抗拒态度；②规避阶段（Preventive），即银行环境影响的外部性逐步得到内部化，因而必须关注环境问题带来的负面影响以降低运营风险，这时候规避环境风险的策略最受欢迎；③积极阶段（Offensive），即银行已经从环境保护行为中发现商机，因而会采取一些积极手段开展环境友好的业务；④可持续发展阶段（Sustainable），即银行的一切商业活动都会与社会可持续发展一致，这也是绿色金融发展的理想状态。绿色金融阶段论揭示了商业银行从开始因成本和风险问题而被动开展绿色金融行为，到最后从环境保护中获得收益而主动开展绿色金融行为的周期性规律。

（二）绿色银行评价体系

基于这一理论，马塞尔·杰肯选择了 34 个全球知名银行进行了绿色金融发展评价①。建立了一个包括 5 个维度的指标评价体系（见表 1 - 5），分别为国际交流、信息披露、金融管理、专业服务和社会项目与慈善。每个维度都根据重要程度被赋予特定权重，且各自包括 5 个左右的三级指标。由于三级指标以定性为主，因此，作者采用了打分法（是则得分，否则不得分）予以赋值。最后将各二级指标加权平均就是该银行绿色金融评价的最终得分。评价结果分为四个区间：15～20 分对应可持续发展阶段；10～15 分对应积极阶段；5～10 分对应规避阶段；0～5 分对应抗拒阶段，其中抗拒阶段还可以进一步细分，0～2.5 分为高度抗拒阶段，2.5～5 分为轻度抗拒阶段。

马塞尔·杰肯对发达国家 34 家银行 1998～2000 年发布的环境报告、社会责任报告、年报以及其他披露信息进行了整理。结果显示，较少部分银行（6%）处于可持续阶段，24% 的银行处于积极阶段，而分别有 18% 和 52% 的银行处于规避或抗拒阶段，说明即使在经济发达国家，大多数商业银行开展绿色金融的积极性也不高。从区域来看，亚太地区的银行多处于抗拒阶段，北美和欧洲的银行多处于规避阶段，其中欧洲银行开展的绿色金融服务最好，几乎全部银行的得分都名列前茅，其原因可能与欧洲地区的社会文化、金融市场环境以及国家环境和法律有关。

研究还发现，商业银行所处的发展阶段、环境绩效与其资产规模以及国际化水平具有相关性。最可持续的银行不一定是经营效率最高的银行，但银行规模越大、国际化程度越高，绿色金融的综合得分也就越高。该方法称为评价绿色银行体系发展的主要方法。

当然，碍于样本选择和数据披露限制，其研究没有囊括发展中国家和中小金融机构，而这些地区更需要绿色金融的支持且发展潜力巨大，而且其采集的数据以及权重设定主观性过强，仅涉及对程序、条件的考量，而没有对绿色金融发展的规模、结果进行考察。

---

① 马塞尔·杰肯所选择的研究对象均为发达国家的商业银行，具体标准为：第一，总资产超过 1000 亿欧元；第二，来自同一个国家的银行最多不能超过三个；第三，所有样本银行数量不超过 50 个。在最终选取的样本中，欧洲占了 67%，北美占了 18%，亚太地区（日本和澳大利亚）占了 15%。

表1-5 马塞尔·杰肯的绿色银行评价体系

序号	二级指标及权重	三级指标及分值
1	国际交流（10%）	是否具有环境政策4分；是否具有环境报告4分；是否为世界可持续发展工商理事会成员1分；是否签署联合国环境规划署宣言3分；是否签署国际商会（ICC）可持续发展宣言1分；是否遵守ISO40001标准6分①
2	信息披露（25%）	是否具有内部环境影响的定量数据4分，定性数据1分，战略目标5分；是否具有外部环境影响的定量数据4分，定性数据1分，战略目标4分
3	金融管理（15%）	是否具有环境风险分析8分；是否具有专属部门4分；是否遵守世界银行的金融指引5分；是否遵守经济合作与发展组织关于发展中国家商业行为指引3分
4	专业服务（40%）	是否发放环境贷款2分；是否开展环境基金和咨询服务2分；是否开展环境租赁2分；是否具有环境储蓄产品2分；是否开展环境责任保险2分；是否对客户予以环保建议2分；是否开展环境风险投资3分；是否开展小微贷款3分；是否开展自然交易信用1分；是否具有气候产品2分
5	社会项目与慈善（10%）	是否具有环境保护的信用卡积分4分；是否进行环境保护捐助2分；是否开展社区公益活动8分；是否开展国际公益合作6分

资料来源：Sustainable Finance and Banking：The Financial Sector and the Future of the Planet。

三、金融机构可持续发展评价

除了评价者主观打分方法外，另一类方法是调查问卷法，比较有代表性的是2007年国际金融公司发布的《关于可持续发展的银行业务》研究报告②。该报告通过对全球43个新兴市场120多家金融机构开展的问卷调查，对这些地区的金融机构支持可持续发展状况及其影响因素进行了评判③。该研究选择的调查对象为从2002年10月到2005年9月参与国际金

---

① ISO14000认证系列标准是由ISO/TC207（国际环境管理技术委员会）负责制定的一个国际通行的环境管理体系标准，包括环境管理体系、环境审核、环境标志、生命周期分析等国际环境管理领域内的许多焦点问题。该标准不仅适用于制造业和加工业，而且适用于建筑、运输、废弃物管理、维修及咨询等服务业。共分7个系列，其编号为ISO14000—14100。

② Rachel Kyte. Banking on Sustainability：Risk Management and Growth Opportunities. Environment & Social Development Dept，2008.

③ 这些金融机构都是IFC会员，以商业银行和资产管理机构为主，还包括部分投资银行和租赁公司等金融机构。

融公司"竞争力项目"的新兴国家金融机构。

调查问卷基本内容包括 9 个方面，分别为：①应答者的专业水平和岗位职能。②金融机构基本情况，包括产业融资、国内外现状、主要业务员工数量，资产规模和交易规模。③金融机构及其客户面临的社会和环境风险的主要来源。④金融机构对于把握可持续发展机会具有哪些观点？⑤金融机构关注社会和环境可持续性问题的关键原因是什么？⑥实现社会和环境可持续性的标准、工具和管理系统有什么？⑦开展社会和环境可持续业务存在哪些困难？⑧关注社会和环境可持续性问题对核心业务有哪些影响？⑨在绿色金融方面需要国际金融公司提供哪些帮助？

该研究最终结果显示，几乎所有金融机构（约占 97%）都将社会和环境问题纳入经营决策考虑范围之内，他们关注社会和环境问题的主要动机是金融机构可能因环境事件面临声誉风险（约占 76%）、不良贷款（59%）以及对金融机构总体收益的影响（45%）。而开展可持续发展金融所能带来的主要好处为：有利于拓展新的市场空间（约占 66%），有利于增加环境贷款规模（约占 55%），能够更好地和国际金融组织合作（约占 55%）。目前，大约有 12% 的金融机构在积极开展可持续发展金融产品创新，主要金融产品为绿色信贷（约占 41%）、绿色投资基金（约占 24%）、清洁生产技术投资（约占 24%）。

从采用社会和环境管理系统来看，82% 的金融机构表示已经使用了一个或多个社会和环境管理准则；68% 的金融机构已经开发出一种正式社会环境管理系统。其中，社会环境管理主要内容包括建设相关网站（约占 77%）、开展环境影响评估（约占 77%）、进行环境审计（约占 34%）等。金融机构在进行社会和环境管理过程中存在的主要困难有：缺少行业实践经验（约占 45%）；内部管理能力有限（约占 43%）；实施国际准则和流程成本太高（约占 35%）；缺少合格的专业型人才（约占 35%）。

国际金融公司这份报告的重要之处在于提高了国际社会对新兴国家金融机构支持社会和环境可持续发展的关注。由于新兴国家的绿色金融发展正处于起步阶段，与发达国家金融机构对待环境和社会问题的态度存在明显差异，因此，了解它们的需求以及面对的困难和机遇，有利于促进新兴国家金融机构更好地融入国际绿色金融体系，并学习先进的同业实践。采用问卷调查的好处是绕开了新兴国家金融机构相关数据披露不足的问题，能够根据研究需要有针对性地获取信息。

除此之外，有关绿色金融发展的其他评价体系还包括碳信息披露项目（CDP）开展的碳排放信息披露评价体系，旨在对碳排放披露状况进行比较等。我国也已经开展了绿色金融发展的相关评价，主要集中于绿色银行评价，例如世界自然基金会、中国银监会和普华永道联合开展了中外银行绿色绩效比较报告（2013）、中国环保部环境与经济研究中心推出绿色信贷报告等，李晓西、夏光等（2015）在《中国绿色金融报告2014》中从宏观层面对中国的绿色金融发展程度进行了测算等。

参考文献

［1］Salazar J. Environmental Finance：Linking Two World ［Z］. Presented at a Workshop on Financial Innovations for Biodiversity Bratislava，1998（1）：2 – 18.

［2］Cowan E. Topical Issues ln Environmental Finance ［Z］. Research Paper Commissioned by the Asia Branch of the Canadian International Development Agency（CIDA），1999（1）：1 – 20.

［3］Labatt S. ，White R. Environmental Finance：A Guide to Environmental Risk Assessment and Financial Products ［M］. Canada：John Wiley & Sons. Inc，2002：15 – 31.

［4］张承惠、谢孟哲编著：《中国绿色金融：经验路径与国际借鉴》，中国发展出版社，2015 年 3 月。

［5］王军华：《论金融业的 "绿色革命"》，《生态经济》2000 年第 10 期。

［6］李心印：《刍议绿色金融工具创新的必要性和方式》，《辽宁省社会主义学院学报》2006 年第 4 期。

［7］邓翔：《绿色金融研究述评》，《中南财经政法大学学报》2012 年第 6 期。

［8］绿色金融工作小组编著：《构建中国绿色金融体系》，中国金融出版社，2015 年 4 月。

［9］Marcel Jeucken. Sustainable Finance and Banking：The Financial Sector and the Future of the Planet ［M］. Earthscan，London，2001.

第二章　绿色金融政策体系

实现绿色投资和经济可持续发展离不开法律法规、政策的引导或约束，政府自上而下推动绿色金融体系架构，需要从配套的法律法规、财政税收、金融、产业等多方面入手，而微观主体从事绿色金融运营，也离不开特定政策和监管环境，绿色金融发展程度的高低，很大程度取决于政策与监管环境。

从国际经验看，各国政府根据本国经济发展、法律环境，在推动绿色金融体系形成和发展过程中发挥了巨大作用。我国目前正在着手建立绿色金融体系，绿色信贷政策体系已经初步形成，而绿色债券、全国统一的碳排放权交易体系尚在探索，相应的扶植市场基础设施建设的政策、法规等也在酝酿中。本章总结各国推动绿色金融发展的政策与监管经验，回顾中国有关可持续发展和绿色金融体系建设方面的政策努力，指出当前尚需增强的薄弱环节和亟须解决的政策问题，展望我国发展绿色金融的政策环境前景。

第一节　绿色金融政策的国际经验

绿色金融政策是政府通过法规、制度和政策措施，引导或约束金融部门借助金融运作，推动绿色投资，实现经济和环境可持续发展。各国政府根据本国经济发展、法律环境，在推动绿色金融体系形成和发展过程中发挥巨大作用。

一、绿色金融政策体系

总体来看，各国政策包括财政支持＋政策法规＋基础设施制度建设。除财政支持外，其余的政策主要通过对金融机构和市场提供"惩罚和激励"，提高绿色投资产出价格、提高对绿色投资的需求、降低融资和运行成本等方式来提高绿色项目回报率，使更多社会资金愿意投入绿色行业；通过强制信息披露、强制保险、环保教育等方式提高污染项目的成本或将未来的或有成本显性化，从而达到抑制污染性投资的目的。

表 2 - 1　各项政策的预期效果和作用机理

政策与制度	主要效果和机理
环境责任立法	提高危害环境行为的成本
财政政策：贴息和税收减免	降低绿色项目的资金成本
绿色机构设置（绿色银行）	增加资金可获得性，降低成本
绿色债券政策	降低绿色项目的资金成本，提高绿色投资资金的可获得性和使用效率
上市企业环境风险强制披露	提升企业社会责任感，降低其污染偏好，环境风险显性化，抑制污染性投资
建立公益性环境成本信息系统	提高环境信息的可获得性，降低环境项目的评估成本
强制性绿色保险	将环境风险通过保费显性化，从而抑制污染性投资
碳交易市场建设	通过市场机制，降低减排成本
绿色金融理念推广（环保教育、投资者网络）	提升绿色产品吸引力，提高绿色偏好

二、绿色金融政策国际经验

（一）美国绿色金融政策

美国已经建立起比较完善的绿色金融制度体系，主要包括美国联邦政府与州政府制定的相应绿色金融法律、法规，以达到将经济发展和环境保护有效结合起来的目标。该制度体系是在美国传统环境保护法基础上结合美国国内经济发展与环境保护实情构建的，对落实美国金融机构、产业部门、美国市场和公民个人等主体的绿色金融制度的实行起到强有力的法律约束作用。

为促使美国绿色金融发展能在全球处于领先地位，美国政府通过一系列财政、税收等激励措施，将绿色金融制度在各社会主体中推行实施，并取得了成效，包括社会效应、经济效应和环境效应，对促进美国经济发展、提高美国就业率、缓解美国能源紧缺、控制美国环境污染起到了切实有效的作用。

在完善的环境法之下，美国制定了多部促进绿色金融发展的法律法规，重点规范政府、企业和银行行为并调节三方关系。例如，1980 年，美国联邦政府出台了《全面环境响应、补偿和负债法案》。根据该法案，银行必须对客户造成的环境污染负责，并支付修复成本。与此同时，美国政府实施了积极支持和鼓励政策，刺激和促进绿色金融产业的发展。税收政策作为政府调节环保经济的有效杠杆，是美国政府采取的一项重要措施。美国联邦政府早在 1978 年出台的《能源税收法》，对购买太阳能和风能能源设备所付金额中头 2000 美元的 30% 和其后 8000 美元的 20%，可从当年须交纳的所得税中抵扣。美国亚利桑那州 1999 年颁布的有关法规中，对分期付款购买回收再生资源及污染控制型设备的企业可减销售税10%。同时美国国内各银行也注意完善自身信息技术系统，真正做到与社会环境部门数据共享，建立有效的信息沟通机制。

在严格的法律环境下，信贷银行需要对信贷资金使用承担相应的环境责任，由此导致美国银行成为国际上最先考虑环境政策，特别是与信贷风险相关的环境政策的银行。例如美国花旗银行就是美国最早签署联合国环境声明和履行"赤道原则"的银行之一，并在内部建立了有多方参与的环境事务管理机制。美国的一些进出口银行制定了环境评估政策，对各类项目的银行贷款，需要先进行环境影响评估，根据结果做出决策。银行业联合会 1991 年对其 1741 家成员进行调查显示，62.5% 的银行已经改变了传统的贷款程序以避免潜在的环境债务，45.2% 的银行曾因为担心将会出现的环境问题而终止贷款。2009 年美国制定的联邦经济刺激方案规定可再生能源技术和电力传输技术贷款担保的优惠政策。

（二）欧洲绿色金融政策

1974 年，西德就成立了世界上第一家环境银行。1991 年波兰也成立了环保银行，重点支持促进环保的投资项目。英国绿色银行是英国政府全资拥有的一家银行，政府为其提供了 30 亿英镑资金，并在董事会拥有一个董事席位，但银行独立于政府而运作。英国绿色投资银行的作用是解决限制英国绿色基础设施项目融资的市场失灵。英国绿色银行通过调动额外的私人投资，大力加快英国向绿色经济的转型。《英国绿色投资银行年报》指出，绿色投资银行投资1英镑可调动近3英镑私人资金。

在立陶宛，政府在1998年开始实施"NEFCO—APINI授信额度"，至今已成功促进了清洁生产项目融资。在瑞典，国家开发署为环保项目提供了信用升级担保和绩效担保。在哥斯达黎加，国家政府发行碳债券以及贸易抵消证明给外国投资厂商，有效保证期为20年，国外投资者可利用此凭证抵免其在本国需要减少的二氧化碳量。

经过欧洲各国绿色金融政策的开展，现在欧盟排放交易体系已经成为世界最大的区域碳交易市场。2009年3月，欧盟委员会宣布，在2013年之前将投资1050亿欧元，支持欧盟地区的"绿色经济"，促进就业和经济增长，保持欧盟在"绿色技术领域的世界领先地位"。

（三）韩国绿色金融政策

2008年，韩国政府出台了"低碳绿色增长"经济振兴战略，明确提出依靠发展绿色环保技术和新再生能源，实现节能减排、增加就业、创造经济发展新动力三大目标。时任总统李明博称之为"韩国未来发展的基轴"。2009年7月，韩国政府公布了《绿色增长国家战略及五年计划》，要求通过发展绿色产业、应对气候变化和能源自立等战略，使韩国在2020年底跻身全球七大"绿色大国"，并在2050年成为全球五大"绿色强国"之一。此外，韩国还公布了《新增长动力规划及发展战略》和《绿色能源技术开发战略路线图》。这几大战略文件显示了韩国"绿色增长战略"框架。

韩国政府积极为绿色中小企业建立资金"输血"管道，如设立1.1万亿韩元的绿色中小企业专用基金，并以产业银行为主成立规模为3000亿韩元的研发及产业化专项支援基金；对绿色存款免征利息所得税，并发行3年期或5年期绿色债券，对投资绿色产业比例超过60%的基金给予分红所得收入免税等税制优惠；对于节能领域企业，政府加大融资力度，2013年将融资规模增加到2000亿韩元。此外，韩国政府还力图通过金融市场创新促进绿色产业发展，并将绿色金融划为高附加值服务业进行重点扶持，借以为绿色技术产业的发展提供服务保障，包括：设立碳排放权交易所；使绿色产业专用基金制度化；开发绿色产业股价指数和帮助绿色公募基金成长；开发绿色股份专用交易市场等。

为了有效实施"绿色增长战略"，韩国政府鼓励中小企业与大企业建立绿色伙伴关系，推进大企业的绿色转型和规模化，以打造"绿色王国"。同时，政府也和参与了路线图设计以及实施具体方案的企业达成了投资协议，设定了民间投资计划。

韩国已建立了比较系统的绿色金融体系框架，其中包括：第一，建立了针对绿色技术和绿色公司的绿色认证体系和公共信息披露系统；第二，建立了市场化的绿色股票指数；第三，建立一个专门的绿色评级机构；第四，建立绿色人力资源和基础设施。

（四）日本绿色金融政策

日本已经建立完善的绿色金融政策体系，长期实施针对绿色经济发展的激励性财税政策，包括税收、补贴、价格和贷款政策。例如，在日本若购置低公害车可享受车辆购置税减税，优先并延长减税车辆汽车税的减免年限等优惠。

2008 年 7 月，日本内阁会议通过了"实现低碳社会行动计划"，决定在绿色技术创新方面投入 300 亿美元，开发快中子增殖反应堆循环技术、生物质能应用技术、低化石燃料消耗直升机、高效能船只、气温变化监测与影响评估技术、智能运输系统等。

日本政策投资银行是注册资本超过 100 亿美元的日本大型国有银行，2004 年日本政策投资银行提出以环境评级手法确定投资对象，并加强与商业银行的合作，更好发挥政策银行的协调作用，为绿色信贷发展搭建平台。商业银行可以有效利用政策银行的环境评级系统，对贷款目标企业进行评估与监督，规避投资风险、提高投资效率。增加对环保领域投入的积极性。

此外，日本商业银行还能够充分利用政策银行的环境评级系统，评估和监督各个贷款目标企业，以更实际的方法规避投资风险，提高投资效率。例如，日本瑞穗银行接受赤道原则后业务量不断提升；相关贷款企业在应用环保技术，提高清洁生产能力时能够得到实际好处，如优先获得信贷或者减轻借贷成本、延长借贷期限等。在激励机制引导下，日本银行、企业逐渐自发遵守赤道原则，并开展绿色信贷业务。

第二节　中国的绿色金融政策体系

实施绿色经济发展战略是一项长期艰巨的任务，涉及国民经济和社会发展各个领域。我国近年来加大了经济可持续发展的政策力度，但总体来看，绿色金融政策体系尚处于发展初期，还存在很多需要进一步完善的地方。

一、中国绿色金融政策体系的演进

中国绿色金融政策起源于环境保护的切实需要，此后随着宏观形势和自身发展逐渐完善。早期我国主要采用行政方式，如对污染企业关停并转等方式进行环境保护。随着环境保护形势日趋严峻，仅依靠环保部门，依靠行政手段已经不足以遏制环境恶化，因此，政府开始逐步从法律、经济、金融、技术等多方面完善环境保护和实现可持续发展。其中，因为金融机制能够提供价格信号、引导资金资源配置，动员市场主体积极性而受到重视。

中国的绿色金融政策体系，随着对环境和可持续发展的认识深化而逐步深化。

（一）"十一五"期间初步确立了绿色金融政策

"十一五"期间，国家出台了《全国环境保护法规建设规划》，重要的绿色金融政策相继出台，2007 年中国人民银行、环保部、银监会三部门联合发布了《关于落实环境保护政策法规防范信贷风险的意见》，绿色信贷政策建立。2007 年 12 月，国家环保总局和中国保监会联合制定《关于环境污染责任保险工作的指导意见》正式对外公布，意味着绿色保险制度正式启动。2008 年 1 月，证监会发布《关于重污染行业生产经营公司 IPO 申请申报文件的通知》。2008 年 2 月，环保总局发布《关于加强上市公司环境保护监督管理工作的指导意见》，明确未来公司申请 IPO 或再融资时，环保核查将变成强制性要求，开启中国"绿色证券"制度。"十一五"期间，初步开启绿色金融、绿色保险和绿色 IPO 政策。

（二）"十二五"首次全面规划环境经济政策

"十二五"期间，政府首次就环境经济政策建设出台专项规划，颁布了《"十二五"全国环境保护法规和环境经济政策建设规划》，确定

10 个领域，3 项具体任务，涉及推动税制"绿色化"、完善环保收费制度，改革环境价格政策；深化环境金融服务，健全绿色贸易政策；建立排污权有偿使用和交易制度；构建生态补偿机制；完善公共财政支持环保政策；制定和完善环境保护综合名录；推进污染损害鉴定评估，反映出绿色金融制度和实施是一个复杂的系统工程，需要依赖其他政策的配合。

（三）"十三五"绿色金融将迎来新的发展空间

十八届三中全会为中国绿色金融发展搭建了层级更高、权威性更强的环境经济政策空间。2013 年 11 月，《中共中央关于全面深化改革若干问题的决定》为中国直到 2020 年多项重要领域或关键环节上的改革提出了明确任务，其中包括加快生态文明制度建设，主要有四方面内容：一是健全自然资源资产产权制度和用途管制制度；二是划定生态保护红线；三是实行资源有偿使用制度和生态补偿制度；四是改革生态环境保护管理体制。贯彻落实《生态文明体制改革总体方案》和十八届五中全会会议精神，加快推动经济结构转型升级和经济发展方式转变。

中共中央"十三五"规划建议提出了完善发展理念，树立创新、协调、绿色、开放、共享的发展理念，开启绿色金融发展新空间。

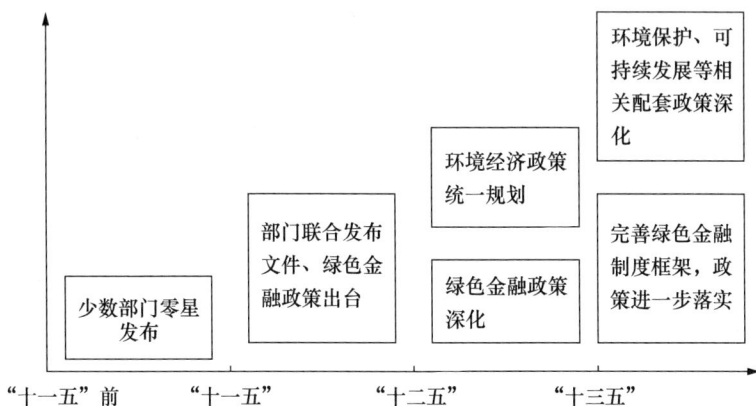

图 2-1 中国绿色金融政策体系演进历程

资料来源：张承惠、谢孟哲等（2015）。

二、中国绿色金融政策体系的现状

中国绿色金融政策体系主要由两大类组成：一是绿色金融发展所依托的外部配套设施，包括环境基础立法、财政税收政策、价格政策、产业政策以及基础设施建设政策等；二是推动绿色金融本身发展的政策，包括绿色信贷政策、绿色证券、绿色保险、排污权交易等相关金融政策。

（一）绿色经济的基础性政策

1. 环境保护和可持续发展法律法规

2014 年 4 月，最新修订的《中华人民共和国环境保护法》出台，相比旧环保法而言，增加了保护环境是国家的基本国策，明确环境保护应该坚持保护优先、预防为主、防治结合、公众参与、污染者自担原则，为绿色金融发展奠定了更为完善的基础法律框架。

环保部门开展企业环境行为信用评价制度。2013 年 12 月，由环境保护部、国家发展改革委、中国人民银行、中国银监会联合颁布《企业环境信用评价办法（试行）》，自 2014 年 3 月 1 日起正式实施。该办法确定的评价指标主要包括污染防治、生态保护、环境监理、社会监督 4 个方面 21 项；污染物排放总量大、环境风险高、生态环境影响大的企业，均应当纳入环境信用评价范围；企业环境信用等级分为环保诚信企业、环保良好企业、环保警示企业、环保不良企业 4 个等级，依次以"绿牌"、"蓝牌"、"黄牌"、"红牌"标示。对环保不良企业，该办法建议银行业金融机构对其审慎授信，在其环境信用等级提升之前，不予新增贷款，并视情况逐步压缩贷款，直至退出贷款；建议保险机构提高环境污染责任保险费率，环保部门还开展了环境损害鉴定和评估制度试点。

2. 绿色经济产业政策

例如，建立环境保护综合目录，由环保部向有关部委提供《环境经济政策配套综合名录》，对高风险、高污染产品施加限制，取消出口退税、禁止加工贸易；在投资政策方面，对"两高一低"和过剩产能行业从财政税收、信贷、市场准入等方面实施严格的控制，等等。

3. 财税激励政策

中国针对生态环境保护本身出台了许多财税支持政策，主要包括排污收费制度、环保预算投入、政府采购和排污权交易机制。例如，在生态保护、重大环保基础设施建设、新能源开发等市场参与不足或未参与的领域，财政资金发挥着重要作用。

在税收政策方面，主要通过征税限制和税收优惠引导来实现激励和约束。目前涉及的税种主要包括资源税、消费税、所得税等。例如，环境保护、节能节水项目可以享受一定程度的企业所得税优惠，未来还将通过扩大资源税、消费税征收力度、开征环境税等措施加强税收引导作用，提高污染环境成本。

4. 价格政策

主要是资源、要素市场的价格形成机制逐步市场化，提高资源要素的价格成本，从而减少相应需求，提升节能环保投资吸引力。目前中国资源和环保的价格相关政策取得了一定进展，但仍处于形成和完善过程，远未完成。一是在资源性产品价格形成机制方面。2006 年起，国家对电解铝、钛合金、电石、烧碱、水泥、钢铁、黄磷、锌冶炼等行业实施差别定价，以抑制高能耗行业的盲目发展；水资源定价改革也在进行中，如山东、浙江对高能耗水企业实施用水累进加价政策，北京、天津实施再生水价格政策改革等。二是在环保收费政策方面。浙江、北京等地相应提高了污水处理收费标准；北京、安徽、东莞、长沙、昆明、武汉、合肥等实施或拟实施垃圾处理费捆绑水费征收方式。三是在生态补偿机制方面。截至 2012 年底，已有 27 个省级地区建立了省级财政森林生态效益补偿基金，已有 30 个省级地区建立了矿山环境恢复治理保证金制度。

这些基础性政策主要发挥两方面作用：一是建立有效的激励和约束机制，增加全社会对绿色投资融资以及环境风险管理要求，进而影响绿色金融的发展；二是理顺绿色金融发展外部环境，使其在法制化、规范化基础上，充分激发市场机制作用，提高金融机构绿色金融业务的积极性和效率。

（二）绿色金融政策

目前，我国绿色金融政策主要包括绿色信贷、绿色保险、绿色证券绿色债券、排放权有偿使用和交易等，如表 2-2 所示。

1. 绿色信贷政策

一是差异化的信贷放款政策，即根据环境项目风险状况区别对待，有保有压。对节能减排、环保投资等绿色经济项目予以信贷支持，而对"两高"行业信贷供给实施严格的限制甚至不予贷款。

二是构建绿色信贷环境信息网络和数据平台，将企业环境行为纳入人民银行征信系统，作为银行评估借贷风险以及监管部门监督银行的主要依据。各地方政府也积极推动绿色信贷政策效果的评估，对绿色信贷效果实施量化评估，并作为奖励和考核金融机构的依据。

2. 绿色保险

2007年12月，国家环保总局和中国保监会出台《关于环境污染责任保险工作的指导意见》，推动环境污染责任保险试点，2013年进一步明确涉重金属企业需要投保环境污染责任险等。目前，全国大部分地区启动了环境污染责任保险试点工作。相关配套措施政策还包括：环保部和保监会联合印发硫酸、氯碱等行业的环境风险评估技术规范；2011年起，环保部在河北、江苏、山东、河南、重庆、湖南、昆明等地试行环境污染损害责任认定和鉴定评估机制。然而，目前我国多数地区仍没有建立专门的环境污染损害鉴定评估机构，或者因为经费短缺而阻碍了鉴定主体的进行。

3. 绿色证券

上市公司环境保护核查以及后续监督制度。高污染行业企业申请首次发行上市（IPO）或再融资的，必须根据环保总局规定进行环保核查，对已经通过环保核查的公司，环境保护主管部门还通过后督察机制对其继续进行监督管理。但是总体来说，环保核查制度并未阻止近年来中国上市公司环境污染事故频发。

上市公司环境信息披露制度。目前我国上市公司环境信息披露制度很不完善，环境信息披露内容不规范不全面，披露信息主要为企业环保认证、环境风险、财务信息等，缺乏关于企业主要污染物排放、污染物治理措施及效果等重要信息，对于企业投资带来的环境影响缺乏量化披露。

当前，绿色债券政策取得了一定进展，2015年12月22日，中国人民银行发布绿色金融债券公告，就金融机构在银行间债券市场发行绿色金融债券各项事宜进行了规定。公告对绿色金融债券从绿色产业项目界定、募集资金投向、存续期间资金管理、信息披露和独立机构评估或认证等方面进行了引导和规范，同时颁布了由中国金融学会绿色金融专业委员会起草编制的《绿色债券支持项目目录》，促进了绿色债券市场的规范化发展。

4. 排污权相关政策

2007年开始，财政部会同环境保护部、国家发展和改革委员会先后批复了天津、江苏、浙江、陕西等11个省（市）作为国家级试点单位探索实施排污权有偿使用和交易制度，财政部安排数亿财政资金用于支持试点省市加强污染物排放监测监管以及交易平台建设。2008 年开始，北京、天津、上海等地开展了地区层面的碳排放权总量交易体系试点，2017 年我国将推出全国性的碳排放权交易体系。

表 2 - 2　部分重要绿色金融政策文件（2001 年至今）

政策文件名称	发布时间	发布部门	主要内容
《上市公司环境审计公告》	2001 年	环保总局、证监会	● 上市公司的环境审计内容和要求
《上市公司或股票再融资进一步环境审计公告》	2003 年	环保总局、证监会	● 上市公司 IPO 和再融资应获得环保部门审核
《上市公司环境信息披露的建议》	2003 年	环保总局、证监会	● 上市公司环境信息披露内容和方式
《关于进一步加强产业政策和信贷政策协调配合控制信贷风险有关问题的通知》	2004 年	国家发改委、人民银行、银监会	● 金融机构环境信贷风险
《关于落实环境保护政策法规防范信贷风险的意见》	2007 年 7 月	环保总局、中国人民银行、银监会	● 在环保部门、中国人民银行、银监部门和金融机构之间建立信息沟通 ● 对未通过环评审批或者环设施验收的项目，不得新增任何形式的授信支持 ● 依据国家产业政策进行分类放款 ● 对违规排污的企业严格限制流动资金贷款
《关于防范和控制高耗能高污染行业贷款风险的通知》	2007 年	中国银监会	限制对高耗能和高污染行业新增贷款
《关于环境污染责任保险工作的指导意见》	2007 年 12 月	国家环保总局和中国保监会	选择部分环境危害大、最易发生污染事故和损失容易确定的行业、企业和地区，率先开展环责险的试点工作
《关于重污染行业生产经营公司 IPO 申请申报文件的通知》	2008 年 1 月	中国证监会	重污染行业生产经营活动的企业申请首次公开发行股票的，申请文件应当提供国家环保总局的核查意见，未取得相关意见的，不受理申请

政策文件名称	发布时间	发布部门	主要内容
《关于加强上市公司环境保护监督管理工作的指导意见》	2008 年 2 月	国家环保总局	公司申请首发上市或再融资时，环保核查将变成强制性要求
《绿色信贷指引》	2012 年 2 月	银监会	明确银行业金融机构绿色信贷支持方向和重点领域，要求实行有差别、动态的授信政策，实施风险敞口管理制度，建立相关统计制度
《关于开展环境污染强制责任保险试点工作的指导意见》	2013 年 2 月	环境保护部与中国保监会	在涉重金属企业和石油化工等高环境风险行业推进环境污染强制责任风险试点
《绿色信贷实施情况关键评价指标》	2014 年	银监会	具体的工作指导目录和环境风险评估标准，对"两高一剩"产业在数据统计口径和统计方法上出台了统一标准
《绿色债券公告》	2015 年 12 月	中国人民银行	对绿色金融债券从绿色产业项目界定、募集资金投向、存续期间资金管理、信息披露和独立机构评估或认证等方面进行了引导和规范

资料来源：作者自行整理。

(三) 现状总结与效果评价

总体来看，我国绿色金融政策的基本框架初步成型：监管部门均已经在政策层面上明确了金融体系绿化的导向和措施，环境经济政策体系建设和相关配套措施也正在建设进程中。

我国绿色金融政策体系对中国的绿色金融市场启动和初步发展产生了关键影响，2007 年以来推动着绿色金融市场的快速发展，商业银行普遍开展了绿色信贷业务，绿色债券、绿色保险、碳排放权交易等也正在逐步展开，产生了较好的环境影响（见表 2 - 3）。

表 2 - 3　中国重要的绿色金融政策及初步效果评估

类别	主要内容	政策效果初步评估
绿色信贷	有保有压，差异化信贷政策	一定程度上抑制了"两高一资"行业贷款
	绿色信贷环境信息的网络途径和数据平台	越来越多的环境信息被纳入中国人民银行征信系统
	绿色信贷政策效果评估制度	部分地方建立该制度，作为考核和奖励金融机构的重要依据
绿色保险	高环境风险领域试行环境污染责任保险	2007 年启动，2013 年在部分领域试行保险制度，全国大部分省已经启动了试点和推广工作
	地方层面对环境污染责任保险的探索	如马鞍山市实行 20% 保费补贴，将企业环保环境污染责任保险作为申报环保专项资金、开展行业准入审查等的前置条件等
	环境风险评估技术规范和环境污染损害责任认定/鉴定评估机制等配套制度	尚处在构建和完善中。如损害鉴定评估制度只在全国 7 个地方开展试点
绿色债券	上市公司环境保护核查及后续监督制度	公司申请首发上市或再融资时，必须进行环保核查，该制度实施后，上市公司环保事故仍屡见不鲜
	上市公司信息披露制度	很不完善。如环境信息披露缺乏实质内容，缺乏持续改进机制的披露等
	上市公司环境绩效评估	只在一些地区进行试点
	绿色债券	已经初步市场化发展，用于节能环保的企业债券发展比较快；2014 年出现了碳债券、双币绿色债券等
	地方鼓励政策	鼓励企业利用主板、新三板、区域股权市场、债券市场等多层次资本市场融资，节能环保企业优先享受相关政策优惠
排污权有偿使用和交易相关的金融活动及政策	排污权抵押贷款	排污权有偿使用和交易在部分地区试点，但交易清淡，没有发展起来；在部分地区环保部门和中国人民银行推动下，商业银行可以使用有偿获得的排污权进行抵押贷款

续表

类别	主要内容	政策效果初步评估
配套制度	财税激励政策	财税政策主要针对生态环保企业或项目展开，对金融机构开展的绿色金融业务基本没有支持，只在地方有零星试点
	价格政策	包括资源价格形成机制、环保收费制度等，仍在摸索试点中；十八届三中全会提出，加快这方面的改革步伐

资料来源：绿色金融工作小组：《构建中国绿色金融体系》（2015）。

（四）存在的主要问题

中国绿色金融体系还处于发展初期，很多政策并未产生明显效果，绿色金融政策体系有待完善、深化。

一些政策目前只是搭建了基本框架而缺乏操作细则，一些政策则因为配套政策滞后而迟迟难以推展，如碳排放权市场受制于碳排放信息的搜集整理进展，还有一些法律和政策刚刚出台，市场处于观望和消化状态，如新环保法、企业环境行为的信用评价制度等。这意味着中国绿色金融体系的建设任重道远。

第三节　系统推进绿色金融政策体系建设

我国应尽快从国家战略层面上推进绿色金融政策体系建设，推动尚处于初级阶段的绿色金融发展，充分发挥其在实现经济结构调整和发展模式转变等战略目标中的重要作用。

目前，从政府部门和学者对推动绿色金融体系建议看，均强调政府应该从战略上高度重视绿色金融发展，将绿色金融纳入经济转型和生态文明战略中，从财税、产业、货币、金融监管等多角度全面协调，统一规划（张承惠、谢孟哲等，2015；绿色金融工作小组以及李晓西、夏光等，2015），具体建议可以概括为如下方面：一是建立和完善支持绿色经济和可持续发展的法律法规与监管基础设施，需立法机构、相关政府部门的推动，包括环境责任、强制性的绿色保险、上市公司强制性的环境信息披露、排污权交易的总量基础，明确监管责任等；二是建立和完善支持绿色投资的金融基础设施建设，包括加快全国统一的排放权市场建设、建立绿色评级、建立环境成本核算体系和数据库、建立绿色投资者网络等；三是推动绿色金融的财政税收金融政策，例如财政贴息和减免税收、绿色债券和绿色IPO等，此外还包括从组织机构上通过设立专门的绿色金融发展机构，如绿色银行、绿色产业基金等方式，充分发挥政府财政资金的杠杆引导作用。

表2－4　绿色金融的组成

绿色信贷与投资的专业投资机构	财政金融政策支持	金融基础设施	法律基础设施
中国生态发展银行		排污权交易	
地方层面的绿色银行	绿色贷款贴息	绿色评级	绿色保险
商业银行生态金融部	绿色债券	绿色指数	强制披露
绿色投资基金	绿色IPO	绿色数据库	银行环境责任
环境友好型对外投资机构		绿色投资者网络	

资料来源：绿色金融工作小组：《构建中国绿色金融体系》（2015）。

一、基础设施建设

（一）法律法规和金融监管基础设施建设

从法律法规层面对企业的污染责任追究、环境信息披露等进行硬性约束，转变绿色金融产品的自愿性，促使环境保护与绿色金融相互融合、相互协调，确保绿色金融业务规范有序发展。

1. 环境立法和污染责任

有关部门要不断完善环境保护法律法规，发挥"企业信用信息基础数据库"作用，设计并创立企业的环境会计制度，利用环境会计制度向政府环保监督部门和金融部门提供企业的环境会计信息。金融机构据此对绿色信贷策略作出判断。除大幅度提高环保违法惩罚额度外，还要追溯地方政府部门、企业、金融机构等相关人员的法律责任，切实解决企业污染成本低、环保法规形同虚设、绿色企业发展空间狭窄等问题。

2. 明确金融机构和银行的环境法律责任

允许污染受害者起诉向污染项目提供资金的、负有连带责任的贷款性金融机构。根据以民事责任为主，行政、刑事责任为辅原则，修改《商业银行法》，明确银行等贷款机构对所投项目环境影响的法定审查义务，确立银行等贷款人的环境影响法律责任。

3. 强制性绿色保险

在更多领域实现强制性绿色保险，利用保险市场机制制约污染性投资并提供环境修复资金。建议未来由国务院法制办牵头，环保部和保监会参与，在环保部和保监会联合发布的《关于开展环境污染强制责任保险试点工作的指导意见》的基础上，抓紧制定和出台《环境污染责任强制保险条例》，细化和出台有关财税和行政许可支持政策，建立专业风险评估机制和损失确定标准，构建环境污染责任保险与绿色信贷联动机制。

4. 上市公司强制性环保信息披露机制

证监会和交易所应为上市公司环境风险评估和准确估值提供基础，引导资本市场将更多资金配置于绿色产业。具体实施可以分步走，首先启动污染性行业的强制披露，然后逐步覆盖其他行业。制定具体的、可量化的披露标准，发挥中介机构对环境信息披露评价、监督、引导和激励作用，强化环境信息披露的监管与执法，使市场价格充分反映企业环境行为的真实成本与价值。

5. 构建多层监管网络

加强环保部门、"一行三会"等各监管部门之间的协调配合，发挥民间 NGO、舆论媒体等第三方监督职能，避免因权力交叉而造成的监管真空、监管无力，打造"纵向监管、横向监督"的多层级监管网络。全程监督并适时披露企业生产经营环节中的重要信息，对绿色金融运行过程实施有效监管，促进企业和金融机构提高社会责任和环保意识。

(二) 绿色金融基础设施建设

1. 加快统一的排放（污）权交易市场建设

在加强立法和顶层设计的基础上，推动碳交易市场双向有序发展，合理规划配额和交易机制，提高市场流动性。在重点流域和大气污染重点区域试点跨行政区域排污权交易，建立污染排放总量与环境容量匹配性的定期评估与调节机制。

2. 建立绿色评级体系

为绿色企业（项目）提供有利的评级，以降低其融资成本。在合理确定评级标准与方法的基础上，评级公司可通过引入双评级机制，启动绿色评级试点；商业银行和人民银行征信中心也应该研究和开发绿色评级，鼓励机构投资者使用绿色评级。

3. 建立环境成本核算体系和数据库

提高环境评估方法和数据的可获得性，降低投资者对绿色项目的评估成本。鼓励投资机构基于环境成本核算进行投资管理。将环境成本核算引入环境影响评价、企业环境管理、排污许可证发放等环境管理机制。由于有巨大的社会效益，这项工作应该由相关机构（如环保部环境规划院、社科院环境和发展研究中心等）或投资者网络（NGO）来承担，也可以由政府委托专业的咨询公司来承担，由政府购买服务形式来实现。其成果（数据库）以准公共产品形式，用最低成本价提供给社会，尤其是投资者。该信息系统的数据一方面可以为政策制定者提供参考，另一方面也可为所有投资者，包括银行、非银行金融机构、私募基金、非金融企业在分析和投资决策时使用。比如，商业银行在授信决策时就可参考该成本估算结果，政府也可以在确定价格补贴、资源税、排污费时参考这些成本信息。

4. 建立绿色投资者网络

相关政府部门（如环保部和"一行三会"）以及有较大影响力的国有投资机构（如社保基金、主要保险公司等）应参与倡议、发起绿色投资者网络，监督被投资企业承担环境责任，培育机构投资者的绿色投资能力，开展绿色消费教育。

二、财政金融政策的直接支持

政府应加强宏观经济政策的协调搭配，加强财税政策、金融政策与产业政策等政策的一揽子协调与配合，为绿色金融发展创建良好的政策环境，带动民间资本投资于绿色可持续发展领域，最大化公共资金使用效率。

（一）灵活运用财政政策

政府提供的财政补贴、税收减免等具有较强的示范性作用，可以在很大程度上撬动国内外私人资本投资于绿色产业与技术。联合国环境规划署的一项研究发现，政府投资于环保的资金，可以引发 5 ~ 15 倍的私人投资，具有较强的杠杆效应。此外，政府还可以通过持续的政府采购、投资于绿色基础设施等方式直接推动绿色增长。

　　健全财政对绿色贷款的高效贴息机制，加大贴息力度，使其既支持治污改造项目，又支持新兴绿色产业；逐步放开贴现标准限制，使其尽可能囊括更多符合标准的中小企业；合理划定贴息期限，简化审批流程，可试点由财政部门委托有专业能力的银行（或银行的生态金融事业部）管理绿色贷款贴息，并鼓励地方财政通过当地金融机构对本地绿色项目进行贴息支持。

　　（二）金融与货币政策

　　1. 发挥货币和信贷政策指导作用

　　充分发挥再贷款、再贴现、利率、存款准备金率等多种政策工具在支持绿色金融发展方面的重要作用。实施差异化信贷政策，加强窗口指导，使金融机构将有效控制"两高一低"行业的过快增长、全面实施节能减排重点工程、推动绿色产业发展与技术进步等纳入信贷决策体系，切实发挥信贷政策的结构性作用，提高信贷资产质量。从战略高度推进绿色信贷，优化信贷结构，加大对绿色经济的支持，防范环境和社会风险。

　　2. 推进绿色债券建设

　　人民银行和银监会发布绿色金融债券指引作用，允许银行发行绿色债券，为绿色贷款提供较长期限、较低成本的资金来源。研究制定允许和鼓励公司（企业）和地方政府发行绿色债券政策。免除投资于绿色债券机构投资者所得税，并在贷存比和贷款风险权重等方面为绿色债券提供政策支持。简化绿色债券审批流程，将目前由银监会、人民银行先后审批绿色金融债的程序改为"并联审批"。

　　3. 建立 IPO 绿色通道

　　明确绿色产业和企业认定标准，简化绿色企业 IPO 审核程序，适度放宽募集资金用于补充绿色企业流动资金或偿还银行贷款的金额和比例限制，对符合条件的新三板挂牌绿色企业优先开展转板试点。

　　此外，还可同产业政策结合，制定以支持绿色经济发展为导向的产业政策，推动绿色产业发展，限制和转移环境污染型产业，并辅之以财政税收优惠和金融倾斜政策。

三、绿色金融的机构建设

　　（一）机构建设

　　一是建立绿色银行体系，充分发挥绿色银行在绿色信贷和投资方面的专业能力、规模效益和风控优势。在国家层面以 PPP 模式建立中国生态发展银行（政府未必需要控股），在地方层面试点建立民资控股的绿色银行，推广商业银行设立生态金融事业部经验。绿色银行可通过发行绿色债券、央行再贷款等形式进行债权融资。

二是推动绿色产业基金发展，以有限的政府资金撬动民间资本股权投资。鼓励将单个 PPP 项目支持性政策适用于 PPP 模式的产业基金。合理设定绿色产业基金的组织形式和政府参与方式（GP 或 LP），构建有效退出机制。

三是中国主导的多边国际开发机构应该践行绿色投资理念。丝路基金、亚洲基础设施投资银行、金砖银行等对外投资和开发性机构，应宣布加入或参照赤道原则，建立高标准（不低于世界银行和亚洲开发银行）的环境风险管理制度，充分披露环境信息，大力推动对外绿色投资，维护我国负责任大国的国际形象。

（二）优化金融机构的分工合作

充分发挥政策性金融机构、商业性金融机构、类金融机构以及专业中介机构互补优势，建立完整的绿色金融机构体系。通过鼓励或者新设政策性金融机构方式，提供绿色经济增长所必需但商业性金融机构又不愿介入的中长期资金。鼓励村镇银行、小贷公司和融资性担保公司等类金融机构参与绿色经济，不断拓宽个人、家庭和小企业融资渠道。充分挖掘互联网金融在支付结算、融资、投资理财保险等方面的创新优势，大力培育信用评级、资产管理、经纪咨询、登记结算等与绿色金融相关的专业中介机构，为绿色经济增长提供专业化服务。

参考文献

［1］绿色金融工作小组：《构建中国绿色金融体系》，中国金融出版社，2015 年 4 月。

［2］李晓西、夏光等：《中国绿色金融报告 2014》，中国金融出版社，2014 年 10 月。

［3］张承惠、谢孟哲：《中国绿色金融：经验、路径与国际借鉴》，中国发展出版社，2015 年 3 月。

第三章　中国的商业银行与绿色金融

在绿色金融政策引导和扶持下，2007年以来，我国绿色金融有了飞速发展，金融机构开始探索实施绿色金融战略和绿色金融业务。绿色信贷政策的颁布，使我国商业银行成为最早实践绿色金融业务的经济主体，通过战略布局、组织架构变革、业务和产品创新，开展了大量的绿色金融业务，成为我国绿色金融业务的最主要推动者。

本章结合国际先进银行可持续发展的经验，总结我国商业银行绿色金融业务的成效和不足，探讨商业银行未来进一步完善整体绿色金融发展战略相关问题。

第一节　商业银行与可持续金融

一、可持续金融与商业银行

对商业银行而言，绿色金融不仅意味着在自身运营过程中贯彻绿色理念，实现"绿色运营"，更突出体现为商业银行在将自身信贷、投资与融资等业务与环境保护结合的实践活动中，强调金融与可持续发展的关系。国际银行有关绿色金融的相关实践，包括银行环境风险管理（ERM），主动承担企业社会责任（CSR），后来演变为全面的可持续金融（Sustainable Financing）框架等。

（一）环境风险管理（ERM）

20世纪80年代初，美国通过"超级基金法案"，要求企业必须为其引起的环境污染负责，从而使得信贷银行高度关注和防范由于潜在环境污染所造成的信贷风险。此后，一些国家也出台环境责任法律，对金融机构管理环境风险提出更高要求。

商业银行贷款给环境表现恶劣的企业可能会遭受政府管制，或者带来负面影响，并危害商业银行的经济利益和声誉。如果企业发生环境与社会风险问题，可能会被政府罚款，严重的可能会被迫停业整顿甚至强制关停，这些措施将直接影响到企业的正常经营，甚至使企业破产；当企业出现环境或社会风险时，其融资的担保抵押物价值可能会明显下降（例如抵押土地遭受污染），甚至出现抵押物丧失等情况，也将进一步加大企业融资风险，使金融机构的信用风险上升。此外，银行还可能面临由此引致的声誉风险以及合规风险等。实际上，银行对未进行有效环境与社会风险管理企业的授信，间接承担了企业的环境与社会风险，增大了自身面临的风险水平。

因此，环境和社会风险关系到商业银行的信用风险、合规风险和声誉风险，甚至可能对商业银行生存产生负面影响，这便促使银行在放贷时进行环境风险管理（ERM），以降低自身风险。

根据 EBRD（European Bank for Reconstruction and Development）等世界著名银行的实际运作过程，环境风险管理（ERM）包括以下方面：收集与贷款或者投资项目有关的环境信息，对这些信息进行评估，形成环境报告，对该项目的环境风险进行全面评估，以确定其风险是否可接受，并且对项目的环境风险进行控制，实现与项目有关的潜在环境收益。比如，BARCLAYS 银行早在 1979 年就建立了自己的能源部，1992 年就建立了专门的环境风险管理部门，1999 年建立了环境风险管理系统，如今已经建立一个旨在对环境和社会影响进行综合评估的 ESIA 系统。

从某种意义而言，商业银行强调环境风险管理，最初是从降低风险以及合规角度出发进行的实践，以后则慢慢地增加主动承担企业社会责任的内涵，对绿色金融的态度也从消极被动应对到主动创造新业务空间。

（二）企业社会责任（CSR）

促使金融机构关注环境和可持续发展的另一个原因在于金融机构越来越认识到企业社会责任的重要性。企业社会责任（Corporate Social Responsibility，CSR）概念的提出，旨在促进经济、社会和环境的协调发展，它要求企业在追求利润的同时遵守职业道德、尊重员工并促进社区和环境的可持续发展。对于银行等金融机构而言，其社会责任可界定为，商业银行在争取利润最大化的同时，应当充分考虑与商业银行利益关系人的利益，包括股东、存款人、贷款人的利益，同时应确保金融安全，对全社会政治经济以及资源环境承担相应责任。

长期以来，对金融机构企业社会责任的忽视和评价标准的缺失严重阻碍着金融业的可持续发展。金融承担着调动资金和资源，解决环境困境，实现人类可持续发展重任，因为对于金融这个举足轻重的行业来讲，其责任不仅仅在于自身运营的"绿色"，更重要的是其具有的杠杆效应并掌控的利益传导机制。

（三）可持续金融

20 世纪 90 年代以后，如何发挥金融对环境保护、可持续发展的推动作用成为国际金融界的重要议题，并迅速在全球形成潮流，出现了"可持续金融"概念。《美国传统词典》（第四版，2000）将可持续金融（Sustainable Financing）的基本内涵解释为：如何使用多样化的金融工具来保护生态环境，保护生物多样性。联合国环境规划署金融行动（UN-EPFI）于 1997 年推出的修订后的《金融机构关于环境可持续发展的声明》充分体现了可持续金融理念，并被众多金融机构采纳。2003 年 6 月 4 日，世界十大银行在伦敦签署了著名的"赤道原则"（Equator Principles），建立起针对与发展项目融资有关的社会和环境问题的一套自愿性原则，以保证在其项目融资业务中充分考虑社会和环境问题。

可持续金融主要指从环保角度重新调整金融机构的经营理念、管理政策和业务流程，从而实现金融机构可持续发展和环境保护的双赢，进而实现整个经济的可持续发展，即认为金融机构与可持续发展密切相关。因此，可持续金融理念成为商业银行绿色金融发展的高级阶段。

二、国际商业银行发展绿色金融实践

目前，发展绿色金融在国际银行业已成为一种共识和潮流，国际组织、金融机构发展了一系列实施经济、社会和环境可持续发展倡议，国际金融机构纷纷提出自愿标准和倡议，践行可持续金融理念。国际上一些著名商业银行从战略政策、组织架构、产品开发等方面，对推动绿色金融发展做出了积极探索和实践。

（一）可持续的金融倡议

国际组织、金融机构发展了一系列实施经济、社会和环境可持续发展倡议，比较著名的包括：

1. 联合国责任投资原则（Principles for Responsible Investment，PRI）

多个国际投资机构在联合国安理会前秘书长安南倡议下，由联合国环境规划署"金融倡议"（Finance Initiative）和联合国"全球契约"协调，起草制定六大投资原则，用以指导投资实践。

联合国环境规划署金融行动（UNEPFI）是联合国环境规划署和金融行业之间一个沟通的桥梁，目前有 190 个成员，包括银行、保险公司、基金公司等。其宗旨是可持续金融理念的推广和普及，侧重于理念和原则条款，倡导一种共识和行业守则，进而督促金融机构投身可持续金融实践，并通过加入组织，促进交流与合作。"全球契约"则是一项倡导商业组织在战略和经营中遵循在人权、劳工标准、环境及反腐败方面十项基本原则的战略倡议，但不仅限于金融机构。

2. 赤道原则（Equator Principles，EPs）

赤道原则是众多国际商业银行根据国际金融公司和世界银行的政策和指南建立的，旨在用以确定、评估和管理项目融资过程所涉及社会和环境风险的金融界原则。该原则要求金融机构在向额度超过 1000 万美元项目贷款时，需综合评估对环境和社会的影响，并利用金融杠杆手段促进项目与社会和谐发展。截至 2016 年，采纳该原则的金融机构已有 82 家，分布于全球 36 个国家，囊括了如摩根大通、富国、汇丰、渣打、花旗等世界主要金融机构，项目融资总额占全球项目融资市场份额的 86% 以上。

3. 自然资本宣言（Natural Capital Declaration）

在 2012 年联合国可持续发展大会（里约 20）上，由全球银行和金融机构牵头，40 余家金融机构签署金融倡议，希望金融机构将对自然资本的考量融入其产品和服务中，号召私有部门和公共部门加强合作，为自然资本成为重要的经济、生态和社会资产创造必要的环境和条件，从而体现金融机构对大会和未来可持续发展的承诺。

4. 碳信息披露项目（CDP）

为全球最大的投资者联合行动，从气候变化对当前及未来投资影响角度为投资者提供重要参考信息。CDP 的目的在于提高企业对气候变化的认识和关注。目前已扩展到 20 多个国家和地区。

5. 其他地区性原则和倡议

（1）日本可持续社会金融行动原则（Principles for Financial Action towards a Sustainable Society）：由日本环保部支持，30 家金融机构自愿形成。签署金融机构都应该采取行动以符合业务相关的具体指引。

（2）美国的碳原则（Carbon Principles）：碳原则为银行及美国电力客户评估和处理碳电力项目融资涉及的碳风险提供了一个一致的方法。碳原则及其环境尽职调查努力打造行业最佳实践，用以评估如何在不确定的政策环境中，既满足美国的电力需求，又对环境负责，且同时具有成本效益。

（二）国际赤道银行经验①

第一，战略上充分认识环境社会风险的影响，采纳国际公认的环境与社会标准及倡议，将环境和社会问题纳入信贷管理战略。

加入"赤道准则"的一些国际著名商业银行如花旗、汇丰、摩根大通、渣打等均将环境和社会问题纳入信贷管理战略，以降低银行风险。很多银行承诺参加一些可持续银行或金融倡议，致力于推行一些业内原则和倡议，除赤道原则、国际金融公司绩效标准和环境、健康、安全通用指南外，赤道银行参照最多的国际标准包括联合国全球契约、联合国人权宣言、国际劳工组织核心公约及森林管理委员会认证等，如表 3 - 1 所示。

表 3 - 1　主要银行加入可持续银行或金融倡议情况

可持续银行或金融倡议	国家开发银行	中国工商银行	招商银行	兴业银行	花旗	法国农业信贷	汇丰	荷兰国际	伊塔乌贝贝亚	摩根大通	瑞穗
联合国环境规划署金融行动	√		√	√	√	×	√	√	√	√	√
自然资本宣言			√								
赤道原则				√	√	√	√	√	√	√	√
碳信息披露原则				√							
联合国全球契约		√									
碳原则					√					√	

---

①　本部分内容的数据和表格，来自 2013 年中国银监会统计部、世界自然基金会北京代表处和普华永道发布的《中国银行业金融机构可持续绩效表现的国际比较研究》，部分内容进行了整理和改编。

续表

可持续银行或金融倡议	国家开发银行	中国工商银行	招商银行	兴业银行	花旗	法国农业信贷	汇丰	荷兰国际	伊塔乌贝贝亚	摩根大通	瑞穗
气候原则					×	√	×	×	×	×	×
联合国负责人投资原则					√	√	√	√	√	√	√

注："√"表明该银行参与了可持续银行或金融倡议；"×"表明该银行没有参与可持续银行或金融倡议；空格表明信息不可知（适用于以下所有表格）。

资料来源：2013年中国银监会统计部、世界自然基金会北京代表处和普华永道：《中国银行业金融机构可持续绩效表现的国际比较研究》。

　　主要的赤道银行均制定了自身可持续政策，既包括环境和社会风险管理总体政策，也包括针对具体行业和问题（比如气候变化、水资源保护、能源等）的政策。例如，南非标准银行的环境与社会政策覆盖整个集团的业务，不仅要求考量每笔业务的直接和间接影响，还为各部门业务人员提供环境与社会风险评估国内工具；渣打、汇丰和荷兰国际银行有一套涵盖不同行业和问题的环境与社会风险管理政策，指导部门如何向从事敏感行业或面临具体环境社会风险的客户提供金融服务。有些银行如日本瑞穗银行把解决环境和社会问题的基本原则直接嵌入信贷管理政策，不另行制定单独的环境与社会风险管理政策。

表3-2　主要银行的可持续金融政策

政策类型	花旗	法国农业信贷	汇丰	荷兰国际	伊塔乌贝贝亚	摩根大通	瑞穗	南非标准银行	渣打
总体政策	√		√	√	√	√		√	√
公开披露政策	√		√	√	√	√			
特定行业问题政策									
能源	√	制定中	√	√				制定中	√
开采	√		√	√		√		制定中	√
国防	√	√	√	√					√
林业	√		√	√					√
气候变化	√		√						√

续表

政策类型	花旗	法国农业信贷	汇丰	荷兰国际	伊塔乌贝贝亚	摩根大通	瑞穗	南非标准银行	渣打
特定行业问题政策									
水资源			√						√
特定行业,问题政策总计	5	1	6	8	0	3			14
公开披露政策	√	√	√	√					√

资料来源：2013年中国银监会统计部、世界自然基金会北京代表处和普华永道：《中国银行业金融机构可持续绩效表现的国际比较研究》。

　　采纳"赤道准则"的国际金融机构将 ESRM 运用于项目融资领域，一些著名银行如花旗、渣打等则将 ESRM 应用于整个集团的所有业务种类，包括中小企业借贷、债务和资本市场融资、项目融资、股权投资和咨询服务等。对非项目融资业务，一些金融机构设置了标的额"门槛"，以判断是否进行环境与社会风险的尽职调查。例如，花旗集团的公司与投资银行业务的环境与社会风险管理政策目前涵盖多个行业的金融产品，所适用的金融产品需满足三个条件——与特定项目或资产捆绑、项目收益用途明确及项目融资金额超过一定规模，如股权投资 500 万美元，项目融资 1000 万美元，公司贷款、收购融资、债务股权投资或担保 5000 万美元。所有超过这些门槛的交易必须进行环境与社会风险尽职调查。摩根大通和瑞穗分别对非项目融资类交易设置了 1000 万美元和 5000 万美元的门槛。

　　第二，组织管理上高度重视可持续政策，形成专门管理团队和完整管理体系。

　　赤道银行在董事会层面负责可持续金融政策，并将高管业务同可持续发展绩效挂钩。例如渣打银行可持续问题的全面责任由品牌和价值观委员会负责，该委员会成员包括董事长和集团首席执行官。在瑞穗，集团总裁为可持续问题负最终责任。环境与社会风险管理政策的审批责任也在董事会层面。

　　赤道银行普遍形成了包括环境与社会风险管理部门、环境与社会风险卫士、一线信贷员和法律、合规部门及信贷风险官在内的完整的风险管理组织团队。通常总部设置专门环境社会风险管理团队，花旗、汇丰、荷兰国际等设有训练有素的环境与社会风险卫士，负责就相关问题向一线信贷员提供初步建议，或者负责某一地区的主要联系。汇丰在全球 40 多个国家和地区层面的可持续风险管理人，在总部为前台客户关系和集团可持续管理部门进行沟通和协调；一线信贷员负责识别高风险交易，推动客户可持续发展绩效合规部门展开环境和社会风险调查，以确保与银行相关政策一致；法律部门则参与合同中环境与社会条款的协商和制定。

第三，实施标准化的环境社会风险管理流程。

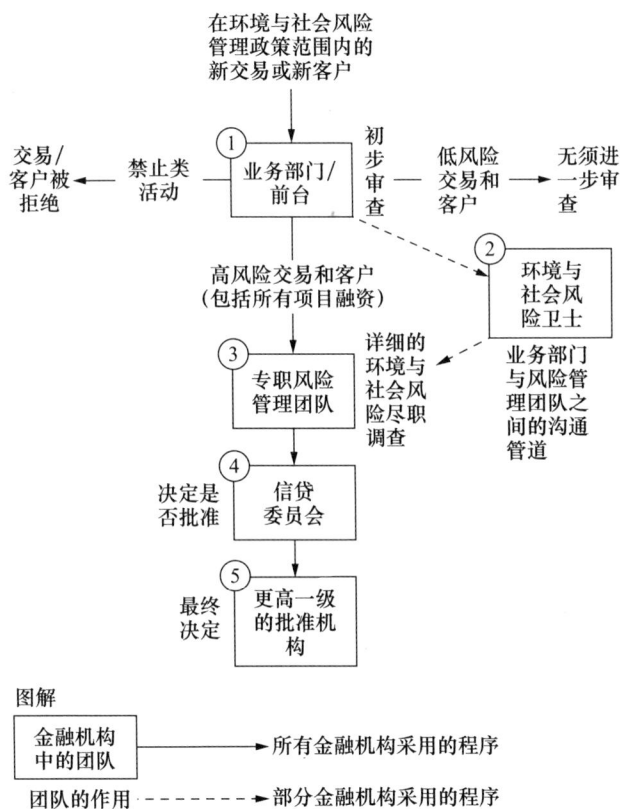

图 3 - 1　银行环境社会风险管理流程

资料来源：银监会、WWF 和普华永道（2013）。

金融机构按照赤道原则或国际金融公司绩效标准，将项目交易的环境与社会风险区分为 A、B、C 三类，对应不同的审批级别；汇丰、渣打和南非标准银行针对客户进行环境和社会风险分级管理。此外，银行通常按照一些准则设置"排除标准"或黑名单，对特定项目或客户如对国际公认的保护地区带来不良影响的项目或客户，以及违反联合国人权宣言和国际劳工组织基本原则或涉及非法行为的项目和客户禁止放贷。

第四，采取多样化措施缓解或规避环境与社会风险。

金融机构通常会采取一系列风险规避措施降低风险敞口，包括要求客户制定和执行 ESRM 管理计划，将相关要求纳入贷款文件，要求客户对风险投保或第三方担保，或采取补救措施降低环境影响等。

表 3-3　主要银行的环境社会风险规避措施

政策类型	花旗	法国农业信贷	汇丰	荷兰国际	伊塔乌贝贝亚	摩根大通	瑞穗	南非标准银行	渣打
要求客户制订和执行环境和社会风险管理行动方案	√	√	√	√	√	√	√	√	√
改变交易的负债/权益比率									
将环境和社会的合规要求或表现纳入交易合约	√	√	√	√	√	√		√	√
要求客户对潜在的环境和社会风险投保，如环境保险								√	
要求客户获得独立第三方对其环境和社会表现的担保	√	√	√	√		√		√	√
通过补偿机制减少对环境的影响，如碳中和，生物多样性补偿	√			√			√	√	
其他	√		√			√			

资料来源：2013 年中国银监会统计部、世界自然基金会北京代表处和普华永道：《中国银行业金融机构可持续绩效表现的国际比较研究》。

第五，开发可持续金融产品。

商业银行认识到可持续金融产品和服务带来巨大的商业机会和价值，国际领先的绿色银行提供了一系列可持续金融产品，包括清洁技术、可再生资源、碳金融、环境基础设施建设基金、环境保险、可持续金融产品和服务的咨询业务以及股权投资等。

　　商业银行还主动承诺投入可持续发展资金项目，例如，花旗银行2007 年宣布 10 年内投入 500 亿美元支持气候变化减缓行动，渣打银行2007 年承诺未来 5 年投入 80 亿美元至 100 亿美元于可再生和清洁能源项目，等等。

表 3 - 4　主要银行的可持续金融产品开发情况

产品与服务	花旗	法国农业信贷	汇丰	荷兰国际	伊塔乌贝贝亚	摩根大通	瑞穗	南非标准银行	渣打
对清洁技术/可再生能源/能效提供融资	√	√	√	√	√	√	√	√	√
碳销售、交易及发起	√				√	√	√		
环境基础设施建设基金	√		√				√		√
环境或社会责任投资基金	√	√	√	√			√		√
社会融资（微小融资、影响投资）	√	√	√	√	√	√	√	√	√
环境保险		√	√		√		√		
可持续金融产品的咨询服务/或服务的咨询业务	√	√	√	√	√	√	√	√	√
其他服务，如可持续股权研究									

　　资料来源：2013 年中国银监会统计部、世界自然基金会北京代表处和普华永道：《中国银行业金融机构可持续绩效表现的国际比较研究》。

　　总体来看，国际银行业目前对于环境和社会风险管理已经形成了比较完善的战略和组织框架，将环境社会风险管理内化到银行组织流程中，并开发了可持续发展的金融产品。知名的绿色金融机构持续发布社会责任报告，增进企业透明度，此外还通过多种方式对员工组织相关培训，从而在机构范围内强化了可持续理念和实践。

　　当然，对于可持续金融发展，目前仍在探索阶段，一些银行正在尝试将环境与社会风险尽职调查结论融入定价和资本分配决策中，随着银行更好地理解环境与社会问题对财务绩效的影响，或监管部门开始要求银行评估此类风险，金融机构对环境和社会风险的管理将日趋成熟。

第二节　中国商业银行的绿色金融实践

中国的商业银行在监管和政策引导下，近年来围绕着"绿色信贷"也积极进行着绿色金融的实践探索，成为中国绿色金融发展的先锋。

一、中国商业银行发展绿色金融的动力

对于中国商业银行而言，发展绿色金融不仅是政策需要，也是商业银行全面履行社会责任、推广可持续金融的需要，能为商业银行转型带来新的机遇和挑战。

（一）政策监管环境变化

当前，国家和社会愈加注重加强环境保护、加快绿色产业发展。《2015年政府工作报告》中，李克强总理用长达三段的篇幅阐述环境保护问题，明确提出"环境污染是民生之患，民心之痛"，要求深入实施大气和水污染治理，并将节能环保产业打造成新兴的支柱产业。在上述背景下，发展绿色金融，助力绿色经济，是商业银行顺应国家政策导向和促进自身经营转型的重要方向。

从政策和监管部门出台的政策来看，商业银行面临日益严峻的外部监管环境变化，信贷和项目融资的合规性要求促使商业银行必须加强环境和社会风险管理，推动绿色金融变革。

（二）商业银行自身发展的内在要求

1. 调整信贷结构，分享经济发展成果，降低行业和部门信贷风险

随着"两型社会"概念的提出和政府加大投入，以节能环保产业为代表的绿色低碳经济开始步入爆发增长期。根据国家发改委公布的节能减排约束性指标测算，以清洁发展机制为基础的能效融资市场规模大概可达到3000亿元人民币。《2015年政府工作报告》提出，"今年二氧化碳排放强度要降低3.1%以上"，专家预计绿色产业在今后五年平均年投入将高达两万亿元。这都为商业银行绿色金融业务提供了巨大的盈利空间和难得的历史机遇。而在调结构、稳增长、消化过剩产能的政策背景下，钢铁、水泥等高污染高能耗产业调整加快，行业风险积聚，不良率持续攀升。在

《2015 年政府工作报告》明确指出继续深化结构调整和"有保有压、化解过剩产能"的背景下，发展绿色金融、优化信贷投向也是商业银行自身可持续发展的必然选择。

目前商业银行传统业务在利率市场化和直接融资发展冲击下，面临着市场份额、融资成本提升、竞争加剧等困境，通过发展绿色金融，积极参与我国绿色金融体系建设，通过绿色信贷带动业务发展，发行绿色债券降低融资成本，减少资金错配，布局碳排放交易，为企业提供全面环境和社会风险管理咨询服务等方式，将全面提升商业银行自身发展的可持续性，培育新的利润增长点。

2. 大型银行开拓海外市场时必然要考虑环境与社会因素

由于全球范围内对可持续发展的要求高涨，我国商业银行在开拓国际市场时必然面对较为严格的海外标准和要求。在很多国家，除了注册资金等经济因素外，环境和社会发展因素也是其考量金融机构的重要指标，这也是众多跨国银行采纳"赤道原则"的主要原因。对致力于走国际化道路的大型银行，发展绿色金融将有利于其防范融资项目的国际合规风险，有利于持续改善与客户、当地政府、当地民众及媒体的关系，有利于促进国际业务的健康可持续发展。

3. 有助于提升银行社会形象

发展绿色金融，能够提升金融企业社会责任形象，提高品牌价值和社会影响力。目前，国际主要证券交易所对于上市公司和发行债券的企业均有较为严格的环境信息披露要求，国际三大评级机构中的标准普尔也提出了将环境发展指标纳入公司评级。发展绿色金融将提升机构的社会形象，并可能通过提高信用评级等降低机构融资成本，带来实实在在的收益。

（三）商业银行发展绿色金融的优势

我国商业银行在发展绿色金融方面具有一些优势，理应成为绿色金融体系的引领者和开拓者。

1. 银行在中国融资体系中仍占主导地位

目前，银行为核心的信用体系仍是支撑实体经济发展的支柱力量，从社会融资结构来看，截至 2015 年底，银行业金融机构资产总额 199.3 万亿元，同比增长 15.7%；负债总额 184.1 万亿元，同比增长 15.1%；本外币各项存款余额 139.8 万亿元，同比增长 12.4%；本外币各项贷款余额 99.3 万亿元，同比增长 13.4%。总体来看，目前银行在我国社会融资体系中仍处于核心地位。

2. 我国商业银行在发展绿色金融方面有比较优势

我国商业银行较早涉及绿色金融领域，具有资源、标准、流程、产品创新等方面的比较优势。第一，业务资源丰富。商业银行同工商业企业建立了资金结算和信贷等长期关系，积累了大量企业信息和环境贷款相关经验，银行还拥有庞大的机构和个人客户资源，可以很好发挥中介桥梁作用，帮助绿色合格企业拓宽融资渠道，开发绿色证券产品，降低融资成本和财务风险，提升其在市场经济中的竞争力和可持续发展能力，银行具有绿色客户或项目选择的专业能力基础。第二，商业银行在金融机构中较早树立了"绿色"发展理念和战略，完善了绿色信贷政策制度体系。商业银行在众多金融机构中较早开展了绿色金融业务，将资金投向国家产业政策鼓励发展的绿色经济领域，形成了比较完善的环境和社会风险控制管理体系；在行业投向上，鼓励和引导全行积极支持生态保护、清洁能源、节能环保、循环经济等绿色经济领域的信贷业务。同时，对企业实行名单制管理，从严控制"两高一剩"行业投放，并且制定完善了绿色信贷分类标准，实现了对客户环境和社会风险的量化管理。第三，具有标准化的审批和风险管理流程。随着《新巴塞尔协议》的实施，我国银行业大多已形成了较为严谨的风险管理体系，在流程、技术方面更为规范，这个流程经过国际先进经验、模型和国内信贷实践检验之后，可以提升市场投资人的可信度，切实起到增强信用、防范风险、保障收益的作用。第四，在未来混业经营背景下，商业银行可以综合多种业务，开展多维度创新。银行无论是充当绿色证券发行人、承销商，还是绿色信贷资产证券化发起人，或是绿色相关信托计划和理财产品，或是有关的融资租赁，都可以开展积极有效的产品创新，提升对绿色经济发展的支持和服务能力。

总体来说，银行在机构治理体制、政策标准体系、产品服务体系、行业分类体系以及流程管理体系等方面，均具有较强的优势发展绿色金融业务，更好地扶持绿色经济发展，引领中国金融体系的绿色革命。

二、中国商业银行绿色金融实践

我国商业银行在推动绿色金融发展进程中，已经取得了局部的、阶段性的成果，但目前从战略管理、组织流程、具体实施等方面还有待加强。

（一）绿色金融发展现状

1. 绿色金融理念和战略在大中型银行得到贯彻

我国的大型商业银行开始认识到可持续发展的重要性，招商银行、兴业银行、工商银行等先后加入一些国际可持续金融倡议，中国银行、招商银行、华夏银行、上海浦发银行、兴业银行等都发布了关于可持续金融的整体政策，大型银行在生态保护、节能减排、电力化工、循环经济等领域推出了绿色信贷的行业政策，主要商业银行对贷款实施环境标准一票否决，并将可持续政策范围扩展到项目融资、资产融资、一般公司信贷业务和其他业务。

以兴业银行为例，该银行是我国唯一一家赤道银行，也是第一家加入碳信息披露项目的银行。该行一直倡导绿色可持续发展经营理念，强调企业的环境和社会责任与使命，定期推出可持续发展报告，其可持续政策的适用范围覆盖所有信贷业务，包括公司贷款（如节能减排贷款、排放权金融业务、项目融资使用赤道原则）、零售业务（如低碳信用卡）、资金业务（如绿色理财）、金融租赁（绿色租赁）、信托业务等。

2. 部分银行建立了绿色金融管理组织架构

大型银行一般都建立了由高管层或董事会审批的可持续政策制度，并将高管的业绩报酬同可持续发展绩效挂钩；一些银行设有专职评估信贷业务中环境与社会风险的专业团队，例如，工商银行由行业绿色信贷中心负责，交通银行、华夏银行由绿色信贷牵头部门。而管理架构较为完善的是兴业银行，在总部设立了环境金融部，牵头统筹管理银行绿色金融业务，单独设立风险窗口，实现对绿色金融授信项目进行专业审批、专业管理，达到绿色金融业务发展与风险管理的全程融合；在分行层面，约80%的分行设立了环境金融中心，配置专业绿色金融岗位，实现对区域内绿色金融业务的专业化支持。银行对潜在客户或交易进行环境与社会风险评估，大型银行基本建立了"一票否决制"机制。

3. 银行初步建立了环境和社会风险管理体系

大型商业银行均建立了覆盖全行的绿色信贷风险监控体系。银行通常以国家相关政策和标准为依据，适当借鉴有关国际标准和准则。中国工商银行在借鉴赤道原则和国际金融公司绩效标准与指南基础上，不断完善公司贷款绿色信贷分类标准，并据此对全部公司法人客户环保风险进行全面分类和管理，建立并形成了覆盖全行的绿色信贷风险监控体系。交通银行在绿色信贷标识管理体系"三色七类"核心定义中参考了赤道原则绩效考核标准。招商银行采纳联合国环境规划署金融行动的《可持续发展宣言》。上海浦发银行采纳了国际金融公司的排除清单，法国开发署的排除清单。兴业银行采纳了赤道原则、国际金融公司的《环境和社会可持续性绩效标准》以及国际金融公司的《环境、健康与安全指南》。北京银行采纳了国际金融公司的中国节能减排融资项目贷款（CHUEE 项目）管理办法等。

管理环境社会风险方面。商业银行一般都建立了包括贷前审查、贷款评审阶段、贷款发放阶段、贷款管理阶段等全流程风险审核和评估。商业银行主要采用国家发展和改革委员会的《产业结构调整指导目录》识别不予授信的行业和项目，并建立了自己的行业信贷政策和黑名单，对客户进行详细筛选；依据环境和社会风险信息对潜在客户和交易进行分类管理，对识别的风险采用修改交易条款、要求客户投保或担保等方式降低风险，目前正在积极探索将其纳入贷款定价和交易信用风险计算等。

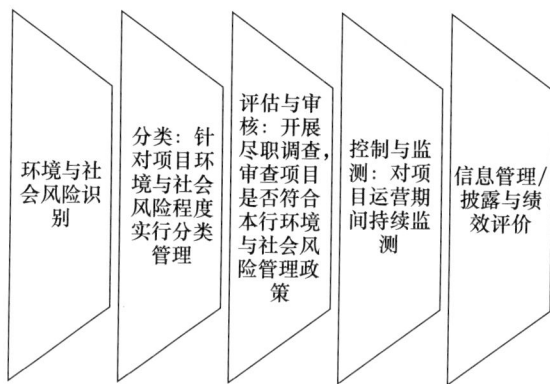

图 3 - 2　兴业银行环境与社会风险管理流程

资料来源：《兴业银行可持续发展报告》（2015）。

4. 开拓绿色金融产品和服务

围绕着绿色信贷和可持续发展，各商业银行陆续开发了能效融资项目、碳资产质押授信业务以及未来收益权质押融资等；积极参与碳金融市场基础设施建设，进行碳金融产品设计、碳金融顾问服务等；涉足绿色债券、绿色股权投资、绿色基金等，业务覆盖了政府、企业和个人层面。以上海浦东发展银行为例，该银行在绿色经济发展道路上形成"五大板块，十大创新产品"，"五大板块"包括能效融资、清洁能源融资、环保金融、碳金融和绿色装备供应链融资，"十大创新产品"包括国际金融公司能效贷款、法国开发署（以下简称法开署）绿色中间信贷、亚行建筑节能融资、合同能源管理未来收益权质押贷款、合同能源管理保理融资、碳交易（CDM）财务顾问、国际碳保理融资、排污权抵押贷款、绿色 PE 和绿色债务融资工具。

5. 推广绿色运营

金融机构在运营过程中，推广绿色运营理念，降低能源、纸张、水电等损耗，如用电子账单替代纸质账单，建立废旧电子回收机制，实施建筑物、照明和办公设备的节能改造，一些商业银行提倡无纸化办公、网络会议、绿色出行等，此外一些商业银行还在采购过程中对供应商进行绿色审查等。在商业银行努力下，我国绿色金融业务取得了初步成果。

（二）制约商业银行绿色金融发展的因素

应该看到，由于主观或客观上的一些原因制约，我国商业银行目前的绿色金融业务发展还存在一些不足。

1. 主观上对发展绿色金融的制约

主观上对发展绿色金融的制约主要表现为对绿色金融的重要性关注不够，自身业务和人才储备不足，制约了绿色金融发展。同国际领先商业银行相比，我国商业银行对绿色金融发展的重视程度有待提高，例如我国目前仅有兴业银行承诺"赤道准则"，一些中小型银行并未将其提升到银行战略层面，对开展绿色金融业务更多是被动合规，缺乏主动性，从而在银行组织架构、管理、业务流程和激励机制中没有做出相应转变，在产品设计、金融服务提升、环境与社会信息沟通等方面进展缓慢。即便是大型商业银行，在市场化竞争压力下，由于很多绿色投资具有较长的周期，缺乏合理的政策信号和价格信号机制，导致商业银行不愿意开展相关业务。

此外，商业银行由于开展绿色金融经验不足，人才储备不够，制约了商业银行开发相应的金融产品和服务。

2. 客观环境对商业银行绿色金融业务的制约

主要表现为：环境配套政策法规不完善，环境风险责任认定、环境信息披露、强制性保险等制度尚未完全建立；配套的市场环境有待培育，例如缺乏客观的企业环境影响数据体系、企业的环境评级等，商业银行发行绿色债券的标准有待统一，碳金融市场、绿色基金等政策还不明朗，这些均增大了银行发展绿色金融业务的困难。

从未来发展来看，中国政府正在积极推动可持续发展的金融支持体系，为绿色金融发展提供了更广阔的发展空间和机遇。在"十二五"和"十三五"规划中，从绿色金融体系、财政政策、税收政策等多角度推动绿色金融政策框架的建立，在国际层面也积极参与国际绿色金融标准的制定和应用，促进国际最佳实践经验的传播。中国人民银行牵头的绿色金融工作小组提出了构建中国绿色金融体系的诸多现实性建议。可以预见，未来在绿色金融政策法规建设、财政和金融政策支持、机构建设、金融基础设施建设如绿色评级、排放权市场建设、环境成本核算体系和数据库、绿色投资者网络等方面将取得新的进展，将为商业银行开展绿色金融业务提供更加广泛的空间和更具有激励性的政策信号。

在这一背景下，商业银行必须把握"可持续发展"趋势，深入贯彻实施"绿色金融和可持续发展"理念，完善绿色金融的组织架构和流程，积极开发绿色金融产品，充分履行环境、社会责任，实现新的跨越发展。

第三节 商业银行发展绿色金融的建议

为更好顺应政策导向和国内经济转型趋势，商业银行可借鉴国际银行的先进经验，秉承可持续发展理念，前瞻性地强化绿色金融布局，塑造绿色金融品牌，实现经济、社会和环境效益，自身利益和社会利益的多赢。

一、树立绿色可持续发展理念

对商业银行而言，实施绿色金融不仅意味着自身的绿色运营、绿色信贷、在业务中化解环境和社会风险，还意味着应该以可持续发展为核心，将其纳入机构发展理念和战略，将绿色环保，实现经济、社会和环境可持续发展理念纳入信贷政策制定、业务流程管理、产品设计当中。

（一）将可持续发展作为商业银行的公司治理理念

在社会责任和外部约束增强条件下，商业银行经营环境发生变化，经营目标也将从原来的股东权益最大化到兼顾利益相关者，再到实现可持续发展。商业银行应该认识到，处理好环境和社会风险不仅是风险管理问题，而且能够给商业银行带来资产保值增值以及更多的商业机会。如果不能抓住中国建立绿色金融体系这一时机转变经营理念，实现绿色革命和转型，很可能会滞后于整个金融系统的发展。

对商业银行而言，绿色可持续发展应该包括至少三方面内涵：一是自身的绿色运营，节能环保环境友好；二是管理信贷业务的环境和社会风险，寻找绿色金融领域内的新机遇，这是其作为金融中介的绿色职能发挥，引导社会资源向绿色可持续发展领域倾斜；三是践行社会责任，实现人和自然、环境、社会和谐发展的良性循环。

（二）制订绿色发展战略

目前各商业银行多是在绿色信贷指引下制定环境和社会风险管理的总体政策（如华夏银行、中国银行、招商银行、兴业银行等）或部门和行业政策，重心放在管理相关风险上，未来应鼓励商业银行形成绿色和可持续发展的总体政策，涵盖绿色运营、环境和社会风险管理、绿色金融业务等方面，从战略高度规划商业银行的可持续发展。这些战略应该向社会公众公开披露，以提升银行声誉，加强沟通和社会监督。

在此基础上，我国商业银行可以充分吸收借鉴国际金融机构环境和社会标准及自愿协议，形成符合我国国情（发展阶段）和自身特点的环境和社会标准或倡议，指导银行发展，提升行业标准，同国际接轨。

（三）设置绿色金融的行业和部门政策

在绿色战略指引下，可以结合国家监管和自身业务发展重点，设置具体的绿色金融发展相关行业和部门政策，例如针对生态保护、节能减排、电力化工、循环经济、过剩产能领域，并且明确将这些政策适用于项目融资、资产融资、一般公司信贷业务和零售或资金业务等，从而在整个机构内部形成绿色金融政策的覆盖。

二、完善绿色金融管理框架和流程

（一）完善绿色金融管理组织架构

绿色金融关系商业银行的整体公司治理理念，其管理架构应该设置在董事会层面，由董事会审批绿色金融相关的可持续政策，并将高管的业绩报酬同可持续发展绩效挂钩。

大型商业银行可以设置专职评估信贷业务中环境与社会风险的专业团队（例如在总行层面设置环境金融部或绿色金融部），统筹管理银行绿色金融业务，单独设立风险窗口，实现对绿色金融授信项目进行专业审批、专业管理，达到绿色金融业务发展与风险管理的全程融合。在分行层面，可相应设置环境金融管理岗位，实现对区域内绿色金融业务的专业化支持。当然，对于中小银行而言，条件不允许单独设置环境金融部门，则可充分发挥一线信贷员风险调查和评估的作用，并对一线信贷员进行环境和社会风险的基础培训和教育，使其承担发现环境和社会高风险交易、推动风险评估、同客户就改善环境和社会风险进行沟通的作用。此外，还应该积极探索如何将商业银行的绿色金融绩效同管理团队和专业团队报酬挂钩，建立完善的激励机制。

（二）建立完善绿色金融风险管理体系

绿色金融风险管理体系应该覆盖全行，可以依据国家相关政策和标准，适当借鉴有关国际标准和准则，建立公司贷款绿色信贷分类标准，并据此对全部公司法人客户风险进行全面分类和管理，建立包括贷前调查阶段、贷款评审阶段、贷款发放阶段、贷款管理阶段等全流程的风险审核和评估（见图3-3）。

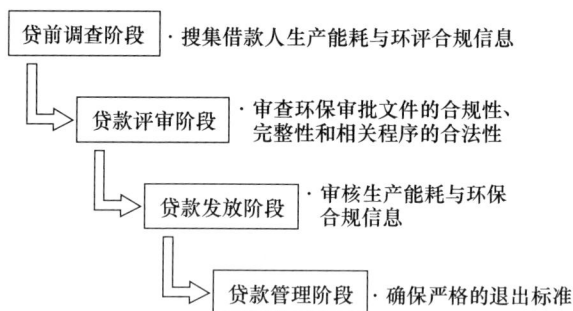

图3-3　全流程覆盖的绿色风险管理

商业银行可建立行业信贷政策和黑名单制度，对客户进行详细筛选；依据环境和社会风险信息对潜在客户和交易进行分类管理，对识别的风险采用修改交易条款、要求客户投保或担保等方式降低风险。

（三）改进绿色金融业务管理方法和技术

1. 开发客户环境与社会风险评估与管理技术

绿色金融业务开展的难点在于对客户和项目的相关风险评估。对客户环境和社会风险评估时，应该重点考察客户对相关风险的重视程度、能力及过往记录，通过客户的环境与社会风险政策或健康与安全政策、年度可持续发展报告等途径可以了解客户对环境与社会风险管理是否重视；通过客户环境管理体系、员工培训方式和与利益相关者的接触等途径可以了解客户是否在组织、财务和技术上有能力管理环境与社会风险；通过诉讼、事故、监管罚金及媒体或非政府组织对其负面关注了解客户的过往记录，从而形成系统化的客户风险评估指标，量化客户风险。

银行在项目和企业的评估过程中可以引入"环境风险评估"步骤或因子。比如，如果项目涉及大气污染、水资源污染、固体废物等风险，应该要求有量化的影响评估报告，以及对可能的政策变化、今后该企业可能面临的声誉和法律风险有专业意见。对某些行业（如矿业、电力、林业、渔业、垃圾处理、石油天然气、冶炼、化工等行业），这些评估必须是强制性要求。

金融机构可以通过多种渠道，如口头询问、信息披露以及项目或场地的实地考察等，对风险实施动态监控，并借助第三方环境评估来全面评估项目和客户的环境风险，实施分类管理。对于高风险项目和不符合国家政策的项目，实施一票否决制度，对于环境友好型、有利于生态与自然资源保护的项目产业，提供优良的信贷服务予以支持，优先发展。

2. 发展环境风险定价技术

金融机构根据不同信贷客户和项目的环境风险评估状况，确定信贷资金规模和价格，使资金价格同项目的环境和社会风险挂钩，对有利于环保的项目给予比较优惠的利率或贷款补贴；对效益良好、偿债能力强的自主创新企业开辟绿色通道，优化贷款流程，适当优惠贷款利率；对于能够显著带来环境效益提升的项目，提供全方位的融资、结算、咨询等服务，从而进一步提升相关金融产品和服务的总体价值。

三、积极开发绿色金融业务和产品

商业银行应该在绿色信贷和管理环境风险基础上，围绕经济结构调整新变化，积极开发绿色金融业务和产品。

（一）结合自身条件，打造绿色金融产品和服务体系

商业银行应增加绿色金融产品研发投入，结合自身业务和竞争优势，紧密跟踪市场动向和客户需求变化，不断开发设计新的产品和服务品种。

1. 绿色抵押贷款

各主要国家的许多银行已经把环境因素、可持续发展因素纳入其贷款、投资和风险评价程序。在一般情况下，环保企业凭借其"绿色"即可获得绿色抵押贷款，一些银行还会给予有很好环境记录的客户更多优惠，例如美国银行贷款评级分为5级，第4、第5级需要抵押，而环保企业一般不需要财产抵押。除借鉴国外经验，在条件较为成熟时，我国银行业可逐步探索开发绿色抵押贷款。

2. 绿色金融解决方案

例如，针对新兴节能环保企业，可根据其轻资产运营、缺少抵押担保物的现状，实行差异化准入，创新担保方式，打造如知识产权质押贷款、排污权质押贷款、节能收益质押贷款、绿色设备买方信贷、绿色融资租赁、清洁发展机制（CDM）融资综合解决方案等产品和服务。针对规模较大的绿色信贷项目，可探索与其他商业银行和政策性银行合作，引入贷款风险分担机制。针对绿色项目的直接融资需求，探索碳收益支持票据、绿色产业债务融资工具、碳项目收益债等新型投行类产品创新。此外，在融资方面，可以积极开展资产证券化和相关绿色债券发行，推出投资于节能环保项目和具有循环经济概念项目的银行理财产品等。

3. 绿色债券

银行通过发行金融债券可以吸收相对稳定的中长期资金，再以贷款或其他方式投入到急需资金的产业领域或工程项目。对于一些社会效益好却需要动用大量资金的环保项目和生态工程，可由银行通过发行绿色债券来解决。

4. 绿色零售业务

如环保信用卡、绿色理财产品、针对个人的绿色信贷产品等。从需求角度讲，随着经济的发展，人们可支配收入的增加，环保意识和理念逐步推广，将使得商业银行此类业务受到青睐。国外已经出现针对居民个人的绿色信贷工具，如房利美（FannieMae）于2004年针对中低收入顾客推出的结构化节能抵押产品，将省电等节能指标纳入贷款申请人的信用评分体系；英国联合金融服务社推出生态家庭贷款，每年为所有房屋购买交易提供免费家用能源评估及二氧化碳抵消服务；花旗集团与夏普电气公司签订联合营销协议，向购置民用太阳能技术的客户提供便捷的融资；加拿大vanCity银行的清洁空气汽车贷款，向所有低排放的车型提供优惠利率等。

我国金融机构也可以根据环保和自身发展需要，在政府支持下推出相关绿色信贷产品，对居民诸如此类贷款的利息支出，财政可以给予相应补贴。

5. 创新性环境金融产品

根据碳金融在全球日益快速发展的现状，应该把低碳经济和金融产品的创新有机结合起来，在发展低碳经济过程中，研究开发环境和金融互动下的金融工具创新，具体如：①偏向于环境相关产业的风险投资基金和环境产业投资基金；②养老基金长期投资的环境金融产品的选择和风险管理；③商业银行的低碳项目贷款以及环境信风险评估；④政策性银行的大型项目的环境结构性金融支持；⑤碳交易市场相关产品；⑥环境风险管理衍生工具等。

（二）积极利用政策优惠，降低业务风险和成本

商业银行在业务拓展中，一是积极探索利用政府产业基金、财政贴息等在绿色金融领域内的扶植政策，降低自身成本和风险，二是海外开拓市场时，可积极寻求同国际多边开发组织和金融机构合作，以跨国银团贷款（参团的赤道银行可出具基于赤道原则的相关风险评价文件）等方式分散和规避合规风险，例如国际金融公司为兴业银行提供 1.04 亿美元的贷款本金风险分担，用于支持该行发放节能减排项目贷款人民币 15 亿元；商业银行可合理借力，提高服务绿色产业等新兴产业过程中的风险补偿、风险覆盖能力。

四、其他措施

（一）加强组织能力建设，重视人才培养

我国商业银行目前普遍存在绿色金融组织能力建设薄弱，人员培养滞后问题。商业银行应该积极组织人员教育培训，结合自身竞争优势，根据自身定位和实际需要，选择一些重点或特色业务培养绿色金融人才，走"少而精"、特色鲜明的绿色金融人才建设之路。鉴于我国商业银行基础性的绿色金融业务多由公司业务条线承担，熟悉绿色金融业务的专业人才也多集中于公司业务条线，可以考虑以公司业务为突破口，选择业务经验丰富的客户经理、产品经理、授信决策分析师等组成团队，参与项目评估、绿色金融产品研发、环境风险管理等方面实践，加强部门间的合作与交流，提供全面绿色金融服务，以实践培养队伍。此外，还要加强同国内外机构的交流、合作与学习，参与各项能力建设，如组织员工积极参与国

际组织合作的绿色金融能力建设项目（如 CDM 能力建设项目），或通过在线教育、网络培训等方式，提高人员素质水平。

（二）继续推广绿色运营

绿色运营是商业银行践行绿色金融的起码要求。我国商业银行目前普遍开展了绿色运营，未来应该进一步推广实施，提倡日常办公中节能降耗，加强以网上银行、电话银行等为代表的电子化交易渠道体系建设，以降低金融服务中的碳排放。商业银行可以对绿色运营提出相应考核指标并量化管理，如人均耗电量、耗水量、耗气量、公务车耗油量等。此外，银行应该积极推动建筑节能改造、充分借助互联网银行发展，整合网点建设，对供应商进行绿色审查等，将绿色金融理念贯穿到整个商业银行运营实践中。

（三）加大绿色金融相关信息的沟通和宣传力度

商业银行应加强与环保部门的信息沟通，充分利用国家环保部与银监会两部门搭建的信息交流与共享平台，及时更新企业的违法信息，同时商业银行应不断完善更新项目和企业环保数据，加快建设本行的企业、项目环境保护绩效数据库，同时也为政府相关部门对企业违规行为进行行政处罚提供信息来源，实现银政信息共享。此外，商业银行还应加大与同业、行业协会、非政府组织之间的沟通。前者有利于降低商业银行信贷审查成本，缩短对项目、企业的调查时间，后者可从侧面了解融资企业和项目的环保措施及绿色信贷资金使用情况，全面管理商业银行经营风险，在履行商业银行审慎调查义务的同时，努力打造全方位、多层次的环保信息沟通机制。

商业银行应该建立比较完善的绿色金融信息披露制度，通过年度报告、企业社会责任报告、可持续发展报告等方式，借助网络、媒体等平台与公众沟通自身的绿色发展理念、战略和政策，增进绿色金融的透明。此外，商业银行还要利用品牌和营销渠道，加大推广绿色金融理念的公众宣传力度，促使全社会加强可持续发展认识，提升社会公众的环境和社会责任认同，增强绿色金融业务和产品吸引力。

参考文献

［1］ Marcel Jeucken. Sustainable Finance and Banking：The Financial Sector and the Future of the Planet ［M］. Earthscan，London，2001.

［2］中国银监会统计部、世界自然基金会（WWF）北京代表处和普华永道：《中国银行业金融机构可持续绩效表现的国际比较研究》，2013 年。

［3］兴业银行：《兴业银行可持续发展报告》，2015 年。

第四章　商业银行的绿色信贷

　　"绿色信贷"起源于 2002 年国际公认的赤道原则，该原则要求金融机构在向一个项目投资时，要对该项目可能对环境和社会产生的影响进行综合评估，并利用金融杠杆促进该项目在环境保护以及周围社会和谐发展方面发挥积极作用。绿色信贷已经成为国际银行业推动可持续发展的重要工具。

　　我国政府一直在积极推动商业银行的绿色信贷实践。2007 年 7 月，中国环保总局、人民银行、银监会联合发布《关于落实环境保护政策法规防范信贷风险的意见》，标志着我国绿色信贷业务的开始。此后，先后出台了一系列规章、制度和意见，推动金融机构加大对节能减排和生态环保项目的金融支持，支持发展低碳经济。2012 年，银监会正式出台绿色信贷指引，明确对绿色信贷的考核和统计，推动了我国绿色信贷的发展。本章概要介绍绿色信贷的国际实践和经验，总结我国商业银行绿色信贷实施情况和遇到的障碍及问题，提出金融机构推动绿色信贷的具体建议。

第一节　绿色信贷的国际经验

一、绿色信贷概述

（一）绿色信贷的源起

　　在国际上，绿色信贷属于可持续融资（Sustainable Finance）或环境融资（Environmental Finance）范畴，Marcel Jeucken（2001）认为，可持

续金融是商业银行通过其信贷和融资政策为可持续的商业项目提供贷款机会，并通过收费服务产生社会影响力。该概念同银行业社会责任也密切相关，后者强调金融机构自愿承担和履行更多社会、环境和可持续发展责任。2002 年 10 月世界银行下属的荷兰银行、巴克莱银行、西德意志洲立银行、花旗银行和国际金融公司在伦敦的国际知名商业银行会议上，制定了《环境与社会风险的项目融资指南》，即"赤道原则"，要求金融机构在向一个项目投资时，要对该项目可能对环境和社会的影响进行综合评估，并且利用金融杠杆促进该项目在环境保护以及周围社会和谐发展方面发挥积极作用。当然，可持续金融的范畴更为广泛，不仅包含商业银行，还包括其他金融机构的投融资行为，强调金融过程（而不仅是信贷过程）要充分关注环境、社会风险。目前全球最具影响力的绿色金融机构组织——联合国环境规划署金融行动（UNEPFI）中，已有 45 个国家的 208 家金融机构成为签约方。美国、英国、日本、加拿大、德国、荷兰等发达国家的商业金融机构均大力实践，"赤道原则"历经三次修改，已成为国际银行业开展绿色信贷实践的普遍操作指南。

在我国，绿色信贷主要指利用信贷手段促进节能减排的一系列政策、制度安排及实践（李晓西、夏光等，2015）。2007 年 7 月，国家环保总局、人民银行、银监会联合发布《关于落实环境保护政策法规防范信贷风险的意见》，标志着我国绿色信贷业务的开始，该意见成为我国绿色信贷第一阶段的基础性文件。2009 年 12 月，央行联合银监会、证监会、保监会发布《关于进一步做好金融服务支持重点产业调整振兴和抑制部分行业产能过剩的指导意见》，明确信贷投放要"区别对待，有保有压"，要求金融机构"严把信贷关"，并提出，金融机构要进一步加大对节能减排和生态环保项目的金融支持，支持发展低碳经济，鼓励银行业金融机构开发多种形式的低碳金融创新产品，对符合国家节能减排和环保要求的企业和项目，按"绿色信贷"原则加大支持力度。

（二）绿色信贷的中国内涵

绿色信贷是一个具有中国特色的概念，即利用信贷手段促进节能减排的一系列政策、制度安排及实践。

绿色信贷包括三个核心内容：一是利用恰当的信贷政策和手段（包括贷款品种、期限、利率和额度等）支持环保和节能项目或企业；二是对违反环保和节能等相关法律法规的项目或企业采取停贷、缓贷，甚至收回贷款等信贷处罚措施；三是贷款人运用信贷手段，引导和督促借款人防范环境风险，履行社会责任，并以此降低信贷风险（李晓西、夏光等，2015）。

总体来说，绿色信贷包含了对融资方的正向激励和负向激励，也包含了对商业银行自身环境风险管理的内涵。

二、国际银行业绿色信贷产品分类

国际银行业开发的绿色信贷类产品主要集中于零售银行类产品（包括住房抵押贷款、房屋净值贷款、信用卡等）和公司银行及投资银行类产品（包括项目融资和商业建筑贷款），此外还包括资产管理类产品（包括财政绿色基金、投资基金等）。常见的信贷产品如表4－1所示。

表4－1　国际绿色信贷产品

序号	产品分类	产品介绍
1	项目融资	对绿色项目给予贷款优惠，如爱尔兰银行对"转废为能项目"的融资，只需与当地政府签订废物处理合同并承诺支持合同范围内废物的处理，就给予长达25年的贷款支持
2	绿色信用卡	荷兰拉博银行推出的气候信用卡，该银行每年按信用卡购买能源密集型产品和服务的金额捐献一定比例给世界野生动物基金会；英国巴克莱银行的信用卡，向该卡用户购买绿色产品和服务提供折扣及较低的借款利率，信用卡利润的50%用于世界范围内的碳减排项目
3	运输贷款	美洲银行的小企业管理快速贷款，以快速审批流程，向货车公司提供无抵押兼优惠条款，支持其投资节油技术，帮助其购买节油率达15%的SmartWay升级套装
4	汽车贷款	温哥华城市银行的清洁空气汽车贷款，向所有低排放的车型提供优惠利率；澳大利亚MECU银行的Gogreen汽车贷款，是世界公认的成功的绿色金融产品，也是澳大利亚第一个要求贷款者种树以吸收私家汽车排放的贷款，此项贷款产品自推出以来，该银行的车贷增长了45%
5	商业建筑贷款	美国新资源银行向绿色项目中商业或多用居住单元提供0.125%的贷款折扣优惠；美国富国银行为LEED认证的节能商业建筑物提供第一抵押贷款和再融资，开发商不必为"绿色"商业建筑物支付初始的保险费

序号	产品分类	产品介绍
6	房屋净值贷款	花旗集团与夏普电气公司签订联合营销协议，向购置民用太阳能技术的客户提供便捷的融资；美洲银行则根据环保房屋净值贷款申请人使用VISA卡消费金额，按一定比例捐献给环保非政府组织
7	住房抵押贷款	花旗集团于2004年针对中低收入顾客推出的结构化节能抵押产品，将省电等节能指标纳入贷款申请人的信用评分体系；英国联合金融服务社自2000年推出生态家庭贷款以来，每年为所有房屋购买交易提供免费家用能源评估及二氧化碳抵消服务，仅2005年，就成功地抵消了5万吨二氧化碳排放

资料来源：作者自行整理制作。

三、各国银行业绿色信贷政策与实践

目前，国际上"绿色信贷"政策实践主要集中在美国、英国、日本、加拿大、德国、荷兰等发达国家。

（一）美国

在法律建设方面，20世纪70年代以来，美国国会通过了26部涉及水环境、大气污染、废物管理、污染场地清除等有关环境保护的法律，每部法律都对污染者或公共机构应采取的行动提出了严格的法律要求。

在政策扶植和指导方面，美国政府除以法律形式要求市场主体关注环境保护外，同时实施了支持和鼓励政策，刺激和促进绿色金融产业的发展。税收政策作为政府调节环保经济的有效杠杆，是美国政府采取的一项重要措施。

从银行业具体实践看，在严格的法律环境下，信贷银行需要对信贷资金的使用承担相应环境责任，美国的银行成为国际上最先考虑环境政策，特别是与信贷风险相关的环境政策的银行。例如美国花旗银行就是美国最早签署联合国环境声明和履行"赤道原则"的银行之一，并在内部建立了有多方参与的环境事务管理机制等。

（二）英国

在法律建设方面，早在20世纪70年代，英国政府的立法指导思想就开始侧重污染预防，即通过制定标准来避免产生环境问题。立法主要遵循可持续发展、污染者付费、污染预防三个基本原则，并且据此形成了环境

影响评价体系、综合污染控制和环境管理标准。依靠和运用法律手段特别是采用环境标准是英国环境控制体制的核心。其中《污染预防法》就规定了 9000 个工艺过程，凡是采用的企业都需要向环保部门申请，通过制定严格系统的技术标准和发放许可证形式控制污染。这种早期的环境管理体系一定程度制约了污染型企业，并提高了企业的环保意识和社会责任。环境标准管理代替了以前通过不断修改法律来适应环境问题的做法，并且形成了一套法规体系。如 1972 年制定的世界上第一部控制危险废物的法律《有毒废物处置法》，1974 年制定的《污染控制法》。现在英国施行的清洁生产和环保法律主要有《环境保护法》（1990）、《污染预防法》（2001），以及水资源法、废弃物管理法等，这些法律都涉及绿色信贷的相关规定。

在政策方面，英国政府先后出台了一系列环境保护激励政策。如政府颁发了"贷款担保计划"，规定小企业可向金融机构借贷最高可达 7.5 万英镑的款项，政府担保 80%。但是在担保过程中，政府会对企业的环境影响等进行评估，侧重于为环境友好型企业进行担保。20 世纪 90 年代初，已有 1 万多家科技型小企业获得这种贷款。地方政府也建立了提供风险投资种子资金公司。这种政府担保型的贷款政策大大刺激了英国民间的中小企业融资。企业大量通过银行贷款，英国政府推行的绿色金融政策自然就对那些量大面广的中小型污染企业发挥了有效的制约作用。

从银行业的具体实践来看，由于法律规定污染者付费，并以完整的生产标准来指导企业生产，使银行向高污染企业发放贷款具有很高风险性。为了避免信贷资金无法回收形成坏账，银行自愿将环境和社会因素纳入自身信贷管理和对企业的评估系统。2003 年 6 月，英国巴克莱银行宣布接受赤道原则，这一事件在英国环境管理史上具有里程碑意义。巴克莱银行凭借自身优势，制定了一个集社会和环境于一体的信贷指引。该指引涵盖所有的融资条款和 50 多个行业。文件明确了企业环境违法和划分了环境风险等级，很好地为银行评估和审核贷款提供了支持。同时，该银行还通过与联合国环境规划署合作，向全球 170 多个金融机构提供了信贷指引。在银行内部，巴克莱银行通过吸引和留住年轻专业人才，并引进外部咨询公司或行业环保专家，建立了银行内部的环境风险评估人才储备库。

（三）加拿大

法律建设方面。自 20 世纪 60 年代，加拿大开始制定保护水资源和防止空气污染的相关法律。1970年加拿大政府成立了污染防治办公室，开始全面考虑环境保护和污染治理问题。1988年出台的《环境保护法》经过1999年修订后，更强调从源头治理污染。现在加拿大工业界和商业界都认为是这部法律使得他们有了统一的标准实施清洁生产，尽量不排废物，降低成本、增加利润、减少污染。实施清洁生产已成为企业的自愿行动。1995年加拿大制定的《污染预防行动计划》要求：企业必须做污染预防计划，提交计划书（该计划书是企业贷款评估的重要依据），污染预防计划书的摘要送交环境部。摘要包括该企业的污染预防目标、如何预防污染、期限等内容。政府则通过媒体、网站向社会公告企业的污染预防计划书摘要，接受公众监督。

政策指导方面。加拿大在促进循环经济工作中重视新技术的开发和利用，注重企业和学术团体应用新的科技手段探索新的环保经济发展模式，解决生态环境问题，对有限资源进行循环利用，减少进入生产和消费过程的物质和能源流量。对废弃物的产生，通过预防方式而不是末端治理方式加以避免。加拿大政府、社会团体及各社区均对全国生态和环保状况密切关注。政府通过每半年出版的《加拿大生态环境状况》杂志及网络信息向全体公民免费发布生态环境状况信息。政府部门介入融资的项目，必须进行公开咨询。同时建立政府行为和企业环境表现公开制度，公布政府有关环保的方针和政策、城市发展和城市环境质量、重点流域水质等状况，鼓励公众监督政府和企业的环境行为，建立生态环境评估和巡察制度，通过权威媒体向社会公布结果。

银行业具体实践。加拿大各商业银行在实施赤道原则时，形成了较为通用的环境评估决策机制、评估和审核信贷要求机制。以加拿大商业发展银行（BDC）为例，该银行在对信贷请求评估和审核时严格按照下述程序进行（见图4-1）。

（四）日本

日本环境保护和绿色信贷制度经验对于我国更具有现实的借鉴意义。20世纪50年代开始，日本为加强环境保护，相继出台了许多法律法规，1993年制定了《环境基本法》，2000年出台了《建立循环型社会基本法》、《可循环食品资源循环法》、《绿色采购法》等，其中都涉及了绿色信贷有关内容。除了加强法律方面的信贷建设，日本还实施了一系列环境经济政策，以配合法律法规发挥其协调经济和环境的作用。

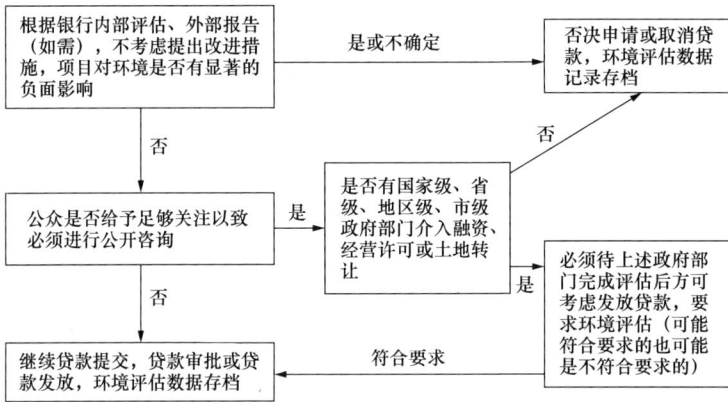

图 4 - 1　加拿大商业发展银行（BDC）绿色信贷流程

资料来源：中国社科院金融所：《建立绿色信贷政策体系研究报告》，2014 年。

日本一些专业金融机构，比如日本开发银行、国民金融公库、中小企业金融公库，为企业设置了专项通融资金。该通融资金适用对象为企业废弃物处理和再生资源化，银行将一系列低息贷款提供给有效进行环境保护的企业，充分调动了企业环保积极性。这些机构的融资对象、利金方式和数量都不相同，但均低于一般的市场平均利率。其中绝大部分低息贷款提供给企业用于环境保护和公害防治（见图 4 - 2）。

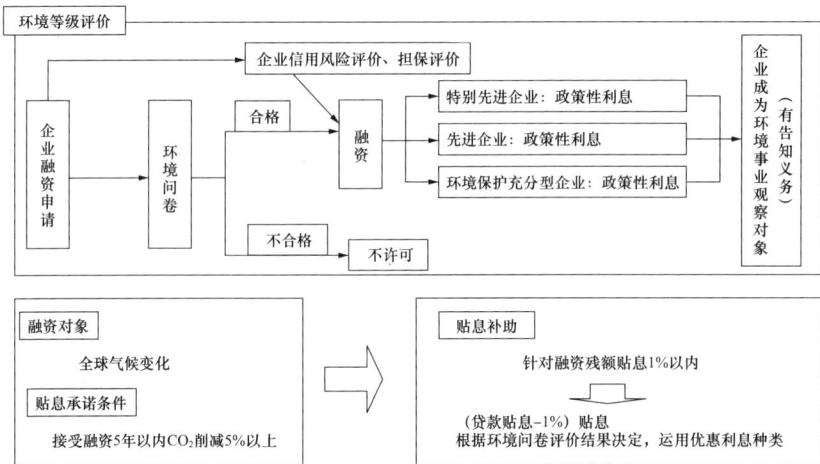

图 4 - 2　日本绿色信贷运作模式

资料来源：中国社科院金融所：《建立绿色信贷政策体系研究报告》，2014 年。

此外，日本政府还设立了直接财政补贴，用于对企业防止污染设施给予直接补贴；对实施循环生产和循环经济的企业和项目，政府给予各种优惠贷款，以激励其投资环保的热情。日本政府还根据地区污染程度，具体情况具体分析，对于污染较严重地区，给予比其他地区更优惠的资助，以帮助该地区有效治理污染。在银行自身方面，日本银行积极遵从赤道原则，与世界经济接轨，通过强化产品创新来实现高效的绿色信贷，比如建立温室气体排放额度的交易机制、进行可再生资源和碳交易方面的企业指导与培训、加强社会责任投资和设立可再生能源私募基金等。

（五）德国

德国是国际绿色信贷制度最主要发源地之一。在德国，银行业积极、主动参与"赤道原则"的制定与推广，较早参与国际绿色信贷，为德国银行业赢得了全球发展的先机。一是德国政府积极支持政策性金融机构，发挥政府补贴资金作用。德国政府在资本市场，充分利用商业银行，要求银行在向企业环境项目贷款时，应落实相关金融补贴政策，使政府补贴资金有效运用到环保事业。比较典型的是德国复兴信贷银行（KFW），其在经营管理中充当了经济界伙伴、德国政府环保政策目标执行落实者、企业可持续发展项目融资者三个重要角色，在经济和环境领域发挥了重要作用。二是德国设立了专门金融机构，对绿色信贷项目给予贴息贷款。对于环保、节能项目金融机构给予一定额度的贷款贴息；对于环境友好项目，给予不到1%的贷款优惠利率，企业项目贷款期限可以持续10年，从而满足环保项目建设期限长、经济收效长的特征。经过多年金融实践，给予环保友好型项目一定额度的贷款贴息，充分发挥了"杠杆效应"的显著作用，极大增强了企业环保意识，有效调动了企业投资环保项目的热情，取得了良好社会效果。三是德国政府积极参与开发绿色信贷的相关金融产品。经过多年发展，以政策性银行为基础开发了支持绿色信贷的多种金融产品，德国政府积极参与的绿色信贷产品已经形成较为完备的体系，使得资金得到了高效利用。四是德国环保部门在绿色信贷实施过程中发挥着重要审核作用，环保项目要得到优惠贴息贷款，必须得到当地或上级环保部门的认可，同时环保部门积极与银行和企业互动，以确保贴息政策能够准确支持环保项目（见图4-3）。

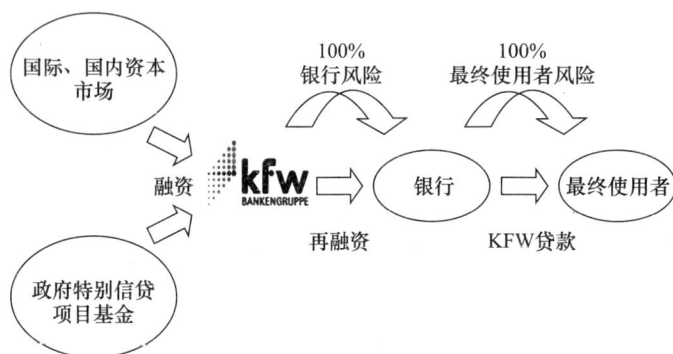

图 4 - 3 德国绿色信贷产品市场运作模式

资料来源：中国社科院金融所：《建立绿色信贷政策体系研究报告》，2014 年。

四、国际绿色信贷经验总结与启示

(一) 国际经验总结

第一，明确环境责任是法律建设的重点。环境污染问题很大程度是企业生产过程中的负外部性无法内在化导致的。如果法律不能明确环境污染者责任，污染企业就具有了额外收益，同时企业不用担心因环境污染而招致经济索赔。银行从自身利益出发，在发放信贷资金时，不用担心企业因污染环境而出现偿贷不力或无法偿贷风险，自然会放松信贷资金审核和监管。发达国家在环境责任立法上，明确规定了环境责任承担者。只有明确责任才能将权、责、利有机结合在一起，从而使政府、企业和银行三方都有激励保护环境，减少污染。

第二，激励机制是政策指导的有力保障。激励机制的对象有两个：银行和企业。一个良好的激励机制是银行和企业在接受绿色信贷时"有利可图"，对银行而言，在实施绿色信贷之后业务量提升；而企业在应用环保技术、提高清洁生产能力时能够得到实际好处，如优先获得信贷或者减轻借贷成本、延长借贷期限等。在激励机制引导下，银行、企业才会自发遵守赤道原则并开展绿色信贷业务。

第三，标准制定是绿色信贷的有效手段。由于信贷涉及环境污染程度、生产工艺、市场环境都显著不同的多个行业，银行作为信贷发放方，需要建立高效、实用的评估标准。这些标准应该具有涵盖面广、可比性和可操作性强等特点。在国际或国家标准制定基础上，还应允许银行在制定具体业务指南上享有较大的自主性，从而可充分调动其积极性，制定出符合各金融机构自身情况的业务规范或目录。

（二）对中国的启示

一是推进环境责任体系建设，强化环境污染责任。绿色信贷初衷是强化环境监督管理，严格信贷环保要求，促进污染减排和防范信贷风险。要实现这一目标，就需要将环境污染的负外部性内在化，使环境污染责任能够落到实处。只有建立完善的环境责任体系，才能让银行和企业都有激励以自发地推进绿色信贷的发展，达到节能减排、防范信贷风险的目标。

二是规范标准体系，建立可操作的银行信贷管理指南。由于我国"绿色信贷"多为综合性、原则性标准，缺少具体的绿色信贷指导目录、环境风险评级标准等，商业银行难以制定相关监管措施及内部实施细则，降低了"绿色信贷"措施的可操作性。因此，我国的"绿色信贷"要进入实际操作首先要制定科学的、可操作性强的标准体系。环保部门正联合行业组织和协会，建立一套基于环保要求的产业指导目录，各金融机构正加快制定具体绿色信贷指南。

三是建立有效的信息沟通机制和激励机制。长期以来，由于我国一些地方环保部门发布的企业环境违法信息针对性不强、时效性不够，不能适应银行审核信贷申请具体需要，同时商业银行还不能提供使用环境信息的反馈情况，没有真正做到与环保部门数据共享，影响了绿色信贷执行效果。因此，建议加快绿色信贷信息建设，使信息交流更加通畅。同时，还需运用价格、税收、财政、收费、保险等经济手段，调节或影响市场主体行为，建立一套激励各级政府和企业长期有效配置环境资源的机制。

四是注意创新，做好银行内部机制的调整。目前，我国大部分商业银行由于缺乏绿色信贷专门人员、机构及制度，信贷工作人员对环保法律法规、政策了解不足，制约了绿色信贷政策的深入。因此建议：金融机构除制定具体信贷指南外，还需加强对自身人员、机构的建设，比如可以借鉴日本瑞穗银行做法，建立专门信贷可持续发展部门。同时应注意引进和保留高素质、高技术员工，做好人才储备工作。此外，金融部门应从解决思想认识着手，提高对实行"绿色信贷"的认识水平，正确处理经济效益与环境、生态、社会效益之间的关系，把环境保护贯彻到具体信贷业务中去，从而促进环境保护与经济协调、持续、稳定发展。

第二节 我国的绿色信贷政策

一、绿色信贷政策演进

在我国，绿色信贷政策是随着社会主义经济建设和经济体制改革以及环境管理思想发展而逐步建立、发展和完善的。从 20 世纪 80 年代至今，大体可以概括为三个阶段。

（一）起步阶段

早在 1986 年，中国人民银行就发布了《关于贯彻信贷政策与加强环境保护工作有关问题的通知》，规定各级金融部门在对环境有影响的项目发放贷款时，必须从信贷发放和管理上配合环保部门把好关，对没有执行建设项目环境影响报告审批制度的或环境保护部门不予批准的项目，金融部门一律不予贷款。这是中国在环境管理中首次采用金融手段来限制和引导企业投资活动，是如今绿色信贷政策的雏形。

1995 年，国家环境保护局向全国各省市印发了《关于运用信贷政策促进环境保护工作的通知》，同年，中国人民银行也发出《关于贯彻信贷政策与加强环境保护工作有关问题的通知》，要求各级金融部门在信贷工作中要重视自然资源和环境保护，把支持生态资源保护和污染防治作为银行贷款的考虑因素之一。该通知规定了金融机构对于涉及环境保护的项目，鼓励、限制和禁止贷款的条件，并明确指出需要对从事环境保护和治理污染的项目和企业，各级金融部门应根据经济效益和还款能力等不同情况，区别对待，择优扶持。

（二）发展阶段

随着中国经济快速发展，环境资源矛盾日益突出，绿色信贷作为环境经济政策重要组成部分获得重视。中国第十一个五年规划纲要（2006～2010 年）把建设资源节约型、环境友好型社会作为一项重大战略任务，提出到 2010 年单位 GDP 能耗比 2005 年降低 20% 左右，以及化学需氧量和二氧化硫排放总量下降 10%，并作为重要的约束性指标。2005 年底，国务院发布《关于落实科学发展观加强环境保护的决定》明确规定：建立健全有利于环境保护的价格、税收、信贷、贸易、土地和政府采购等政策体系。对不符合国家产业政策和环保标准的企业停止信贷，为建立健全有利于环境保护的信贷制度提供了最有力的支持。

2007 年 7 月，原环保总局、人民银行和银监会联合颁布《关于落实环保政策法规防范信贷风险的意见》，提出实施绿色信贷及相关规定和要求。随后中国银监会相继发布《关于防范和控制耗能高污染行业贷款风险的通知》和《节能减排授信工作指导意见》，在尽职调查、贷中审查、贷后监督、合规性、贷款合同、授信权限、行业授信政策、风险管理流程、风险定价、内审控制、人员配置和培训、信息披露、利益相关者等各方面对银行业金融机构提出了明确要求。各地环保部门、银监部门和人民银行各分支机构积极配合，研究制定并出台了相应的地方性绿色信贷政策。

2008 年 1 月，原环保总局与世界银行国际金融公司签署合作协议，共同制定符合中国国情的《绿色信贷环保指南》，以使金融机构在执行绿色信贷政策时在一定程度上有章可循，这是中国推行绿色信贷标准建设的重要一步。2008 年 5 月，原环保总局发布信息公开办法，规定政府环境信息应通过便于公众知晓的方式向社会公开，鼓励企业资源公开环境信息，为绿色信贷操作过程中环境信息的取得提供了便利，信贷双方信息透明度得以加强。

2008 年 8 月 29 日，中国颁布了《中华人民共和国循环经济促进法》。该法对银行业金融机构的具体要求主要体现在两个方面：一方面，提倡信贷政策倾斜循环经济，强化银行业金融机构的社会责任。另一方面，以法律形式赋予银行业金融机构环保审查义务，变事后处罚为事前预防。

2009 年末，中国人民银行联合银监会、证监会、保监会发布《关于进一步做好金融服务支持重点产业调整振兴和抑制部分行业产能过剩的指导意见》，提出了更为明确和丰富的政策要求。要求信贷投放要"区别对待，有保有压"，要求金融机构"严把信贷关"，并强调发挥资本市场融资功能，以及推进企业兼并重组、支持"走出去"战略。

（三）完善阶段

2011 年银监会印发了《关于全面总结节能减排授信工作及做好绿色信贷相关工作的通知》，要求各监管部门、部分金融机构完善绿色信贷统计监测制度，并推进环境与社会风险评价机制的建立；要求各政策性银行、国有商业银行、股份制商业银行和邮政储蓄银行根据经营发展战略与业务需要确定绿色信贷业务的主要负责部门，进一步鼓励银行业金融机构推行绿色信贷，促进节能减排和产业结构调整。

2012 年中国银监会发布《关于印发绿色信贷指引的通知》及《绿色信贷指引》，首次以银行监管部门法规形式，对绿色信贷相关内容以及银行实施绿色信贷过程中的关键事项做出规定和要求，标志我国绿色信贷发展又进入了一个新阶段。

《绿色信贷指引》的重要意义在于：

第一，首次明确了绿色信贷的三个重要支柱。一是加大对绿色经济和低碳经济、循环经济的支持；二是防范环境和社会风险；三是银行业机构要提升自身的环境和社会表现，关注自己生态足迹和碳足迹，要关注自己的其他方面的社会表现，比如就业的公正、善待自己的员工、良好的金融服务，等等。从这个角度理解，《绿色信贷指引》中所指的"绿色信贷"事实上是一个"可持续金融"概念。

第二，对环境和社会风险进行了界定。不仅要求银行业关注建设和生产经营活动中与耗能、污染、土地、健康、安全、移民安置、生态保护、气候变化等有关的环境和社会风险，还要求银行业关注企业关联方风险，比如供应链上的风险，等等。对银行践行绿色信贷提出了更全面的要求。

第三，对银行在实施绿色信贷中需注意的关键事项进行了规定。一是要求银行在战略上重视，并在组织架构上进行合理安排，保证绿色信贷政策的推动与执行。二是银行业自己要制定内部政策与能力建设，提高风险控制能力。加强对相关产业政策的跟踪，并及时关注关键风险点；对客户的环境风险，要有动态评估与分类，并与授信政策挂钩。三是要求银行制定有利于绿色金融创新的管理政策体系。四是优化业务流程，提升绿色信贷能力等。

2013 年国务院出台《国务院关于加快发展节能环保产业的意见》，要求在节能环保产业领域大力发展绿色信贷，积极创新金融产品和服务。2013 年银监会印发了《关于绿色信贷工作的意见》等文件，要求银行业金融机构进一步完善绿色信贷政策制度体系，建立绿色信贷统计制度，完善绿色信贷考核评价体系。建立健全信息共享机制，推动银行业金融机构加强与行业主管部门的沟通联系，主动了解产能过剩行业准入等信息，及时掌握淘汰落后产能、环境违法、土地和岸线管理违规等企业名单，并纳入信贷管理。随后，银监会进一步推动绿色信贷统计工作，要求银行业金融机构汇总"绿色信贷统计表"。2014 年 12 月，银监会办公厅公开发布《绿色信贷实施情况关键评价指标》，定期披露主要银行业金融机构的绿色信贷数据，要求银行对照绿色信贷实施情况关键评价指标，定期开展绿色信贷实施情况自评工作。

《绿色信贷实施情况关键评价指标》分定性评价指标和定量评价指标两大部分。其中定性评价指标主要内容包括：①在组织管理层面涵盖董事会职责、高级管理层职责和归口管理，目标是确保绿色信贷战略的实施从高层到基层都有专人负责、部门归口管理并配备相应资源；②在政策制度及能力建设层面，包括制定政策、分类管理、绿色创新、自身表现、能力建设五个部分来提升自身环境和社会政策的表现；③在流程管理中包含尽职调查、合规审查、授信审批、合同管理、资金拨付管理、贷后管理、境外项目管理七个部分；④在内控管理与信息披露中包含内控检查、考核评价、信息披露，加强对绿色信贷的内控检查与考核评价；⑤在监督检查部分要求银行机构定期向银监会汇报绿色信贷动态。定量评价指标主要包括核心指标：支持及限制类贷款情况，以及可选指标：机构的环境和社会表现、绿色信贷培训教育情况、与利益相关方的互动情况。同时，银监会还制定了《应制定信贷政策的行业目录》、涉及"两高一剩"行业参考目录，对客户环境和社会风险管控情况进行动态评估，环境和社会风险管理合同文本参照内容等。

2015 年 1 月，中国银监会与国家发展改革委联合印发了《能效信贷指引》，鼓励和指导银行业金融机构积极开展能效信贷业务，有效防范能效信贷业务相关风险，支持产业结构调整和企业技术改造升级，促进节能减排，推动绿色发展。该指引从能效项目特点、能效信贷业务重点、业务准入、风险审查要点、流程管理、产品创新等方面，提出具有可操作性的指导意见，通过专业化、针对性的业务创新和风险管控要求，为银行业金融机构提升产业服务水平提供指导和帮助。

二、绿色信贷制度主要内容

（一）决策机制与约束机制

1. 市场准入原则

市场准入要求金融机构按照国家产业政策和环境保护部门要求，提高信贷准入门槛，严格审查申请贷款项目的环评标准，限制不符合环境保护或节能减排要求的投资项目进入信贷市场。绿色信贷的市场准入原则包括以下内容：

一是严格审查信贷需求项目环评标准，国家产业政策限制和环保部门认定环保不达标的投资项目坚决不给予信贷支持。如根据目前我国产业政策和环境保护要求，拒绝给"两高一资"和节能减排不达标的企业发放贷款。

二是对于符合国家产业政策和环境保护政策标准的信贷需求项目，要按照信贷和环境风险评估模型，预测和评估投资项目未来的环境风险，如果存在潜在的环境威胁或确定对未来环境造成破坏，应当拒绝其贷款申请。如果投资项目提出了明确和具体的治污措施和方案，则根据信贷风险、环境风险及预期治污效果，从资金价格和贷款发放进度上给予限制，促使企业加大治污力度，提高其治污承诺的可信度。

三是对于国家产业政策鼓励发展的绿色产业信贷需求项目，如果达到了贷款条件，则应该从资金价格上给予支持。如积极采用清洁生产技术，采用无害或低害的新工艺、新技术，大力降低原材料和能源消耗，实现少投入、高产出、低污染，尽可能把对环境污染物的排放消除在生产过程之中的产业，信贷政策应当鼓励和倾斜。

市场准入原则要求金融监管部门和金融机构制定信贷环境风险评估、控制与监督审核标准体系。

绿色信贷从政策和制度层面进入具体实施，必须有一个可参照的蓝本和可操作的标准体系，一些环境与社会风险管理的国际准则就是很好的借鉴。同时，金融机构作为社会组织，有其自己的专业领域与行之有效的指标体系，通过整合内外部环境指标体系，有助于金融机构科学判断贷款对象的企业性质和运营过程，在业务中关注与环境相关的风险和变化，将环境风险评估纳入贷款决策。我国金融业近中期选择是，依据环境行为评价标准，将环境因素纳入评级指标体系，在金融业环境风险评估、绿色资产管理和环境风险保险等业务中将环境风险整合到核心业务中。

这就要求金融业：一是改革金融评价体系，把绿色投融资引入金融评价，把生态环境投资和环保产业融资作为评价金融业的重要参数之一。二是将金融机构在环保方面的绩效纳入金融机构信用评级考核因素之中，建立科学的金融机构环境信用评级标准。

其中，在金融评价体系中，银行应重点做到以下两点：首先，对可能导致客户生产中止、成本提高、环保资本支出增加、声誉受损、产品市场萎缩等的情景要进行预估，进而判断由此对客户偿债能力造成的影响。其次是审查抵押情况，规避直接风险。如果采取了土地或房地产抵押的担保方式，应深入分析地理位置、周边环境、复原能力等影响抵押物价值与变现难易程度的因素，综合考虑抵押土地或房产被污染的可能性与程度。

2. 项目评估筛选

对于进入信贷考评的信贷需求项目，还要按照风险评估程序，严格按照信贷风险和环境风险标准进行筛选。一是对于高风险贷款项目，贷款申请者必须完成社会及环境评估，而且必须在与当地利益相关者磋商后办理环境管理企划书，说明如何减少或监测贷款项目在环境与社会方面的风险。二是对贷款项目进行环境要素评估。商业银行贷款项目的环境要素评估必须考虑社会及环境条件基准、符合环保及社会责任可行替代方案、可再生自然资源的可持续管理和使用（包括通过恰当的独立认证体系认证的可持续资源管理）、能源的有效生产和运输及使用、污染预防和污染控制以及废弃物处理等，商业银行根据这些项目评估结果决定是否继续贷款受理、贷款审批或贷款发放。

对项目的环境风险有效评估和决策后，应当建立对环境风险行为的规避机制。在接受土地或房地产作为抵押物之前，应咨询环保专家意见，避免直接支持破坏环境或不利于可持续发展的项目与客户；在贷款合同中，对借款人遵守环境法规、环保责任等应予明确约定；对境外项目，可尝试购买污染法律责任险、环保咨询人员专业赔偿险等保险，以转移可能的环境风险。除了保险市场以外，金融衍生品市场也为包括环境风险在内的信用风险的转移提供了空间。

与有良好环保业绩公司合作、对表现出高环保标准的项目进行融资则是规避或减少声誉风险的主要途径。在具体投入服务行为中，应对效益好、讲诚信的绿色信贷项目所需贷款根据信贷原则优先安排、重点支持；对资信好的自主创新绿色产品生产企业应优先核定授信额度，及时提供多种金融服务；对项目回收期长的重点节能环保项目应提供全程金融服务，根据项目不同阶段的信贷需求应提供不同的信贷产品。

3. 信贷规模和资金价格

金融机构根据不同信贷申请项目的环境风险评估情况，确定信贷发放规模和信贷资金价格，从信贷规模和利率价格两方面体现金融机构的风险定价和环境风险定价。信贷规模和资金价格控制的基本要求是：

一是各金融机构应根据所掌握的环保信息，对贷款客户实行分类管理。按照银监会发布的《节能减排授信工作指导意见》要求，可将贷款客户分为 A、B、C 三类，对于不同类别客户实行不同授信政策。对于环境友好型、有利于生态与自然资源保护的项目产业，提供优良的信贷服务予以支持，优先发展。反之，对于对环境产生负外部性的产业或项目，抑制其发展。通过金融业的信贷杠杆作用，从严控制污染源头，促进产业结构调整，实现经济和社会可持续发展。

二是建立绿色信贷的定价机制。在对贷款进行定价时，对有利于环保的借款项目给予比较优惠的利率或贷款补贴，以鼓励环保企业优先发展；对效益良好、偿债能力强的自主创新产品生产企业、国家和省级立项的高新技术项目，开辟"绿色通道"，优化贷款流程，优先安排授信额度，适当优惠贷款利率，并提供融资、结算、理财等多种金融服务；反之，对有损环境的借款项目给予高利率以抑制其发展。

（二）绿色信贷监督约束机制

第一，建立动态环境风险监控机制。商业银行必须对贷款的环境及社会风险通过口头询问、信息披露以及对项目或场地的实地考察等进行动态监控；建立与完善银行绿色信贷激励与约束机制。商业银行必须与政府监管部门共同努力，建立有效激励与约束机制，不仅要对向环境违法企业贷款的商业银行实行责任追究和处罚，而且还要对切实执行绿色信贷且成效显著的商业银行实行奖励。

第二，加大环境违法的金融机构与企业处罚力度。在现阶段，加大处罚力度是有效防范金融机构和企业在环境治理博弈中合谋行为的重要措施。对企业来说，对存在违反环保法行为和被环保部门处罚的企业，其贷款应当按关注类或不良类贷款管理；对违反国家有关环保规定超标排污、超总量排污的企业，要暂停一切形式的新增融资，并根据不同情况采取相应信贷控制和退出策略；对能耗、污染达标但环保运行不稳定的贷款企业，不得增加新的融资，并及时调整原有贷款期限，压缩授信；对列入"区域限批"、"流域限批"地区的企业和项目，要暂停一切形式的信贷支持，直至限批惩罚措施解除。对金融机构来说，则要建立内外两层处罚约束制度。在银行内部，建立健全绿色信贷问责制，加大检查和处罚力度。对不符合环保要求企业提供融资人员，要从严处理；对贷款审查决策过程中忽略环保要求的，取消审批人员审批资格。监管等政府部门也应同时建立对金融机构执行绿色信贷政策的约束机制，对因拒不执行政策造成重大污染事故或信贷资产损失的金融机构及责任人员从重处罚。

第三，建立绿色信贷信息披露机制。金融业应制定环境政策并公之于众，且要构建与之适应的管理机构和制度、行动计划和监督程序，并定期向外界发布环境评估报告，主要内容包括：环境政策和制度、环境社会经济行为指标、环境社会经济行为的金融含义、可持续发展商业机会、支持社会经济持续发展的商业创新行为等。

第四，重新设定银行报表约束制度。监管与决策部门应重新编制银行非现场监管报表系统，在风险加权资产负债报表中按企业污染级别、企业环境风险评估报告以及企业环境风险对银行信贷资产可能造成的损失程度等标准综合计算设定信贷资产的风险权重，使报表真实反映信贷资产可能面临的环境风险。

（三）绿色信贷激励约束机制

虽然从长远看，发展绿色信贷有利于商业银行贷款结构的改善，但对商业银行的经营业务带来一定不利影响，因此除了对违反绿色信贷行为进行处罚之外，还应该采取各种激励措施。

一是政府提供税收减免优惠或对损失提供财政贴息。银行提供优惠贷款或支持部分效益不好的环保项目，或放弃一些有损环境的投资项目，将影响其盈利水平，因此应有减免税收、财政贴息等其他配套政策，以调动并确保商业银行推行绿色信贷的积极性。

二是中央银行资金和价格倾斜。对于金融机构信贷支持的绿色产业项目，中央银行要适当降低贷款发放机构再贷款、再贴现申请标准及利率，对金融机构再融资方面予以支持。在必要情况下，中央银行可以委托金融机构发放绿色产业专项贷款，以支持绿色产业和低碳经济发展。

三是金融监管机构从资本充足率和风险资产核定等方面对发放绿色信贷的金融机构给予激励和支持。可以考虑将支持绿色产业或低碳经济的信贷项目资金不计入资金充足率的风险资产，或降低其计算权重，其所产生的本金损失不计入不良贷款等。

第三节　我国商业银行绿色信贷实践

一、我国商业银行绿色信贷概况

从 2007 年开始，我国商业银行绿色信贷业务取得了一定发展，绿色信贷规模不断扩大，但由于缺乏激励机制，配套政策法规不健全，总体来说商业银行开展绿色信贷的积极性有待提高。

（一）商业银行绿色信贷配套措施

根据国家相关政策，各大商业银行依据自身特点陆续着手制定本行环境配套政策，使国家政策具有可操作性，可以指导本行绿色信贷业务的实践。一方面，积极响应国家政策，大力减少产能过剩行业的贷款额。另一方面，积极支持国家节能重点工程、环境保护重点工程，加强对这些项目的支持力度，使绿色信贷业务规模不断扩大。

表 4-2　主要银行绿色信贷配套措施和标准

银行名称	绿色信贷环境政策和标准
工商银行	将促进环境保护、资源节约、污染治理等作为信贷决策的重要依据，完善绿色信贷制度建设，构建适合工行发展的绿色信贷体系。采取多项绿色信贷环境政策和标准： 1. 建立健全绿色信贷问责机制，将绿色信贷指标纳入对各级分支机构的绩效考评指标体系，明确"扶优限劣、有保有压"的总体信贷原则 2. 2012 年，为有效防范重金属环境污染风险，印发了《关于加强防控重金属排放企业信贷风险管理工作的通知》 3. 2011 年，工商银行制定了《绿色信贷建设实施纲要》，明确了本行绿色信贷建设基本宗旨、基本原则和实施要点。先后制定了多项制度，进一步完善绿信贷分类体系 4. 2009 年，细化企业环保风险分类标准，完成全行贷款项目分类，并采取差别化授信和管理要求

续表

银行名称	绿色信贷环境政策和标准
建设银行	制定《中国建设银行节能减排信贷指导意见》推动绿色金融，支持节能减排行动。在信贷审批中严格执行环保一票否决机制，不允许对环评不达标、不符合节能和环保规定的客户和项目发放信贷 1. 利用授信业务风险监测系统（CRMW）对包括造纸等环境敏感性行业和客户审批情况进行实时监测 2. 对产能过剩行业增加风险限额零新增的管理要求，加强对客户和贷款的风险排查
交通银行	1. 通过《交通银行股份有限公司绿色信贷政策》，将实施"绿色信贷"确立为交行长期战略 2. 完善规章制度，不断调整信贷结构，积极支持节能减排，拓展低碳金融创新
兴业银行	1. 全面落实赤道原则，出台并完善《环境与社会风险管理政策》，开展适用于赤道原则的项目融资环境与社会风险审批工作，形成独特的绿色信贷环境与社会风险管理制度体系和流程 2. 为提升可持续金融工作效率和专业性，在银行内部成立专门机构，加强可持续金融的组织规划、协调推动和业务运营

资料来源：作者自行整理。

（二）商业银行绿色信贷开展状况

我国商业银行绿色信贷包括两方面：一是对于绿色、低碳企业给予信贷资金支持；二是关注和预防贷款项目的环境社会风险，例如控制"两高一剩"行业授信。各银行业金融机构均支持节能减排和淘汰落后产能工作，不断加强和改进授信管理，通过采用"名单式"管理方式以及差别化风险定价、经济资本占用系数调整、专项拨备等方法，严格控制对高污染高耗能和产能过剩行业的信贷投放清理和退出不符合国家产业政策的项目或行业的存量授信。

截至 2015 年底，银行业金融机构绿色信贷余额 8.08 万亿元，其中，21 家主要银行业金融机构绿色信贷余额达 7.01 万亿元，较年初增长 16.42%，占各项贷款余额的 9.68%。

21 家主要银行业金融机构共计 154 户企业涉及环境保护违法违规尚未完成整改，涉及贷款余额为 280 亿元；15 户企业涉及安全违法违规且尚未完成整改，贷款余额为 23 亿元；340 户企业涉及落后产能且尚未完成淘汰，贷款余额为 512 亿元。

从不良率看，21 家主要银行机构贷款中涉及环境保护违法违规尚未完成整改的，不良贷款余额为 9.26 亿元，不良率为 3.3%；涉及安全生产违规违法且尚未完成整改的，不良贷款余额为 0.10 亿元，不良率为 0.45%；涉及落后产能未完成整改的，不良贷款余额为 13.55 亿元，不良率为 2.65%。

表 4-3　中国十大商业银行绿色信贷余额统计

年份 商业银行名称	2009	2010	2011	2012	2013	2014	2015
中国工商银行	4109.92	5074.52	5094	5934	5980	6552.81	7028.43
中国建设银行	1810.97	1958.06	2190.7	2396.37	4883.9	4870.77	7335.63
中国银行	1503.22	1921.12	2494	2274.8	2587.59	3010.43	4123
中国农业银行	308.48	597.13	881.68	1522	3304.01	4724.47	5431.31
交通银行	956.13	1022.93	1235.36	1440.28	1658.36	1524.31	2047.95
中信银行	149.96	161.14	183	189.6	207.64	271.25	239.96
兴业银行	165.83	478.68	745.45	1126.09	1780.97	2960	3942
招商银行	398.2	462.5	509.82	1095.47	1163.72	1509.47	1565.03
北京银行	91.54	123.54	177.51	245.07	109.85	180	260
浦发银行	174.89	214.61	255.16	1503.59	1521.04	1563.74	1717

资料来源：中国银监会。

在主要商业银行实践中，四大商业银行绿色信贷投资额较大，尤其是工商银行、建设银行和农业银行。截至 2015 年末，这三家银行的绿色信贷余额绝对数都已经超过 5000 亿元。同时，股份制商业银行也在积极拓展绿色信贷业务，发展非常迅速，尤其是兴业银行。但 2013 年以来，一些商业银行的绿色信贷业务停滞不前，北京银行、交通银行甚至出现负增长，这一情况在 2015 年得到极大改善。

（三）绿色信贷的阶段性成果

绿色信贷取得了节能减排的阶段性成果。截至 2015 年底，银行业金融机构绿色信贷余额 8.08 万亿元，其中，21 家主要银行业金融机构绿色信贷余额达 7.01 万亿元，较年初增长 16.42%，占各项贷款余额的 9.68%。贷款所支持项目预计可节约标准煤 2.21 亿吨，节约水 7.56 亿吨，减排二氧化碳当量 5.50 亿吨、二氧化硫 484.96 万吨、化学需氧量 355.23 万吨、氮氧化物 227.00 万吨、氨氮 38.43 万吨。

（四）不断进行绿色信贷产品创新

中国各大商业银行积极开展绿色信贷业务，不断加强绿色信贷产品研究和开发力度，增强绿色信贷产品创新性。

以绿色信贷业务为基础，各商业银行陆续开发了能效融资项目、碳金融服务、碳资产质押授信业务以及未来收益权质押融资等，极大丰富了绿色金融服务体系。表 4-4 总结了兴业银行和浦发银行在绿色信贷和绿色金融服务方面的创新举措。

表 4-4　兴业银行与浦发银行绿色信贷产品创新

银行名称	绿色信贷创新产品成就
兴业银行	（1）节能减排融资服务：首创能效融资项目 （2）排放权金融服务：创新推出了排污权金融服务、提供综合的碳金融服务、购碳代理财务顾问业务和碳资产质押授信业务，开出首笔碳交付保函业务和国内首单自愿碳排放交易资金提供存款和结算服务 （3）理财业务：开发了针对房地产行业、钢铁行业和以五大电力公司债券为对象的信托理财产品 （4）信用卡：发行国内首张低碳主题卡——中国低碳信用卡 （5）信托业务：QDII 业务"兴业信托·海外精选新晋系列 1-1 期单一资金信托"正式落地。第一期产品的投资标的为城镇污水处理及供水行业综合服务商——云南水务投资股份有限公司，该公司污水处理及供水设施规模在云南省位居第一
浦发银行	浦发银行持续推行绿色信贷创新产品和服务体系，引领绿色信贷产品线： （1）2007 年，与国际金融公司（IFC）、法国开发署（AFD）等国际金融机构启动能效和可再生能源融资合作 （2）2009 年，成功完成国内银行业第一单 CDM 财务顾问业务 （3）2010 年，同业中率先推出合同能源管理保理融资和未来收益权质押融资，大力支持节能服务产业；成功完成首单排污权抵押贷款，实现碳排放权交易金融服务的突破 （4）2011 年，与亚开行签署合作协议，在国内商业银行中率先推出首个建筑节能融资产品 （5）2012 年，成为国内排放权交易所首个 CER（核证减排量）离岸托管合作银行 （6）2015 年，该行西宁分行主动为青海百通高纯材料开发有限公司余热资源回收利用项目融资

资料来源：作者自行整理。

二、我国商业银行绿色信贷实践

从绿色银行实践看，大型商业银行和股份制银行政策落实较好，以下简要介绍四大国有商业银行和代表性股份制商业银行兴业银行的绿色信贷实践。其他一些银行的创新实践，将一起介绍。

（一）工商银行

工商银行由总行信贷管理部负责全行绿色信贷政策制定、监测和日常管理。2011年，工商银行制定《绿色信贷建设实施纲要》，明确绿色信贷建设的基本宗旨、基本原则和实施要点，从信贷文化、分类管理、政策体系、流程管理、产品与服务创新、考核机制以及能力建设等方面，提出了绿色信贷体系建设方向与工作要求。2012年，建立了绿色信贷问责机制。2014年，工商银行修订并印发了61个行业（绿色）信贷政策，覆盖全行85%的公司贷款和国家产业政策鼓励发展的绿色经济领域。对钢铁、水泥、常用有色金属冶炼、煤化工（焦炭）、光伏制造、造船、风电设备、平板玻璃8个产能过剩行业实行行业信贷限额管理，严格控制贷款总量。2015年，工商银行修改和制定了18个板块、60个行业（绿色）信贷政策，实现对公司客户行业全覆盖，并将节能环保确定为重点拓展业务领域，鼓励和引导全行在商业可持续和风险可控前提下将信贷资源优先投向生态保护、清洁能源、节能环保、循环经济等绿色经济领域。

截至2015年末，工商银行在生态保护、清洁能源、节能环保、资源循环利用等绿色领域贷款余额7028.43亿元，同比增长7.3%，高于公司贷款余额增速3.88个百分点。

在行业投向上，鼓励和引导全行优先支持生态保护、清洁能源等绿色经济领域；在具体行业政策中，引导全行加大对优秀企业和优质项目信贷支持并退出落后产能企业。建立了绿色信贷分类与企业评级关联并将其植入和贯彻到信贷流程，要求全行在信贷各个环节及时查询客户绿色信贷分类标识并将其作为对客户总体评估和信贷决策的关键依据。

（二）中国农业银行

农业银行在落实绿色信贷工作和出台绿色信贷指标体系方面取得了突出成果。2012年，农业银行专门下发《中国农业银行关于落实绿色信贷工作的实施意见》，在全行范围确立了"绿色金融"工作目标，提出了实行差别化绿色信贷政策、前瞻性防控"两高一剩"行业信贷风险等一系列"绿色金融"工作机制，逐步建立了"绿色金融"管理体系。

农业银行主要加强了对绿色环保、清洁能源和循环经济相关行业研究力度，已出台风电、水电、核电、电网、光伏等多个相关行业信贷政策，从信贷规模、授信额度、贷款利率和经济资本多方面鼓励加大绿色信贷投放。积极支持符合国家环境保护、污染治理、节能减排和生态保护要求的企业及项目，促进绿色、循环和低碳经济发展。同时加快绿色信贷产品创新，推出节能减排顾问、合同能源管理、排污权质押贷款、碳交易预付账款融资等多项产品，有效支持高耗能行业客户开展节能技术升级改造。

2014 年，农业银行发布《关于建立绿色信贷指标体系暨修订"两高一剩"行业信贷政策的通知》，构建绿色信贷指标体系，推动绿色信贷与行业政策有机融合，使绿色信贷指标成为信贷管理多重环节的重要决策依据，推动我国产业逐步实现绿色转型与升级。农业银行根据效率、效益、环保、资源消耗以及社会管理五大类指标，梳理了绿色信贷指标体系具体内容。同时，顺应国家调控政策、产业和行业形势以及农业银行业务经营需要，对水泥、钢铁、焦化、火电、风电设备、有色金属（含铜冶炼、电解铝、铅锌冶炼）、多晶硅、石化、煤化工、纺织、平板玻璃、造船等行业信贷政策进行了修订，将绿色信贷指标嵌入行业信贷政策各项规定中。

农业银行信贷指标体系的建立，一是厘清了五大类指标具体范畴，明确了各项指标概念；二是示范性地解决了指标体系的实际应用问题，将各项指标有机融入"两高一剩"行业信贷政策中，使其成为客户准入、贷前调查、审查审批、贷款发放、贷后管理等环节的重要决策依据。这种模式不仅可以复制应用到其他行业信贷政策中，也可推广到其他政策、制度、流程等各个方面，从而有效促进信贷结构调整和环境信用风险的防范。

此后，农业银行发布《关于加强对产能过剩行业项目信贷管理的通知》，要求新介入的产能严重过剩行业项目须符合工信部产能置换相关规定，严禁介入未批先建、未批建成、边批边建项目。针对工信部公布的第一批、第二批淘汰落后产能企业名单进行风险排查，形成《关于排查2014 年淘汰落后产能客户风险情况的报告》，并将排查结果通报全行。

截至 2015 年 12 月，农业银行绿色信贷贷款余额达 5431 亿元，较上年增长 15%，从贷款投向看，主要投向绿色交通运输、可再生能源及清洁能源等领域。代表性项目包括 2013 年同我国风电龙头龙源电力集团股份有限公司签署 500 亿元"总对总"战略合作协议框架；对海螺集团综合授信接近 200 亿元，为节能减排技术推广提供资金支持等。

农业银行还积极开展绿色信贷创新服务业务。在国内金融机构中率先推出 CDM（清洁发展机制/碳减排顾问服务）顾问业务。2008 年以来，重点评估和服务的 CDM 项目达到 22 个，涵盖 7 个省份，涉及水电、风电、生物质发电三大业务领域，年减排量约 120 万吨，其中在联合国成功注册项目 5 个，年减排量约 25 万吨。2013 年，农业银行在原有"CDM 顾问业务"基础上及时推出"已注册 CDM 项目减排量转卖"顾问服务，利用平台、渠道和信息优势，通过向国内拥有已注册 CDM 项目的减排企业提供后继的碳减排交易顾问服务，提高企业在交易中的议价能力。服务推出以来，已累计为 10 余家企业提供了初步信息和咨询服务，并为 4 家企业正式提供了顾问服务，服务企业年减排量总计约 17 万吨。

（三）中国银行

中国银行先后出台《支持节能减排信贷指引》和《碳金融指导意见》，并将环保要求纳入年度《信贷投向指引》，大力发展低碳金融和绿色信贷，主动加强对授信项目的环境和社会风险评估。加强产能过剩行业风险管控，支持过剩产能跨境转移，引领实体经济绿色转型。

表 4-5　2013~2015 年度中国银行绿色信贷及"两高一剩"行业贷款余额

指标	2015 年	2014 年	2013 年
绿色信贷余额（亿元）	4123	3010	2588
"两高一剩"行业贷款余额（亿元）	5118	4983	5142

表 4-6　2014 年中国银行绿色信贷分类项目贷款余额

指标	金额（亿元）
绿色农业开发项目贷款余额	7.04
绿色林业开发项目贷款余额	3.89
工业节能环保项目贷款余额	137.92
自然保护、生态修复及灾害防控项目贷款余额	23.72
资源循环利用项目贷款余额	77.08
垃圾处理及污染防治项目贷款余额	131.81

指标	金额（亿元）
可再生能源及清洁能源项目贷款余额	941.21
农村及城市水项目贷款余额	55.58
建筑节能及绿色建筑贷款余额	29.55
绿色交通运输项目贷款余额	1393.85
节能环保服务贷款余额	18.76

比较具有代表性的项目包括 2013 年，中国银行与瑞典出口信贷公司（SEK）签署 1 亿欧元《环保创新出口信贷融资总协议》，形成两国间首份专注于绿色环保项目的融资协议，为中国和北欧国家环保项目合作开辟了新的融资模式等。2015 年，中国银行宁波市分行为宁波鄞州区生活垃圾焚烧发电 PPP 项目核准 10 亿元授信，这是宁波市首笔 PPP 项目贷款，为当地环境生态建设贡献力量。2013 年，支持中新天津生态城建设 80 亿元人民币的融资配套服务。2015 年，中国银行又作为全球协调人，为中心生态城发行承销 10 亿元人民币狮城债券，在绿色信贷基础上进一步开拓形成"绿色投行"功能。2015 年 10 月，中国银行发行承销金风科技 3 亿美元的海外绿色债券，该债券是中资企业海外发行的首单绿色债券。此外，中国银行还积极开发了合同能源管理项目、产业基金、收费权质押、基于 CDM 的节能减排融资、基于碳排放权的金融理财产品等绿色金融创新产品和服务。

（四）建设银行

建设银行从 2006 年开始在国内同业率先提出并实施了"环保一票否决"制度，即对于环保不达标的企业，无论经营状况和财务指标有多好，都不予信贷支持。在具体授信审批中，建设银行实施了较高的标准，要求审批人坚持做到"四个不贷"：一是对于未通过环评部门审批的项目不贷；二是对于高耗能、高污染行业中限制类、淘汰类项目不贷；三是对于环保限批区域内的项目不贷；四是对于环保部门通报"黑名单"客户不贷。

建设银行加大对绿色信贷相关行业的审批研究，制定了涵盖钢铁、水泥等高耗能、高污染和产能过剩行业的审批指引，印发了垃圾焚烧发电、现代煤化工、自来水的生产和供应、污水处理及其再生利用、光伏产业、光伏发电、新能源汽车零部件、水利项目、现代农业机械、新农村贷款等与环保相关行业的审批指引，为绿色信贷提供决策支持。对符合条件的重点优质客户和项目，简化申报材料，优化申报流程，确保该类项目的审批质量和效率。

截至 2015 年末，建行绿色信贷余额 7335.63 亿元，比上年增长 50.61%。节能减排效益显著，合计折合减排标准煤 2286.24 万吨，减排二氧化碳 5298.74 万吨，减排 COD15.38 万吨，减排氨氮、二氧化硫、氮氧化物分别为 1.85 万吨、12.39 万吨、1.7 万吨，节水 90.32 万吨。

（五）兴业银行

兴业银行是我国唯一一家加入赤道原则的商业银行，多年来践行绿色金融、美丽中国理念，形成了比较完善的绿色金融战略、组织架构、产品和服务运营体系及信息披露制度，连续多年荣获中国银行业"年度最具社会责任金融机构奖"和"年度最佳绿色金融奖"。

1. 绿色信贷战略

2008 年 10 月 31 日，兴业银行正式采纳赤道原则，成为中国目前为止唯一一家赤道银行。董事会制定并发布《环境与社会风险管理政策》，发布了一系列与赤道原则相关的管理办法、操作指引及相关配套制度、文件等。2012 年，兴业银行参考《绿色信贷指引》和《赤道原则3》，并结合银行自身绿色信贷实践，制定并下发了《环境与社会风险管理子战略》，从绿色金融产品创新、风险管理、环境与社会风险审查评估等多个维度完善现有制度体系，树立了可持续金融理念和战略，并将可持续发展理念融入银行运营方方面面，在机构设置、风险管理、产品服务、信息沟通等方面推行环境和社会风险管理，促进可持续发展。

2. 绿色金融组织管理体系

兴业银行于 2009 年成立可持续金融中心，到 2012 年将可持续金融中心升级为一级部门可持续金融部，形成分工及职责较为明晰的组织架构：董事会执行委员会负责研究拟定、监督执行全行社会责任及可持续发展战略和政策，赤道原则工作领导小组和社会责任工作领导小组领导整体规划和战略布局，特设环保官员负责整体统筹监督环保相关工作；总分行设置可持续金融职能部门，其中总行可持续金融部门负责全行可持续产品的开发和推广以及可持续金融业务相关的技术研究和项目评估与专业评审等；行内组建了项目融资、碳金融、市场研究、技术服务、赤道原则审查5个专业团队，形成了集产品创新、技术支持、资产管理、营销组织、交易服务、业务合作 6 项职能于一体的资产运营平台。

兴业银行总行环境金融部牵头统筹管理银行绿色金融业务，单独设立风险窗口，实现对绿色金融授信项目进行专业审批、专业管理，达到绿色金融业务发展与风险管理的全程融合。在分行层面，约 80% 分行设立了环境金融中心，配置专业绿色金融岗位，实现对区域内绿色金融业务专业化支持。客户在节能环保领域的多种金融需求，在原来"8 + 1"融资服务和排放权金融两大产品序列基础上，整合形成涵盖金融产品、服务模式到解决方案的多层次、综合性产品与服务体系。

3. 绿色信贷运营与创新

兴业银行可持续发展业务目前已覆盖低碳经济、循环经济、生态经济三大领域，成为国内绿色金融产品线最宽、产品类型最丰富的银行，并实现了规模化发展。

兴业银行对产能过剩行业实行"有保有压、限制增量、盘活存量"的授信政策，更加注重项目环保与社会效益指标，通过分类管理、名单管理、限额管理等手段，防范和化解产能过剩行业风险。

此外，依托作为赤道银行的优势，借鉴赤道原则项目评审工具与流程，对五大产能严重过剩行业的项目贷款业务开展环境与社会风险评审，进一步防范产能严重过剩行业环境与社会风险。截至 2015 年 10 月，共对 890 笔项目开展赤道原则适用性判断，其中适用赤道原则的项目融资共计 251 笔，所涉项目总投资约 5427.11 亿元，涉及 244 个客户、10 大类国标行业，覆盖全行 38 家分行。

兴业银行还积极开拓金融产品和服务，形成了包括碳资产授信业务、节能减排融资服务、排放权交易服务、个人低碳金融服务在内的较为完整的绿色金融产品服务体系，在产品开发和创新方面创造了多个中国第一，即中国首笔自愿适用赤道原则的贷款项目、中国第一单碳资产授信业务、第一笔绿色债券等。

截至 2015 年 12 月末，兴业银行累计为上千家企业提供绿色金融融资8000 亿元，绿色金融融资余额达 3942 亿元，所支持的这些项目可实现在我国境内每年节约标准煤 2553.86 万吨，年减排二氧化碳 7161.99 万吨，相当于 716 万公顷森林每年所吸收的二氧化碳总量，节能减排量相当于10 万辆出租车停驶 34 年。

表4-7　兴业银行绿色金融业务取得的环境效益

项目	2014 年	2015 年
节约标准煤（万吨）	2351.63	2553.86
二氧化碳减排量（万吨）	6879.93	7161.99
化学需氧量（COD）减排（万吨）	123.47	138.74
氨氮减排量（万吨）	3.58	5.06
二氧化硫减排量（万吨）	9.94	10.04
氮氧化物减排量（万吨）	2.41	2.99
年综合利用固体废弃物（万吨）	1710.79	1729.04
年节水量（万吨）	26229.06	28565.06

资料来源：《兴业银行社会责任报告》，2016 年。

表4-8　兴业银行"两高一剩"行业贷款余额

"两高一剩"行业	2015 年余额(亿元)	占比（%）	2014 年余额(亿元)	占比（%）	2013 年余额(亿元)	占比（%）
纺织业、皮革加工、造纸业	21.86	0.18	22.05	0.19	21.63	0.22
化学原料及化学制品制造业	111.19	0.9	124.53	1.10	114.8	1.16
橡胶与塑料制品	9.76	0.08	5.6	0.05	9.09	0.09
炼焦	19.83	0.16	18.42	0.16	29.09	0.29
钢铁	124.86	1.01	101.61	0.89	100.05	1.01
水泥	70.48	0.57	64.28	0.57	81.96	0.83
平板玻璃	2.26	0.02	4.38	0.04	3.06	0.03
多晶硅	11.85	0.10	12.17	0.11	9.46	0.1
电解铝	50.89	0.41	35.3	0.31	11.67	0.12
船舶制造	1.82	0.01	3.23	0.03	6.57	0.07
小计	424.80	3.42	391.58	3.44	387.38	3.91

资料来源：《兴业银行社会责任报告》，2016 年。

4. 绿色金融信息披露

兴业银行高度重视可持续发展信息披露，连续多年发布《兴业银行可持续发展年度报告》暨年度社会责任报告，详细披露银行在社会与环境责任方面的使命、组织、管理与实施方面的进展，包括银行履行社会责任理念、体系、部署、进程和成效等，以及采纳赤道原则的战略构想、施行范围、实践方式、工作成果以及具体案例。此外，还通过官方网站"可持续金融"栏目、《从绿到金——社会责任专刊》、兴业银行赤道原则微博等渠道，与各利益相关方展开良好、充分、及时的沟通，提高公众透明度。

（六）华夏银行

华夏银行将发展"绿色信贷"作为指导全行开展信贷业务的长期战略导向和基本准则，以中国银行业监督管理委员会《绿色信贷指引》和《绿色信贷实施情况关键评价指标》工作要求为指导，服务国家经济结构调整和产业升级方向，结合银行实际，深入开展以"节能、减排、环保和循环经济"为主题的绿色信贷。目前，华夏银行已形成兼顾绿色信贷业务发展与环境社会风险防控的立体绿色信贷框架体系。通过绿色信贷管理机制、考评机制和能力建设等方面建设，构成银行绿色信贷管理体系，树立绿色信贷导向，确保绿色信贷落地，量身设计绿色信贷产品服务，保障全行绿色信贷业务健康有序发展。

华夏银行严格实行以"环保一票否决制"为核心的绿色信贷原则，采取"有保有压、扶优限劣"信贷策略，逐步降低高能耗、高排放行业信贷投放比重，提升低能耗、低排放行业尤其是"节能减排、环保和循环经济"受益行业的信贷投放比重。

一是根据国家经济结构调整要求，严控产能过剩行业信贷规模，将钢铁、水泥、电解铝等行业作为结构调整重点领域，持续降低此类行业占比。上收煤炭等 12 个产能过剩行业固定资产贷款（含银团贷款）业务授信审批权限，强化落后产能客户贷后检查和风险排查，对落后产能客户实施名单制管理，制定压缩退出方案。截至 2014 年末，华夏银行全行钢铁、水泥等五大产能严重过剩行业贷款余额比年初降低 53.21 亿元，在全行贷款中占比较年初降低 1.07%。

二是加大力度扶持绿色投资和绿色环保节能产业，通过金融产品和服务创新服务绿色经济。华夏银行绿色金融服务领域涵盖能效融资、清洁能源融资、环保金融、绿色装备供应链融资等，重点支持加工制造企业节能减排、循环经济项目、大气、水、土壤治理及垃圾处理项目，加大力度支持清洁能源以及新材料、新技术等项目，为其健康发展提供优质金融服务。例如，华夏银行向河北盛华化工有限公司的循环经济氯碱基地项目提供 4 亿元授信额度，用于环保搬迁、资源循环利用、降低能耗等。搬迁升级改造后产能扩大一倍，达 40 万吨聚氯乙烯及 40 万吨烧碱。电石法生产剩下的灰渣也被作为原料完全用于水泥生产，实现了资源循环利用。

三是积极开发绿色金融创新产品和服务。华夏银行在有效防范风险基础上，结合国内节能减排融资需求，打造具有创新性、实用性和易于推广的绿色信贷特色产品。在国内较早推出合同能源管理专项融资以及资产证券化融资等多种绿色金融服务产品，不断提升银行低碳金融综合服务能力。通过应收账款质押、清洁发展机制（CDM）等方式，灵活创新信用模式，扩大贷款抵质押担保物范围，探索建立有效的信用风险分散转移机制；利用GEF（全球环境基金）赠款，重点围绕耗能企业、节能设备制造商、节能项目施工企业、节能服务公司四大类客户，加大低碳金融专项产品的开发，加强对重点领域绿色信贷的支持力度。

三、我国商业银行绿色信贷问题和不足

我国商业银行在推行绿色信贷业务方面取得了一些阶段性、局部性成果。但由于绿色信贷在我国提出较晚，发展不成熟，绿色信贷业务量的增长远远落后于银行信贷总体增长速度，且绝大多数城商行和农商行没有开展绿色信贷业务。

（一）商业银行主动性和管理能力有待提高

同国外商业银行相比，国内很多商业银行特别是一些小型城市和农村商业银行还没有建立专门的绿色信贷部门和环保责任机构，尚未引进第三方评估机制，仅仅只是将绿色信贷作为一项普通业务，没有重点推行与发展，也没有将绿色信贷纳入银行战略和管理。在绿色信贷实施过程中，由于传统的"两高一剩"行业短期能够带来较高的经济利润，一旦控制其贷款额度，商业银行就会失去一块利润丰厚的信贷市场。商业银行受利益驱动，不会主动限制对于"两高一剩"行业的投入力度。

另外，绿色信贷执行能力存在很大不足，其主要表现在以下几个方面：绿色信贷信息搜集与处理能力明显不足，在信息对接与及时交换等方面存在很大障碍；缺乏人力资源与管理能力，不能为绿色信贷政策给予支持；地区之间差异明显，落后地区在制定绿色信贷政策和执行能力方面不足；在绿色金融产品服务创新方面，银行间还存在较大差异。

（二）环境信息披露不足

根据《绿色信贷指引》要求，商业银行在发放贷款时要综合考虑贷款发放的安全性，除了对企业财务状况进行全面分析以外，还要分析企业

可能引发的潜在环境风险与负债。企业是否充分披露环境信息将影响银行的信贷投放决策。企业充分披露环境信息，有利于银行充分了解企业在环境管理方面的进展情况，从而更好地评估环境风险。

然而，有一些对环境有污染行为的企业却对环境信息披露持比较消极态度，一方面是由于环境信息的披露行为可能导致企业披露成本的增加，另一方面可能是由于环境信息的披露会使筹资渠道受阻。因此，环境信息的不透明大大影响了商业银行的信贷决策。

同时，绿色信贷政策的成功执行关键取决于政府、金融机构、环保部门、监管部门和司法部门等相关部门的环保信息沟通机制。但是，在我国，这些相关部门之间缺乏信息沟通机制，存在环保信息沟通机制体制不健全问题。例如：一些地方的环保部门发布的环保报告中，关于企业经营管理活动对环境影响的信息内容不够清晰详细，缺乏针对性与时效性，无法适应监管部门和金融机构对企业信息的具体需要，在某种程度上影响绿色信贷执行效果。

（三）地方政府过度干预

在以 GDP 发展观念占主导地位背景下，地方政府片面追求经济发展指标和财政收入的增加，较少关注能源消耗和污染指标。很多"两高一剩"行业企业是地方政府的纳税大户和经济发展支柱，可以帮助解决地方政府的就业压力。而节能环保项目前期投入较大，利润回收期长，有些甚至是微盈或不盈利项目。站在经济利益和财政收入的角度，地方政府会干预商业银行，强迫把贷款优先发放给"两高一剩"行业，从而以环境的严重污染换来经济和财政收入的增加。

（四）商业银行自身缺陷

绿色项目融资技术评估上的复杂性决定了需要专业人才资源和技术支持做强大后盾，然而，我国商业银行在实施绿色信贷业务时，只是对借款人或者项目是否违反环保法做出评估，普遍缺少环境风险评估和绿色信贷业务方面的高素质专业人才，绿色信贷人才的不充足和技术的不完善使得绿色信贷政策难以实施。由于人才和技术的制约，对于绿色信贷产品的开发仍然停留在初级探索阶段，产品创新难度较大，产品种类有限，制约着绿色信贷的发展和提升。

第四节 创新型绿色信贷业务

除了传统的流动资金贷款、基本建设贷款、一般性固定资产贷款等信贷融资产品之外，商业银行也加大了绿色金融产品和服务模式的创新力度，可以针对不同行业特点，向企业推荐适合的金融产品。这些创新型绿色信贷业务不仅支持了绿色经济和绿色投资，也有效改进了商业银行的环境风险管理，实现了经济效益和社会效益的共赢。

一、合同能源管理融资

（一）概述

合同能源管理融资业务是指以节能服务为主营业务的节能服务公司以其合同能源项目下的未来收益权作质押，向银行申请获得贷款融资，用于合同能源管理项目建设和运营的授信业务形式，属于银行固定资产贷款或流动资金贷款类业务，具体业务模式如图4-4所示。

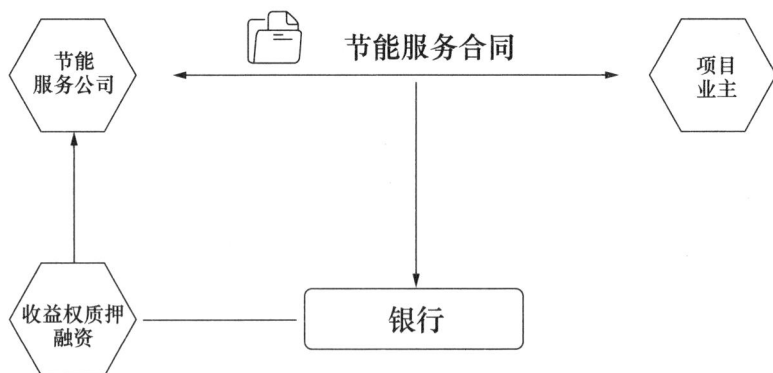

图4-4 合同能源管理融资模式

其特点在于，借款人是专业节能服务公司，为节能项目提供项目开发、节能预测与保证、能效设备采购、工程施工等服务，并将合同期（指节能项目完成后的收益分享期）的节能收益为质押，向银行申请贷款，未来以收益偿还。

自从浦发银行上海分行于 2010 年 12 月推出此类创新产品后，中国银行、北京银行、上海银行、上海农商银行、华夏银行等多家银行也已启动合同能源管理融资业务。

从具体操作来看，此类融资方式具有诸多优势：一是创新担保方式，以已建成项目或新建项目的未来节能收益作为质押向银行申请贷款；二是能效项目覆盖国民经济多个行业，项目类型众多，市场潜力大，兼具经济、环境、社会效益；三是依托第三方能效评估机构，合理测算企业未来现金流，设计个性化融资方案，确保项目建设，降低企业还款压力；四是融资期限与项目建设运营情况相匹配，最长可达 5 年以上。

（二）案例 4-1：A 银行合同能源管理项目固定贷款

A 银行为 TH 公司实施的玻璃窑余热发电合同能源管理项目提供总额为 2967 万元的 5 年期固定资产贷款，借款人以项目建成后的电费收入未来收益权做质押，并承诺将电费收入优先支付银行贷款本息。

1. 借款人基本情况

借款人基本情况：TH 公司成立于 2007 年 5 月，注册资本 2.4 亿元，从事余热发电领域的合同能源管理服务，具有突出的市场领先优势和技术优势。该公司是民营企业，其下游客户大多是具有节能需求的大型工业企业。A 银行通过其下游客户与其建立联系，此后在持续营销过程中逐渐了解其经营模式，并获知其融资需求。

借款人融资需求：TH 公司拟以合同能源管理方式出资为 DT 公司的玻璃窑建设余热电站，项目建成后按协议约定的优惠电价优先向 DT 供电，剩余电量上网出售，通过销售电力回收成本并获得收益。项目总投资预算 4238 万元，其中自有资金占比 30%，资金缺口 2967 万元，因此向 A 银行申请贷款用于项目建设。

2. 授信与信贷条款

贷款规模：A 银行给 TH 公司提供 2967 万元（人民币）固定资产贷款支持，贷款资金专项用于 DT 玻璃窑余热发电工程，贷款期限 5 年。

担保方式：一是以 DT 玻璃窑余热电站电费收入未来收益权做质押，质押率 48.8%；二是由 TH 为该项目设立的项目公司提供连带责任保证。

还款来源：以 DT 玻璃窑余热电站建成运营后的电费收入作为还款来源，该电费收入优先用于偿还 A 银行贷款。

管理要求：一是采用受托支付，严格授信用途监管；二是加强资金结算服务，要求 DT 玻璃窑余热电站项目的全部账款通过 A 银行监管账户结算，实行封闭管理。

3. 主要风险及缓释措施（见表 4 – 9）

表 4 – 9　合同能源管理融资主要风险及防范措施

主要风险	风险考量及防范措施
项目不能按时完工	1. 实行项目资金封闭管理，采用受托支付监控资金用途 2. 充分了解 TH 公司以往业绩，TH 公司已成功建设多个余热电厂且全部达产，未出现过延期现象 3. 根据 TH 与 DT 合作协议，若项目不能按时完工，TH 须给予 DT 每周30 万元赔偿，如果延期超过 3 个月，DT 有权单方解除合同，因此 TH 不能按时交付项目的违约成本较高，违约概率较小
余热电站无法 正常运营	1. 根据 TH 与 DT 的合作协议，DT 须保证每年每座玻璃窑能正常运行，且满负荷生产时间不低于 340 天，否则 DT 将支付 TH 巨额赔偿 2. 全面了解 DT 公司经营状况，DT 公司技术、设备较先进，行业地位较高，贷款存续期内停产限产可能性较小
电力销售不畅	1. DT 公司往年信用状况良好，合同履约状况良好，拖欠电费概率较小 2. 根据《循环经济促进法》，电网公司必须全额购买综合利用资源并网发电项目的上网电量，因此该项目的上网电量销售不存在问题
借款人电费收入 被挪用，无法支付 银行本息	1. 将 DT 玻璃窑余热电站项目电费未来收益权质押银行，并要求 TH 在 A 银行开立项目收入专户，项目收入须 100% 存入该账户 2. 通知 DT 电费收益权质押及项目收入专户事宜，并取得回执 3. 由 TH 为项目公司提供连带责任保证

4. 业务收益

该笔绿色信贷业务除可为 A 银行带来利息收入外，还带来较多日常结算量和日均存款等收益。

社会收益：该笔业务的投放，保证了项目的顺利实施。该项目建成后，每年可节约标煤 1.4001 万吨，减排二氧化碳 4.9 万吨，改善了项目实施企业生产环境和周边环境，取得了较好社会效益。

5. 总结与启示

本案例特点在于担保方式创新。借款人主要依赖自身技术从事合同能源管理服务，可供抵质押的固定资产相对较少，A 银行以贷款项目产生的电费收入未来收益权做质押，解决了借款人抵质押物不足问题。

项目未来收益权质押模式可广泛应用于采用合同能源管理的节能服务公司，该类公司普遍面临固定资产较少、抵质押物较少、未来现金流入较稳定情况。用项目未来收益权质押将是银行与节能服务公司合作的最主要模式。国家目前正在鼓励合同能源管理，根据国家有关规定，符合条件的合同能源管理项目可申请财政奖励资金，获得相应的税收减免，因此相关融资业务将具有良好的政策效应。

二、特许经营权质押融资

(一) 概述

特许经营权质押融资是在污水处理、再生水利用、垃圾处理、绿色交通、危险废物处理、污泥处理、集中供热等市政环保基础设施建设领域，以特许经营方式（包括 BOT、TOT、ROT 等多种模式）引入社会资本，并以政府财政收入支付或补贴项目经营费用作为项目建设及运营的常见方式之一。

银行介入特许经营协议合法、政府财政实力雄厚的环保项目，并以项目现金流未来收益权做质押，或辅以项目现金流实际支付方做保证担保，开展特许经营权质押融资，其业务操作模式如图 4-5 所示。

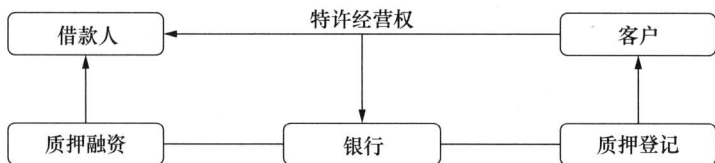

图 4-5 特许经营权融资模式

该业务优势在于：一是创新担保方式，引入特许经营权质押担保方式，解决项目建设资金难题；二是融资期限灵活，融资形式多样；三是适用于污水处理、再生水利用、垃圾处理、绿色交通、危险废物处理、污泥处理、集中供热等市政环保基础设施建设领域；四是可依托银行项目融资，为环保项目建设保驾护航。

（二）案例 4-2：C 银行污水处理特许经营 BOT 项目贷款

C 银行为 HX 污水处理有限公司实施的 40 万吨污水处理特许经营 BOT 项目提供基本建设贷款，借款人以项目建成后的污水处理费收入未来收益权做质押，C 银行开立由 XX 市水务局认可的唯一污水处理费收费专户，污水处理费收入全部回款至 C 银行。

1. 借款人基本情况

HX 污水处理有限公司成立于 2004 年 6 月，注册资本 1 亿元，经营范围主要是污水处理厂建设、运营、维护及管理、中水回用服务。其实际控制人为规模大、实力强的综合性企业集团，在水处理领域具有突出的市场领先优势、技术优势及市场整合能力。

C 银行与该公司关联企业存在多年业务合作，在持续营销过程中逐渐了解该公司经营模式，并获知其融资需求。

借款人融资需求：HX 污水处理有限公司与 XX 市水务局签订了特许经营协议，经 XX 市人民政府批准，授予 HX 污水处理有限公司在特许经营期内融资、建设、运营和维护污水处理厂并收取污水处理费的独家权利。项目总投资 4.48 亿元，借款人在 C 银行申请融资 2.5 亿元用于项目建设。

2. 授信情况和信贷条件

C 银行同意给予 HX 污水处理有限公司基本建设贷款授信 2.5 亿元人民币，贷款期限 10 年，专门用于该污水处理厂建设。

担保方式：以借款人该项目贷款存续期间污水处理收费权所形成的应收账款提供质押担保，质押率 23.68%。

还款来源：以 HX 污水处理有限公司污水处理费收入作为还款来源，在 C 银行开立唯一污水处理费专户，污水处理费收入全部归集至 C 银行。

管理要求：一是由 XX 市水务局出具 HX 污水处理厂特许经营权收益权质押函，确保收益权质押合法有效，按要求办妥合规担保手续，到本地人民银行进行应收账款质押登记，签订完备的合同，水费归集账户上资金用于归还 C 银行贷款，不可挪作他用。二是严格控制资金使用，加强贷后检查，确保业务按照 C 银行设计的风险控制程序运行。

3. 主要风险及缓释措施（见表 4 – 10）

表 4 – 10　特许经营权质押融资主要风险及防范措施

主要风险	风险考量及防范措施
污水处理厂无法正常运营	1. 根据借款人与 XX 市水务局签订的特许经营协议，借款人和水务局须保证污水厂满负荷生产时间不低于 345 天 2. 借款人股东在国内有丰富的市政、工业污水处理经验，在国内控制的水处理能力达到 400 万吨/日，能保证污水处理厂的正常运营 3. 特许经营协议中约定由 XX 市水务局保底按照 40 万吨/天的污水处理量支付污水处理费，超过 40 万吨/天的污水处理费按照实际处理水量支付，项目收入有保障 4. 借款人与 XX 市水务局签订的特许经营协议，明确约定了由于人工、电费、药剂等各项成本上涨时，污水处理费也将上调，保证了污水处理厂的收益和正常运营
借款人污水处理费被挪用，无法支付银行本息	1. 由 XX 市水务局出具函件，经 XX 市人民政府批准后，同意借款人将污水处理收费权质押给 C 银行；C 银行与借款人签订质押合同，并在人民银行系统中进行应收账款质押登记 2. 由 XX 市水务局出具函件，明确借款人在 C 银行开立的账户为污水处理费唯一收费专户。所有污水处理费全部归集到 C 银行，用于归还 C 银行贷款本息 3. 加强贷后管理，按照规定的贷后频率开展贷后检查工作，及时掌握借款人实际运营和财务状况，预警各类风险

4. 业务收益

（1）综合收益。

通过开展绿色信贷业务，借款人在 C 银行年结算量 1 亿元，且加强了银行与其股东的全面合作，借款人有 3 家关联公司将 C 银行作为主要业务办理行和结算行。

（2）社会效益。

HX 污水处理厂一期 40 万吨项目的运营，解决了 XX 市区部分地区污水处理问题，服务区域达 154.1 平方公里，服务人口达 150 万，保证了 XX 市污水处理率的达标；解决了 XX 市河的水质污染问题，保证了自来厂取水口水源的水质；该项目的运营，每年可减少污染负荷 BOD_5 13140 吨，COD_{cr} 20440 吨，SS 21900 吨，$NH_4 – N$ 1825 吨，TP 8.76 吨，环境效益显著。

5. 总结与启示

案例特点：一是借款人以特许经营方式取得该污水处理项目的建设及运营权利，在特定区域内经营具有排他性；二是借款人应取得的污水处理费由当地主管水务的政府机关支付，政府财政做隐性担保，收益相对有保障；三是该贷款担保方式以项目产生的污水处理费收入未来收益权做质押，掌握了项目实际现金流入，解决了借款人可供抵押的固定资产相对不足问题。

案例启示：在污水处理、再生水利用、垃圾处理、绿色交通、危险废物处置、污泥处理、集中供热等市政环保基础设施建设领域，以特许经营方式（包括 BOT、TOT、ROT 等多种模式）引入社会资本，并以政府财政收入或补贴项目经营费用支付将是项目建设及运营的常见方式之一。银行可适度介入特许经营协议合法、协议条款严密、政府财政实力雄厚的环保项目，并以项目现金流未来收益权做质押，或辅以项目现金流实际支付方做保证担保。

三、绿色融资租赁

（一）概述

绿色融资租赁是银行推出的支持企业固定资产投资更新、服务实体经济发展的新型融资产品。银行与租赁公司联手合作服务企业，租赁公司发挥专业优势，负责为企业提供各类融资租赁服务，银行选择性购买租赁公司应收租金权益并为租赁公司、企业提供租金收缴等结算业务服务，其业务操作模式如图 4 - 6 所示。

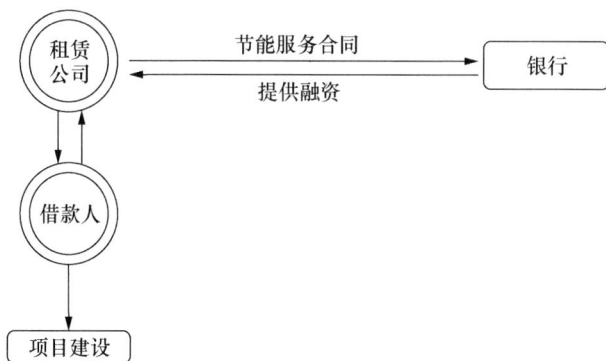

图 4 - 6　绿色融资租赁模式

绿色融资租赁业务优势在于：①绿色融资租赁业务模式可发挥银行资金优势和租赁公司专业管理优势，促进企业固定资产投资和更新，可广泛应用于节能环保产业。②在资金用途方面，企业既可以用于购置机器设备等固定资产，也可以用于流动资金周转，资金使用方便，用途灵活。③在担保方式方面，根据业务风险程度采用不同担保措施，担保方式多样灵活。

（二）案例 4-3：ZX 银行绿色融资租赁（银租通）业务

ZX 银行同 XY 租赁公司开展 DT 新能源股份有限公司风电设备融资租赁业务合作，涉及融资规模 10 亿元。

1. 合作各方基本情况

借款人/承租人/设备所有人：中国 DT 新能源股份有限公司下属内蒙古风电开发公司。

出租人：XY 租赁公司。

保证人：中国 DT 新能源股份有限公司（以下简称 DT 新能源）。

追索对象：DT 新能源承担应收账款到期回购责任。

出资方及资金监管方：ZX 银行。

融资规模：10 亿元。

期限：5 年。

贷款用途：用于 DT 新能源公司在内蒙古风电项目建设。

2. 业务流程

融资方案："租赁公司 + 承租人设备购置保证金 + 设备生产商回购/第三方担保/租赁公司信用贷款 + 资金封闭运行"。

（1）确定租赁风电项目：对 ZX 银行和 XY 租赁公司认可的承租人，实地核查已建成风电项目账面净值、入账发票及权属关系。

（2）设备卖出及资产回租：XY 租赁公司与设备所有人（即内蒙古风电开发公司）签署《设备买卖合同》，设备所有人开具设备所有权转移证书。同时，租赁公司与承租人签署《融资租赁合同》，承租人签署债权转让通知回执，确认资产回租给设备所有人。

（3）定价：承租人按照不低于 5 年期基准利率上浮 10% 确定的租金价值为综合成本，按季等额偿还本息，租赁公司开具相应租金发票；租赁公司与承租人签署《业务合作合同》，承租人按照融资租赁金额的 0.5% 一次性向租赁公司支付业务手续费（包含在"5 年期基准利率上浮 10%"内）。

（4）担保：XY 租赁公司与 DT 新能源签署《保证合同》，为承租人提供连带责任保证担保。

（5）合同/协议签署：ZX银行与租赁公司签署《租金权益转让合同》以及《节能服务合同》，将应收租赁款转让事宜通知承租人并取得回执，ZX银行为租赁公司提供资金。ZX银行、租赁公司与DT新能源三方共同签署《回购协议》，对于承租人发生约定事项时，由DT新能源负责回购债权。ZX银行与DT新能源及其下属承租人共同签署《账户监管协议》，约定对租赁款进行归集和专项使用。

（6）资金归集及使用：按照《账户监管协议》，对租赁公司发放的每笔融资租赁款，由承租人归集到DT新能源在ZX银行开立的专户，按照项目贷款要求进行管理，用于风电项目建设的开发。

（7）到期处理：租赁公司开立设备所有权转移证书，将设备所有权转移给承租人。

3. 主要风险及缓释措施

承租人：承租人信用记录良好，经营正常，符合国家法律法规、产业政策和环保要求；企业管理团队（或实际控制人）品行良好，无不良记录；符合ZX银行信贷标准，对新增融资租赁款，具备相应偿债能力。

租赁公司：符合ZX银行授信业务客户基本条件，经营正常，具有良好的成长性，现金流及利润稳定，其风险资产（含担保余额）不得超过资本总额的10倍；在ZX银行开立基本结算账户或一般结算账户。

设备：风电设备剩余使用年限超过10年，符合国家关于风电设备的最新技术标准、产业政策等；设备账面净值、权属真实可查；控制设备意外损毁风险，要求投保财产综合险，以承租人及租赁公司共同作为被保险人，第一受益人为ZX银行。

设备回购及保证担保：租赁期间及租赁到期时，承租人若无法正常履约，应ZX银行要求，租赁公司应配合ZX银行要求连带责任保证人DT新能源履行担保责任。

债权回购：如果承租人无法正常履约，ZX银行可要求DT新能源履行债权回购，结束业务。

4. 总结与启示

从本案例可以看出，绿色融资租赁业务模式：①可发挥银行资金优势和租赁公司专业管理优势，促进企业固定资产投资和更新，可广泛应用于节能环保产业。②在资金用途方面，企业既可以用于购置机器设备等固定资产，也可以用于流动资金周转，资金使用方便，用途灵活。③在担保方式方面，根据业务风险程度采用不同担保措施，担保方式多样灵活。

四、绿色产业基金

（一）概述

绿色产业基金是目前国务院发文要求推动的一种绿色基金。2011 年《国务院关于加强环境保护重点工作的意见》明确指出，鼓励多渠道建立环保产业发展基金，拓宽环保产业发展融资渠道。根据国家发改委《产业投资基金管理暂行办法》，产业投资基金是指一种对未上市企业进行股权投资和提供经营管理服务的利益共享、风险共担的集合投资制度，即通过向多数投资者发行基金份额设立基金公司，由基金经理自任基金管理人或另行委托基金管理人管理基金资产，委托基金托管人托管基金资产，从事创业投资、企业重组投资和基础设施投资等实业投资。该办法同时规定，产业基金投资于基金名称所体现的投资领域比例不低于基金资产总值的 60%。按照该规定，绿色产业基金资产总值的 60% 以上应该投资于绿色环保领域。绿色产业基金属于产业投资基金范畴。2015 年，国家发改委又发布了《基础设施和公用事业特许经营管理办法》，该办法要求发挥社会资本优势，提高公共服务质量效率；转变政府职能，强化政府和社会资本协商合作；保护社会资本合法权益，保证特许经营持续性和稳定性；兼顾经营性和公益性平衡，维护公共利益。

在此背景下，银行响应国家号召，成立绿色产业基金，将具有合法处分权的自有资金或理财资金，通过结构化设计，参与设立合伙企业，对一个或多个融资项目提供债权或股权融资。一方面，准备参与中央和地方政府成立的节能减排产业基金，投资于其优先部分；另一方面，积极参与各地方节能减排 PPP 项目，配合中央和地方政府吸引更多社会资金投入环保事业，其业务模式如图 4-7 所示。

商业银行开展绿色基金业务的意义：①拓宽自有资金和理财资金投资渠道，采用多种融资形式支持节能减排项目建设和运营；②社会资本参与 PPP 项目建设，有利于减轻政府财政负担，满足社会资本等对长期稳定收益资产的配置需求，同时，采用市场化方式汇聚专业机构的专业能力和经验，合理分配风险；③绿色产业基金是社会资本进行专业绿色投资的平台，从资金来源看是绿色信贷的重要补充。

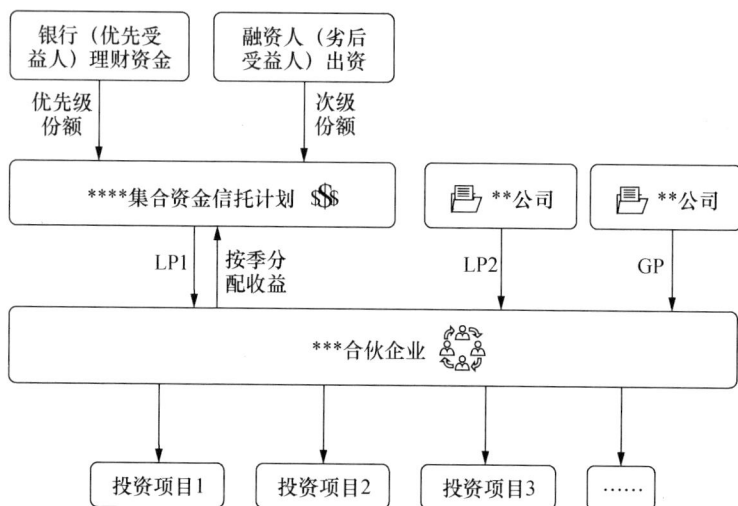

图4-7 绿色产业基金业务模式

（二）案例4-4：D银行设立"京津冀碧水蓝天产业投资基金"

为支持京津冀及周边地区环境治理，促进京津冀及周边地区协调发展，D银行拟以理财资金作为基金的资金来源，设立"京津冀碧水蓝天产业投资基金"（简称碧水蓝天基金）。

1. 基金概况

碧水蓝天基金初始规模为人民币50亿元，认购资金根据项目投放进度，可分期认缴。基金期限7年，到期后经合伙人大会同意可展期。基金运作方式：银行通过信托公司等中介机构，以"有限合伙"形式设立碧水蓝天基金，通过基金以委贷或其他方式为满足条件的企业提供融资服务。该基金由D银行实际控制。

2. 基金投资项目筛选要求

主要投资方向：节能减排，新能源，资源循环利用，水、土、大气污染治理，固体废弃物处理，可延伸到产业链上下游。实施项目的区域：北京、天津、河北、山东、山西、内蒙古。

项目准入标准：①在既定区域中符合投资方向的项目，且需按银行信贷业务有关规定和流程完成授信审批，并满足放款条件；②单笔业务期限根据项目具体情况而定，最长期限不超过5年；③单笔业务金额不低于人民币5000万元；④项目原则上应产生节能量、减排量、污染物处理量等可量化的指标数据。

3. 主要风险及缓释措施

设立优先级和次级受益人，尽可能提高次级受益人比例。虽然银行、政府和社会资本所属的投资人角色均为基金投资人、委托人和受益人，银行应为优先级受益人，这样可以确保获得预期收益，降低社会资金风险，相对于次级受益人角色，优先获得投资收益。

可以要求劣后受益人以其投入的本金及其他可追加的项目收益权进行相应风险缓释，给银行提供担保，在地方财力有限区域，还可以要求提供抵质押物，如土地、房产和上市公司股权等。

在基金管理和所投项目上，应选择资质良好、经验丰富、尽责的专业人员作为基金管理人，减少可能产生的经验风险；可将资金存放在委托人——银行或者银行指定的金融机构中，做好对所投项目的实时监管，谨防基金可能会产生的道德风险。

在基金规模和期限上应慎重。规模方面，目前我国规定单个产业基金规模不低于 5 亿元。期限方面，应根据项目发展阶段，在确保预期收益基础上，科学安排退出时机。这样既可以确保投产项目的稳定运行，获得稳定收益，又可以使银行适时收回投入资产，增加银行资产流动性。通过基金规模和期限的控制，防范银行因基金规模过大、期限过长而产生的流动性风险。

设计合理的退出机制，确保在基金到期后，安全退出被投资项目，获取高额资本收益。目前被投资人回购模式较适合绿色产业基金的退出，通过前期投入与扶持，被投资人发展成熟后，有能力回购股权，使得基金退出对其的管理和投入，被投资人获得自身独立发展，同时银行能够及时回收资产，增强资产流动性。

五、外国政府转贷款

（一）概述

外国政府转贷款是指银行接受客户委托、财政部委托，或接受财政部与客户的共同委托，以自身名义与国外金融机构签订《对外融资协议》，并与客户签订相对应的对内《转贷协议》，或直接与财政部签订《转贷协议》，将境外筹借的资金转贷给客户，其业务操作模式如图 4－8 所示。

转贷款对象为政府部门或工商行政管理机关核准登记的企（事）业

法人及国家有关机构指定或同意的其他转贷款对象。外国政府转贷款属于政府性外债转贷款，主要用于公益性和公共基础设施建设，保护和改善生态环境，促进欠发达地区经济和社会发展。

在节能减排领域，我国有多家商业银行参与外国政府转贷款业务，例如：世界银行发起的中国节能融资项目，先后有华夏银行、民生银行和中国进出口银行参加该转贷款项目；兴业银行、华夏银行、浦发银行参与法国开发署转贷项目等。

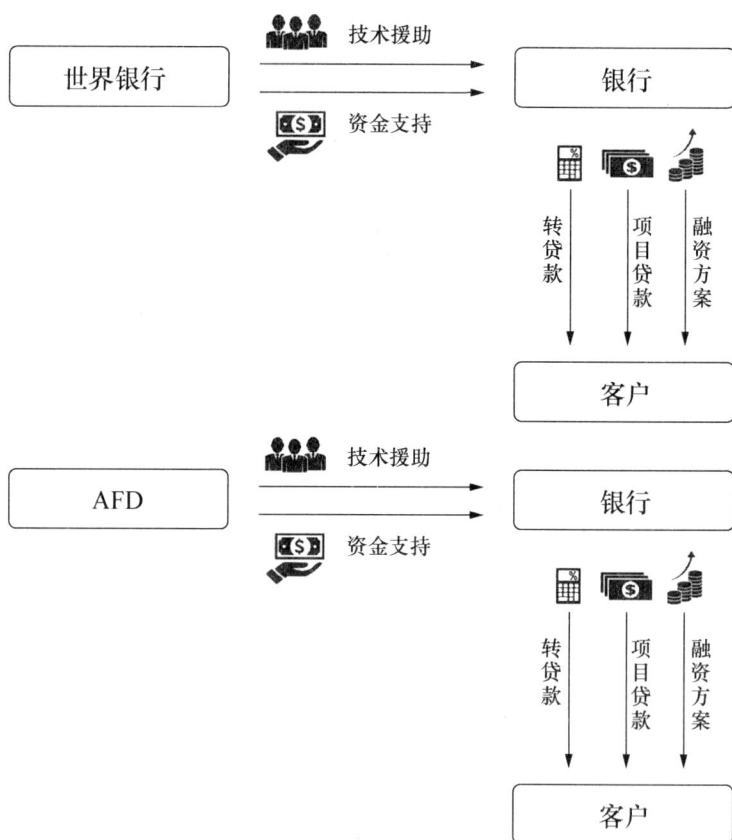

图 4-8　外国政府转贷款业务模式

该业务优势在于：①参与外国政府转贷款项目有利于我国商业银行引进国际资金和先进经验。同时，转贷资金这枚种子资金也带动了我国更多银行资金和社会资金投入节能减排领域。②依托银行项目融资成熟经验，根据各类节能减排项目规模和特点，配套外国政府转贷款和商业银行双重资金支持，确保项目建设需要。③外国政府转贷款通常属于长期资金且融资对象广泛，贷款期限长，可与项目建设经营周期匹配。④外国政府转贷款具有一定公益性质，通常成本低，贷款利率远低于市场平均水平，具有明显的资金成本优势，有利于减轻节能减排项目利息支出，激发企业投资节能减排项目热情。

（二）案例 4 - 5：B 银行利用世界银行节能转贷项目资金对 ZL 水泥集团贷款

B 银行利用世界银行中国节能转贷项目资金（以下简称"世行转贷"）并按照 1∶1 比例配套等额人民币资金为 ZL 水泥集团有限公司提供基本建设贷款，用于支持该集团下属子公司纯低温余热电站工程项目建设。本案例特点在于充分利用世行转贷资金，优点主要在于境外资金成本低，同时客户项目融资成本也相对较低，节能减排积极性较高。

1. 借款人基本情况

借款人基本情况：ZL 水泥集团有限公司成立于 1992 年，是一家大型水泥生产制造专业化公司，注册资本金 40 亿元，具有突出的市场地位与优势。

营销渠道：该客户所属集团为 B 银行重要战略客户，由总分支联动开发，对其营销为复合型营销，除了传统的信贷业务，还包括信托计划、代理发行短债等多种金融支持。

借款人融资需求：为实现废弃资源循环利用，借款人拟为一条熟料生产线配备纯低温余热发电系统，项目总投资 6056.4 万元，其中自有资金 2422.56 万元，占总投资的 40%，资金缺口 3633.84 万元，因此向 B 银行申请贷款用于项目建设。

2. 授信情况

审批方案：B 银行同意给予 ZL 水泥集团有限公司纯低温余热发电项目贷款支持，其中世行转贷款 300 万美元（折合人民币 1840 万元），利率为 6 个月 Libor + 100BP；人民币固定资产贷款 1840 万元，利率按基准利率上浮 10%；贷款期限 3 年。

（1）担保方式：信用方式。

（2）还款来源：以项目建设投产收益为还款保障。该项目经 XX 市环境保护委员会审批通过并出具企业投资项目备案确认书，项目投资财务内部收益率为 26.2%、项目投资回收期为 3.83 年（含建设期 1 年）、资本金（自有资金）净利润率 33.74%、借款偿还期为 2.87 年，从财务角度分析，各项指标显示项目的投资回报较好，还款来源较充足。

（3）管理要求：一是严格审查贷款用途，贷款采用受托支付方式，仅用于 ZL 水泥集团有限公司下属子公司纯低温余热发电工程（9MW）项目建设，贷款按照工程进度或工程合同约定的付款进度分批发放，严格核实交易背景并监控资金流向。二是明确分期还款方案，第一年建设期为宽限期，第二年开始还款，首年还款本金不低于 200 万美元，剩余本金第三年还清，每年偿还贷款本金不少于两次。三是密切关注申请人整体经营情况，关注申请人债务变化，特别是银行债务偿还情况，关注申请人后续发展及扩张情况，防范资金风险。

3. 主要风险及缓释措施（见表 4 - 11）

表 4 - 11　外国政府转贷款主要风险及防范措施

主要风险	风险考量及防范措施
申请人为高污染、高耗能、资金密集型企业，面临行业与环保压力	1. 严格审查贷款用途，确保用于已批准的 ZL 水泥集团有限公司下属子公司纯低温余热发电工程（9MW）项目建设 2. 严格监控资金流向，关注申请人整体经营情况，关注申请人节能减排、生产线改造等技术升级进展情况
企业扩张较快，资产需求较大，存在较大资金压力	1. 密切关注纯低温余热电站项目工程进度，按工程建设实际需要使用信贷资金 2. 严格核实交易背景及工程进度项目，明确分期还款方案，第一年建设期为宽限期，第二年开始还款，首年还款本金不低于 200 万美元，剩余本金在第三年还清 3. 密切关注申请人后续发展及扩张情况，加强资金结算服务，防范资金风险

4. 业务收益

通过资产业务，拉动企业在银行存款的增长。

该工程项目采用的是我国自主研发的资源综合利用电站发电技术及相应配套系统，可充分回收利用水泥熟料生产线中低温废气余热，使其转换成电能；项目对优化水泥生产结构，缓解电力供应压力，充分利用二次能源，改善生产环境具有重要意义，对推动循环经济发展起到积极作用，不仅可为企业带来可观的经济效益，同时还具有显著的社会效益和环境效益。

5. 总结与启示

在开展绿色信贷业务时，可考虑应用世行转贷等外国政府转贷款。目前 B 银行用于支持节能减排项目的转贷款有世行转贷款和法国开发署转贷款两类，其中世行转贷款主要应用于大中型工业企业节能减排技术改造项目，法国开发署转贷款在世界银行转贷款项目发放范围基础上还可应用于新能源发电项目、建筑节能、交通节能等多个领域。

第五节 推动银行绿色信贷

一、完善绿色信贷的制度基础和环境

（一）完善法律环境

完善的法律制度应当涵盖预防、监管与惩治各个环节，与发达国家完善的环境法律体系相比，我国当前的 4 部环境法、20 多部资源管理法规更多的是针对企业污染行为进行事后惩罚，然而由于执行不力，环保法律未发挥其应有的惩戒作用，部分污染企业有恃无恐，也使得商业银行在利益驱使下，忽视其面临的各类经营风险以及应承担的社会责任。因此，我国应首先完善环境法律体系，对高污染企业严惩不贷，促使商业银行重视对此类企业信贷支持所需承担的高风险，进而切断此类企业的资金来源，同时在环保法律中明确商业银行应承担的污染责任，当银行的借款企业对生态环境造成破坏性或严重污染时，对其给予信贷支持的商业银行要承担连带责任，承担部分治理环境的成本，由此促使商业银行在企业和项目融资过程中树立全面风险管理意识，能够做出准确、合理判断，并重视贷后资金监管工作。

（二）完善政策制度

我国商业银行绿色信贷业务起源于 2007 年国家环保总局、人民银行、银监会联合发布的《关于落实环保政策法规防范信贷风险的意见》（以下简称《意见》），国内各商业银行依据《意见》制定配套措施、业务运作机制和流程，各商业银行所采取的相关措施都依赖于该政策，然而《意见》对"两高一剩"、"两高一资"等行业的分类进行明确界定，对环保类产业的划分也不够细致，因此出现各商业银行对绿色信贷业务执行效果统计口径不一情况。

针对该问题，我国相关政府部门应充分发挥政策引导作用，与联合国环境署、国际金融公司等机构展开合作，借鉴其政策制定标准，完善已有的政策制度，明确"两高"行业的划分，保持国家产业政策的连续性，使各行业能够根据产业政策的变动趋势做出相应调整。同时，政府相关环境执法机构应加强对企业排污行为的掌控，明确给出环保不合格企业和环境友好型企业名单，建立并及时完善企业环保信息数据库，使其作为商业银行实行绿色信贷业务的参考依据。

同时，政府应通过税收减免、财政补贴等手段支持商业银行绿色信贷业务的发展。例如，对一些符合国家产业政策、符合循环经济、节能减排的企业，或商业银行信贷支持的一些短期内不能产生较好经济效益的绿色信贷融资项目，国家应对企业或商业银行给予一定税收优惠、财政贴息，支持企业节能减排和商业银行绿色信贷业务的发展。

二、完善商业银行绿色信贷业务运作机制

绿色信贷业务潜在的环境风险、违约风险、法律风险等使商业银行在实行绿色信贷业务过程中面临着一定经营风险，我国商业银行应借鉴国外发达国家银行业发展绿色信贷业务的先进经验，建立全面的内部控制机制，进一步完善业务流程，从而有效控制绿色信贷业务所面临的各类潜在风险，提高其风险管理能力。

（一）明确业务准入标准

当前，我国相关政府部门已经意识到商业银行绿色信贷业务准入标准混乱影响了绿色信贷执行效果，参考国际银行业绿色信贷的操作指南——赤道原则的相关环保信贷准则及其主要行业的环境、健康和安全指南，探索制定适合我国国情的绿色信贷指导目录和污染行业信贷指南，以指导我国商业银行构建自身的绿色信贷业务准入标准体系。

立足于此，我国商业银行应从业务领域准入标准和目标客户准入标准两方面完善本行的绿色信贷业务准入标准体系。

业务领域准入标准方面。根据当前相关环保部门及银监会等金融监管机构各类政策规定，我国商业银行应在已有的绿色信贷行业分类基础上，进一步明确"两高一剩"、"两高一资"行业、节能环保行业涵盖的领域以及信贷资金重点投放领域，使银行内部信贷业务操作部门在确定目标客户时方向更明确。

目标客户准入标准方面。应针对融资项目和融资企业建立不同准入标准，根据企业和项目融资不同的着眼点，商业银行设计不同的准入标准。例如对符合国家产业政策、商业银行环保行业分类的融资企业，商业银行应将企业过往的环保行为、环境投资等环保信息作为重要参考指标；同时，考虑企业的核心技术、经营效益、发展前景等因素，综合制定融资企业准入标准。

表 4 - 12　明确绿色信贷业务领域

	细分领域
绿色信贷业务涵盖领域	节约和替代石油、电机节能、余热利用、绿色照明、建筑节能、燃煤锅炉改造、政府机构节能、能量系统优化、节能检测和服务体系建设
绿色信贷重点投放领域	余热利用、燃煤锅炉改造、电机节能、热电联产、建筑节能

(二) 加强风险管控与审批流程

绿色信贷业务作为商业银行一项新兴业务，实行过程中面临诸多风险，如信贷风险、法律风险、市场风险、声誉风险、环境风险等。

发达国家银行业绿色信贷业务实践经验证明，通过专业的环境与社会风险管理体系，完善的环境评估决策机制和审批流程，可以有效降低、管理绿色信贷业务所面临的各种风险。因此，我国商业银行应在建立严格的准入标准的同时，加强风险管控机制和信贷审批流程，通过准确识别、评估环境及社会风险，严格筛选融资项目，提高自身业务风险管理水平，保证绿色信贷业务健康发展。

我国商业银行应将环境风险管理与信贷审批流程紧密结合，建立多层次、部门职责明确的绿色信贷风险管理与审批流程，企业或项目发起人提交融资申请后，经商业银行经营机构、分行绿色信贷专责部门、总行专责部门、专家组多方评审，环境与社会绩效经核查符合商业银行绿色信贷业务标准，才可与其签订合同，发放贷款。

商业银行在实行绿色信贷业务过程中，积极履行审慎调查义务的同时，还要认真做好贷后监管工作，持续监控融资企业或项目是否存在违规行为，对风险较高或将要达到警戒线的项目，要及时发出预警信号，并采取相应措施，对预警企业的环保治理进度要进行定期访察，关注企业整顿情况，动态检测信用风险、环境风险以及法律风险，从而有效控制商业银行的经营风险，提升其综合风险管理水平，真正将可持续发展理念融入日常工作中，实现银行业与社会经济的可持续发展。

（三）建立有效信息沟通机制

我国商业银行一直较依赖政府相关部门发布的企业环保信息，而很多地区尚未建立起畅通有效的信息收集渠道，不能实现企业环保信息数据共享，商业银行难以对企业或项目的信用风险和环境风险做出准确判断，从而影响绿色信贷执行效果。

商业银行应加强与环保部门的信息沟通，充分利用国家环保部与银监会两部门搭建的信息交流与共享平台，通过信息共享机制，及时更新企业的违法信息。同时，商业银行应指派专人进行融资项目或融资企业的贷前调查和贷中审查等工作，拓宽环保信息覆盖面。发放贷款后，商业银行要对融资企业和项目的环保情况进行持续、定期访察，不断完善更新项目和企业的环保数据，加快建设本行的企业、项目环境保护绩效数据库，同时为政府相关部门提供企业违规行为信息来源，实现银政信息共享。

商业银行还应加大与同业、行业协会、非政府组织之间的沟通，定期与行业协会、非政府之间进行沟通、交流，从侧面了解融资企业和项目的环保措施及绿色信贷资金使用情况，全面管理商业银行经营风险，在履行商业银行审慎调查义务的同时，努力打造全方位、多层次的环保信息沟通机制。

（四）创新业务合作机制

商业银行绿色信贷业务的发展与推行需要大量人力、物力和财力，新职能部门的设置、人才的引进与培养、对融资企业和项目的调查、审核等方面都会增加商业银行经营成本。因此，我国商业银行实行绿色信贷业务的内在动力不足。但随着国际银行业对赤道原则的认可，主动承担社会责任越来越成为全球金融机构共识。我国商业银行可借鉴德国复兴信贷银行绿色信贷产品市场运作模式，探索商业银行与政策性银行、政府之间的合作机制，借助政策性银行与政府的力量，为开发本行的绿色信贷产品和业务提供资金支持。具体来说，商业银行信贷部门可以对提出融资申请的项目或企业的环保信息进行贷前调查，为调查合格的项目或企业出具相关评估报告，并划分其所属类别，如符合国家和政策性银行支持条件，则向政府环保部门和政策性银行信贷审批部门提出融资和财政优惠申请，政府和政策性银行相关部门对项目和企业再次进行环境信息核查和评估，聘请专家对商业银行出具的评估报告进行审核。审核通过，则政策性银行为商业银行提供绿色信贷专项资金，政府则对专项资金按照一定比例给予利息补贴，商业银行获得资金后，根据政府相关政策和市场利率水平调整利率幅度，为客户提供再融资服务。政府环保部门和政策性银行对融资项目或企业进行监督，促使融资项目或企业按照约定使用绿色信贷专项资金。

（五）商业银行多方面拓展绿色信贷业务

商业银行绿色信贷业务作为可持续发展理念载体，是商业银行全面管理风险、承担社会责任的具体体现。只有通过多元化业务产品体系，才能真正实现商业银行的利润增长，提高其发展绿色信贷业务积极性。发达国家银行业实践证明，只有积极创新绿色信贷业务模式、不断丰富产品体系，为生活、投资提供全方位绿色金融服务，商业银行才能在绿色信贷业务领域分享市场利润，提高自身竞争力。

（六）增强商业银行社会责任意识

随着低碳经济在全球的兴起，可持续发展逐渐成为当今社会经济发展指导思想，在赤道原则指导下，国际银行业在加强风险管理基础上大力发展绿色信贷业务，积极履行社会责任。

我国商业银行的绿色信贷业务源于政府政策引导，商业银行较少参与国际项目融资，商业银行的社会责任意识和风险管理意识较为淡薄。有鉴于此，商业银行应不断加强其社会责任意识，建立绿色信贷文化，使抵制环境污染、支持循环经济成为商业银行的责任。

一方面，商业银行应加强银行内部员工的绿色信贷业务、环保知识、可持续金融理念等方面培训，使银行员工在日常工作中以可持续发展理念为指引方向。在信贷工作中，不断提高全面风险管理能力，认真做好绿色信贷业务调查、审核以及监管工作，积极承担企业社会责任，为我国经济的可持续发展提供高质量的金融服务。另一方面，要进一步完善绿色信贷业务信息披露工作，各商业银行应对业务的准入标准、操作流程、执行效果等进行详细披露。

（七）加强专业人才的引进与培养

我国商业银行应引进专业人才，聘请相关领域专家，对各分行递交的环境评估报告进行最终审核，提出重要意见。同时，我国商业银行应重视与国际金融机构合作，加强与国外专家交流，在合作中进一步了解国际绿色信贷业务操作流程、业务标准以及管控模式，向赤道原则靠拢，提高自身业务能力。此外，国内商业银行要重视环保金融复合型人才培养，建立内部环境风险评估人才储备库，为参与国际绿色信贷业务领域打造高水平专业团队。

参考文献

［1］查然、聂飞榕：《赤道原则的产生，发展与实践》，《金融经济》2008 年第 8 期。

［2］李瑞民：《何为赤道原则》，《国际融资》2007 年第 5 期。

［3］从荣刚、伊文婧：《奥巴马时代的能源政策及启示》，《科学对社会的影响》2009 年第 1 期。

［4］舒利敏、杨琳：《商业银行绿色信贷实施现状研究》，《会计之友》2015 年第 23 期。

［5］陆岷峰、栾成凯：《商业银行在环保中的定位和功能散发策略》，《金陵科技学院学报》（社会科学版）2013 年第 2 期。

［6］何德旭、张雪兰：《对我国商业银行推行绿色信贷若干问题的思考》，《上海金融》2007 年第 12 期。

［7］李卢霞、黄旭：《中国银行业绿色信贷发展的同业比较》，《金融论坛》2011 年第 2 期。

［8］马萍、姜海峰：《绿色信贷与社会责任——基于商业银行层面的分析》，《当代经济管理》2009 年第 6 期。

［9］Zhang B，Yang Y，Bi J. Tracking the implementation of green credit policy in China：top – down perspective and bottom – up reform ［J］. Journal of Environmental Management，2011，92（4）：1321 – 1327.

［10］Aizawa M，Yang C. Green credit，green stimulus，green revolution? china's mobilization of banks for environmental cleanup ［J］. The Journal of Environment & Development，2010，19（2）：119 – 144.

［11］Weiguang C，Lihong L. The External Obstacles of Green Credit Development and the Construction of Environmental Risk Management Framework in Chinese Commercial Banks ［J］. Journal of Guangdong University of Finance，2011，3：007.

［12］Marcel Jeucken，Sustainable Finance and Banking：The Financial Sector and the Future of the Planet［M］：Earthscan，London，2001.

［13］李晓西、夏光等编著：《中国绿色金融报告 2014》，中国金融出版社，2014 年 10 月。

［14］绿色金融工作小组编著：《构建中国绿色金融体系》，中国金融出版社，2015 年 4 月。

［15］中国社会科学院金融研究所：《绿色信贷政策研究报告》，2014 年。

［16］马萍、姜海峰：《绿色信贷与社会责任——基于商业银行层面的分析》，《当代经济管理》2009 年第 6 期

第五章　绿色债券

　　绿色债券（Green Bond）是直接或间接为绿色和可持续发展项目投资提供资金融通的债券产品。自 2007 年欧洲开发银行发行首笔 AAA 级绿色债券以来，这一市场取得了蓬勃的发展，累计融资规模已超过千亿美元。人们对绿色债券在经济绿色发展中的重要作用已达成共识，正如世界银行副行长、气候变化问题特使蕾切尔·凯特（Rachel Kyte）所说："绿色债券为低碳发展创造了一种新型资金流，这一点很重要。不仅如此，绿色债券还具有使资金从传统的化石燃料投资沿着更清洁方向流向可构建全世界低碳未来项目的潜力。"

　　我国绿色债券市场已经萌芽。2014 年 5 月，中广核风电有限公司发行国内第一笔同碳收益挂钩的 5 年期中期票据；2015 年 1 月，兴业银行发行 300 亿元专项金融债券，资金用于节能环保项目；同年 7 月，金风科技在香港发行 3 亿美元债券，所筹资金用于投入再生能源项目；贵阳市政府也拟筹备申报 100 亿元绿色市政债券等。本章介绍绿色债券市场的国际和国内发展，对中国绿色债券市场未来进行展望，并阐述商业银行应该如何把握绿色债券市场的潜在机会，推动绿色金融发展。

第一节　绿色债券概述

一、绿色债券定义和分类

（一）绿色债券定义

　　绿色债券是为绿色项目或绿色投资目的发行的债券。绿色债券同普通债券一样，均是发行人向债券持有人承诺在一定时间内偿还债券本金及回报的债务合约。

绿色债券（Green Bonds）有广义和狭义之分。广义的绿色债券，泛指融资资金用于投资于气候或环境保护项目和计划的债券产品（ICMA，2014），产品名称中往往包含有绿色、气候或可持续等字眼，如绿色债券（Green Bonds）、气候债券（Climate Bonds）以及可持续发展债券（Sustainable Bonds），也包括一些虽没有明确称谓，但用于此类用途的债券（Climate Aligned Bonds，即环境相关债券）。

狭义的绿色债券仅指经由独立的中介机构（即 Second Party）对投资项目或所涉及资产的绿色特性进行评估，并通过第三方如气候债券标准委员会（Climate Bond Standard Board）获得绿色债券资质认证的债券，下文简称绿标债券（Green Labeled Bonds）。这类债券具有更高的市场透明度和认知度，目前市场规模约 659 亿美元。2014 年以来新发行的绿色债券中 32% 获得了绿色债券认证（ICMA，2015）。

在绿色债券标准中，较为著名的是由近百家国际金融机构参加的绿色债券标准委员会发布的自愿性绿色债券原则（Green Bond Principles，简称 GBP）。根据 GBP（2015），绿色债券是"债券发行的资金完全（排他性地）用于为新建或在建绿色项目实现部分或全部融资或再融资的债券，这些绿色项目必须同时符合 4 个绿色债券原则：绿色项目是指能够促进环境可持续的项目或行动，该项目应该符合项目评估与选择程序，发行人对资金的使用必须可追溯，发行人应该至少每年报告一次其资金使用情况"。GBP（2015）为绿色债券设立了严格的项目标准、评估和认证标准以及报告标准，有助于规范绿色债券市场的发展。

（二）绿色债券分类

GBP（2015）按债券涉及的现金流和偿还义务，将绿色债券分为四类：

1. 债券融资

用于绿色投资的一般责任债券（Green Use of Proceeds Bond），是对债券发行人具有追索权的债券，发行人对资金的还本付息承担义务。我国金风科技香港公司 2015 年发行的美元债券即为此类债券。

2. 绿色收益债券（Green Use of Proceeds Revenue Bond）

发行人依靠特定现金流（收入、费用或税收等）为担保发行的债券，所融资金直接或间接投入绿色项目，但对发行人无追索权。一些符合减排技术的新能源公司（如太阳能公司）出售新能源可获得较为稳定的现金流，以此为担保发行债券，往往能达到 AAA 评级。

3. 绿色项目债券（Green Project Bond）

基于单独或集合项目的债券，这类债券可能对发行者有潜在的追索权或无追索权。2015 年不动产抵押银行 Berlin Hyp 发行了 5 亿欧元绿色保证债券（Green Covered Bond），投资者对发行人及其用以保证的资产具有双重追索权。

4. 绿色证券化债券（Green Securitized Bond）

以一个或很多特定项目为担保发行的债券，包括但不限于资产证券化。债券偿还的第一资金来源通常是资产的现金流，例如太阳能融资项目的资产证券化，往往由金融机构和银行发行。2014 年 11 月，美国夏威夷州商业、经济开发与旅游局（DBEDT）发行了规模达 1.5 亿美元的 AAA级市政债券，以绿色基础设施费为抵押进行融资，债券发行收入将用于支持绿色能源市场证券化项目。

此外，在金融市场上，广义的绿色债券还包括同绿色投资或指数挂钩的衍生债券，例如中国中广核风电碳收益债券的浮动利率部分便与 CCER（核准碳排放量）价格挂钩。

二、绿色债券特征

绿色债券最核心的特征在于直接或间接为绿色发展或项目融资，即资金用途是"绿色"的，其环境影响评估、认证和评级等程序也比普通债券更为严格。由于资金用途符合各国可持续发展政策，债券往往受惠于财政补贴、贴息、税收优惠、银行监管优惠等措施，可以极大降低企业融资成本，提升投资吸引力，具有广阔前景。

第一，直接或间接为绿色发展或项目融资。从资金用途看，发行绿色债券融资目的是资助绿色发展或绿色项目，管理环境风险。而传统债券融资后的用途非常广泛，涉及各个领域。

第二，更为专业的环境影响评估。相比普通债券，绿色债券发行涉及更为专业的环境影响评估、认证和评级等程序，也需要更为专业的评级和认证机构。在绿色债券定价中，由于考虑环境因素和可持续发展因素，其价值分析更为复杂，这也是影响绿色债券发展的一个重要因素。

第三，绿色债券发行主体多元化。绿色领域投资包括环境保护、绿色交通、清洁能源等需政府支出、扶持或非盈利性项目，最初主要是世界银行、欧洲开发银行等开发性金融机构发行，近年来各国地方政府、市政设施和商业企业也加入发行者行列，金融机构也逐步开发出相关的证券化产品。

第四，绿色债券往往受到政府扶持，融资成本较低。由于绿色债券更符合各国的产业和可持续发展调整方向，也符合投资者社会责任，因此，往往会受惠于财政补贴、贴息、税收优惠、银行监管优惠，使企业融资成本降低。例如在伦敦市场成功发行的首只以人民币计价的绿色债券，票面利率仅为2%。

第五，绿色债券投资者通常具有绿色偏好或绿色组合需要。随着全球气候变化形势日益严峻，具有绿色投资偏好的投资人日益增多；越来越多的投资人出于提升社会美誉度和品牌塑造的需要，往往选择绿色领域以丰富其投资组合；部分绿色领域投资因涉及技术创新、业务专营、可持续发展，投资回报较高，因此，出现一些长期投资人选择可持续指数下的投资组合往往高于一般组合，增加了绿色债券吸引力。

第二节　绿色债券的国际发展

世界上的第一只绿色债券是欧洲投资银行（European Investment Bank）于2007年发行的5年期6亿欧元AAA评级的"气候意识债券（Climate Awareness Bond）"，该债券的募集资金被用于可再生能源和能效项目。2008年，世界银行（World Bank）和瑞典北欧斯安银行合作，发行了28.5亿瑞典克朗"绿色债券"，扩展了债券收益使用领域，使其囊括物资再循环、农业、林业及气候变化适应性项目的投资。2013年3月，国际金融公司（IFC）发行了一只国际基准规模（10亿美金）的绿色债券，该债券在一个小时之内销售一空，且被多倍超额认购，绿色债券由此获得全球投资银行和企业发行人的关注，截至2014年发行量已经增长了30多倍，种类逐步增加，发行主体也从最初的国际开发机构逐步拓展到政府、企业、商业银行和金融机构等，呈现出蓬勃的生命力。

一、国际绿色债券市场发展

（一）市场规模快速壮大，成为重要的绿色项目资金来源

2007 年以来，绿标债券数量从无到有，经历了爆发式增长（见图 5 - 1）。2007 年发行规模不到 10 亿美元，2013 年发行量超过 100 亿美元，2014 年全年发行 366 亿美元，增长了 30 多倍，全球累计未清偿面额达 562 亿美元，截至 2015 年 6 月全球未清偿规模达到 659 亿美元。广义的绿色债券规模更为庞大，截至 2014 年底，400 多家发行人发行了接近 2800 只债券，未清偿规模约 5977 亿美元。与此同时，绿色债券的认证率不断提升，2014 年约 32% 的新发行债券获得了绿色认证。但在全球债券市场每年数以万亿美元的庞大发行量中，绿色债券市场占比不足 5%，存量更是微不足道，意味着债券市场具有巨大的"绿化"潜力。

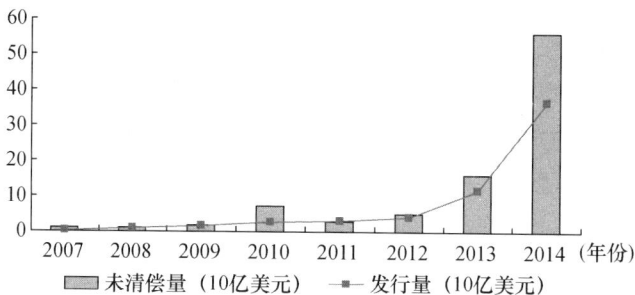

图 5 - 1　绿色标准债券市场快速发展

资料来源：CBI（2015），图中显示的是绿标债券数据。

绿色债券支持的具体行业主要是交通、能源、建筑和工业等领域的可持续发展投资项目，例如广义绿色债券中 90% 的融资投向交通（4188 亿美元）、能源（1184 亿美元）、建筑与工业（196 亿美元）等领域，其他还包括农林业、废弃物处理、水利等项目（见图 5 - 2）。2015 年，Vestas、KfW 和 Terraform 分别发行了 5 亿欧元、6 亿澳元和 8 亿美元的绿色债券，均投向再生能源领域，低碳建筑行业也是绿色债券主要融资者，建筑和工业行业占发行量的 27.5%。

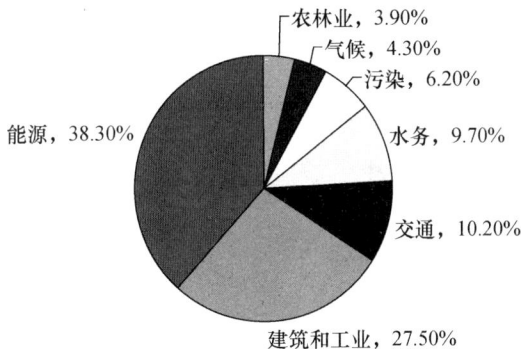

图 5 - 2　全球绿色债券募集资金投向

资料来源：www. climatebonds. net.

（二）市场参与多元化，市场专业化程度有所提高

绿色债券发行人包括多边开发银行、地方政府和市政机构、公司企业以及金融机构（商业银行）（见图 5 - 3）。其中，多边开发银行和区域开发银行是绿色债券发行主力，2007 年至今，融资量合计占比超过半数，代表性的如欧洲投资银行（EIB，2014 年发行量 115 亿美元）、世界银行集团（包括国际金融公司，2014 年发行量约 115 亿美元）、德国开发银行（2014 年发行约 60 亿美元）、非洲发展银行、挪威发展银行等。亚洲开发银行发行了 5 亿美元的绿色债券，日本开发银行发行了 2.5 亿欧元的第一只日本绿色债券，成为亚洲绿色债券先行者。

除此之外，地方政府和公共部门也是主要发行者。2014 年以来，美国、德国等国地方政府和公共部门发行绿色债券持续升温。2014 年 9 月，麻省理工学院为绿色建筑融资发行绿色债券后，其他公立大学，例如辛辛那提大学、印第安纳大学、亚利桑那大学都为绿色建筑发行了绿色债券。类似 2014 年 6 月，华盛顿市政部门为水资源利用项目发行了 3.5 亿美元的债券，印第安纳、芝加哥和渥太华等很多地区也都发行了绿色债券。

公司债券的发行也呈上升趋势，2014 年已占全部债券的 1/4 以上，主要是公共事业部门、建筑业、运输业和资源回收企业。2013 年 11 月法国电力公司发行了 14 亿欧元绿色债券，2014 年 3 月苏伊士环能集团发行了 25 亿欧元的绿色债券，成为最大的两笔企业发行债券。

以商业银行为主的金融机构也加入发行者行列。法国农业信贷银行是

最早为应对日本私募市场需求发行绿色债券的商业银行，且在 2015 年初成为第一家拥有绿色债券认证的银行；美国银行等也纷纷开展为可再生能源项目融资的项目债券；丰田汽车金融公司则开发了绿色 ABS 债券。

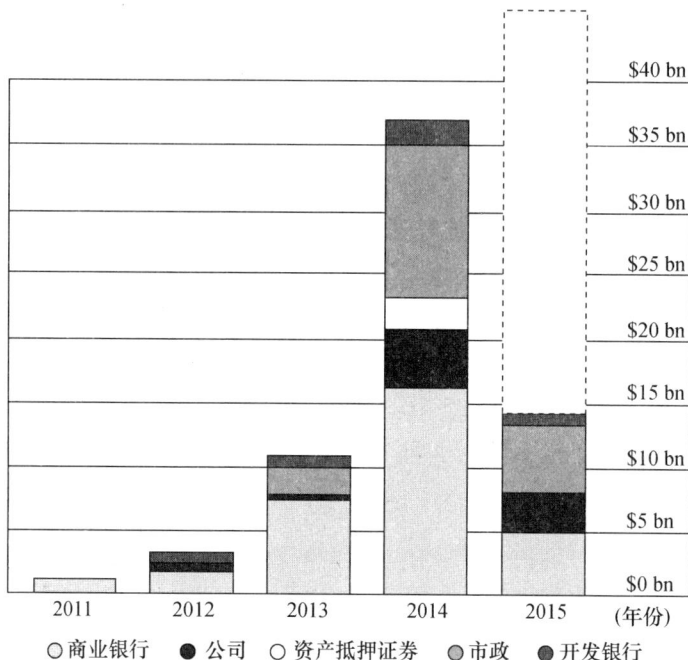

图 5-3　绿色债券发行者类型

资料来源：CBI（2015），数据截至 2015 年 6 月。

从国别分布看，经过认证的绿标债券主要在欧元区和美国发行，欧元（42%）、美元（35%）是主要计价货币；而 2014 年以来，发展中国家如中国、印度、巴西的广义绿色债券发行量大大增长，经过中国铁道部债券发行后，人民币成为最主要的计价货币（33%），反映了中国的市场潜力，然而中国的绿色债券均未经认证，其标准化和透明度仍有待提高。

绿色债券的投资者队伍也在不断扩大，既有养老基金，也有全球资产管理机构（如高盛、黑石、苏黎世保险）、知名公司（如微软、福特汽车）和中央银行等。中央银行投资绿色债券的动机主要是扶植本国绿色项目，而金融机构和资产管理机构则主要从资产配置和履行社会责任的角度投资绿色债券。此外，绿色认证、绿色评级、环境影响评估和持续监督的中介发展迅速，证券交易所也大力推动绿色信息披露、绿色指数和相关产品开发，增强了绿色债券信息披露的透明性。

（三）债券类型日益多样化，其中收益类债券成为主要类型

绿色债券早期主要是对发行主体具有追索权的一般义务债券，我国金风科技便属于此类。随着发行主体的多样化，项目债券和收益债券的发行逐步增多。例如符合减排技术要求的新能源公司（如太阳能公司），通过出售新能源获得较为稳定的现金流，以此为抵押发行债券，通常其评级可达到 AA – AAA 评级。2014 年，丰田金融服务公司（Toyota Financial Services）以汽车租赁现金流为抵押，发行了第一款资产证券化形式的绿色债券，规模 17.5 亿美元，开拓了绿色 ABS 市场。商业银行如挪威银行、美国银行、澳大利亚国民银行、Yes Bank 和澳新银行也开始利用绿色债券所筹资金为各类可再生能源项目提供融资。

市场上的其他品种还包括零息债券，通常期限较长（10 年左右），缓解了发行人在债务期限内的现金流和利息支付压力；同绿色指数挂钩的可变利率债券，其浮动利率部分往往同绿色能源价格或者绿色指数挂钩，例如中广核风电发行的碳排放权价格挂钩债券等。

（四）绿色债券多为中长期高信用等级的债券产品

绝大多数绿色债券期限超过 10 年，发行评级有 3/4 超过投资级（BBB 级及以上），期限长、利率低，某种程度上形成了绿色溢价（见图 5 – 4）。例如国际金融公司 2014 年 6 月在伦敦发行的人民币计价的 3 年期绿色债券，票面利率仅 2%，金风科技在香港发行的 3 年期美元债券，票面利率为 2.5%，穆迪公司给予 A1 国际评级，债券在发行认购环节获得了来自全球 66 个机构投资者账户近 5 倍的超额认购。

二、绿色债券市场发展的国际经验

绿色债券市场的发展，依赖各国政府自上而下的大力推进，利用制度创新创造市场潜力，而市场机构主体则通过金融产品和金融工具创新，推动了市场建设。

（一）制度支持

第一，制度支持主要方式有：对绿色项目实施全方位支持。包括绿色贷款贴息和担保、价格补贴、政府采购等方式。例如，德国复兴信贷银行（KFW）的环保贷款项目、能源效率项目等多由联邦政府贴息；英国则普

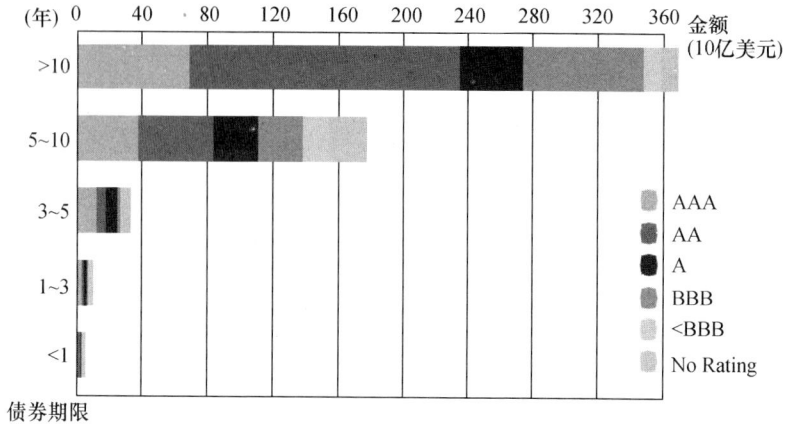

图 5 – 4　绿色债券的信用评级和期限分布

资料来源：CBI（2015）。

遍对中小企业的环保信贷采用绿色贷款担保；此外，超过 50 个国家政府通过价格补贴（Feed – in Tariff）长期保证购买产出的价格，普遍应用于对可再生能源发电；此外，政府还可以利用财政资金进行政府采购，购买货物、工程和服务，例如欧盟明确倡导绿色公共采购（Green Public Pro-curement），鼓励成员国政府签订绿色合同，采购绿色产品占比应达 50% 以上。

第二，政府和公共机构进行绿色债券发行，产生市场示范效应。各国地方政府和相关市政机构发行债券筹资，将资金直接用于绿色目的，例如瑞典的哥德堡和斯德哥尔摩、法国普罗斯旺地区、美国的加利福尼亚州、纽约州、华盛顿特区以及加拿大安大略省发行的地区一般责任债券；还有收益担保债券，如夏威夷地区发行的绿色基础设施收益债券，通过电费附加费加以偿还等。

第三，政府明确金融机构和企业的环境法律责任和环境披露义务，规定机构绿色投资使命。例如，1980 年美国《全面环境响应、补偿和负债法案》（CERCLA）提出贷方责任（Lender Liability）原则；一些国家强制要求上市公司披露环境责任信息，例如英国金融时报综合指数中的 443 家英国公司均通过年报、社会责任报告等不同形式披露本企业的环境信息，并量化环境影响；挪威则要求其主权财富基金在其固定收益资产组合中纳入绿色债券等。

第四，对绿色债券投资收益减免税收。为吸引投资绿色债券，部分国家对绿色债券免缴收入所得税。以美国为例，2013 年马萨诸塞成为第一个自主发行免税绿色债券的州政府，债券发行所得资金直接用于环保基础设施建设。在公司债方面，美国国会于 2004 年通过总额达 20 亿美元的免税债券计划，参加计划的免税债券必须是致力于推广新能源的基础设施建设债券，债券投资者可以豁免联邦所得税。巴西也通过发行免税债券对风电项目融资。

第五，联合国等国际组织对绿色投资和绿色债券市场的推动。联合国发起负责任投资原则计划（United Nations' Principles for Responsible Investment，PRI），联合世界主要机构投资者，强调投资者需要在投资过程中考虑环境（Environmental）、社会（Social）以及公司治理（Corporate Governance）（以下简称 ESG）。通过联合国的号召力与影响力，以及其强大的技术支持网络，有效推进了绿色投资者网络建设步伐。国际金融公司、主要国际开发银行也成为绿色债券市场重要发行者，大力推动绿色债券的全球发展。

（二）市场参与者推动自下而上的制度和机制建设

第一，逐步推动绿色债券定义的清晰化和标准化。2014 年 2 月，在 ICMA（International Capital Market Association，国际资本市场协会）主持下，近百家机构联合发布了绿色债券原则（GBP2014，后修订为 GBP2015），规定绿色债券是"债券发行的资金完全（排他性地）用于为新建或在建绿色项目实现部分或全部融资或再融资的债券"，并为绿色债券认定提出了 4 个操作性原则，规定项目或相关资产的"绿色"资质应由独立的认证机构（即 Second Party）进行评估、认证，并对资金使用状况进行年度报告。GBP（2015）为绿色债券设立了严格的项目标准、评估和认证标准以及报告标准，得到金融市场机构的认同，有助于规范绿色债券市场的发展。

第二，绿色债券的认证、评估和评级日趋完善。绿色债券与传统债券不同，发行人必须使自己的"绿色"特征对于投资者来说具有可信度和说服力。近年来，专业环境评估和第三方认证机构在绿色债券市场上日益发挥重要作用，例如 CICERO（国际气候与环境研究中心）、Vigeo 评级、DNV GL 集团、CBI（气候债券行动组织）、Oekom 研究中心、KPMG（毕马威）、Sustainalytics 和 Trucost 公司等评估机构。发行绿色债券之前，这些机构提供绿色债券认证，出具"第二意见（Second Opinion）"，详细说明绿色债券募集资金的投向，增强绿色债券信息披露透明性；典型的如CBI（气候债券行动组织）制定的绿色债券标准（Green Bond Standard），对绿色项目涉及的众多领域提供第三方认证。绿标债券发行后，中介和组织还进一步提供对资金用途和节能减排效益的监督报告和评估，有助于市场评价发行主体和债券投资项目的环境表现。

第三，交易所积极推动可持续发展进程和信息披露，开发绿色投资产品。世界交易所联合会 2015 年一份调查问卷（WFE，2015）显示，几乎所有大型交易所和 3/4 的公开上市交易所参与了各类可持续发展行动计划，交易所联合会 2014 年发起了可持续发展工作组；在债券和股票公开发行过程中，32 家交易所要求上市公司披露 ESG 信息，其中 20 家明确要求披露环境信息，大大增强了市场透明度，便利了绿色债券的发行；17家交易所已公开发布可持续发展报告，推出以美国道琼斯环境指数、日本日经碳效率指数等为代表的可持续发展或环境相关指数约 22 种，交易所开发了相关衍生品，为推动绿色金融产品市场发展提供了有力保障。

三、对中国发展绿色债券市场的启示

从国际经验来看，发展绿色债券市场需要政府和市场主体共同努力，但中国需要结合自身特点，通过政府制度创新、政策创新为市场主体创建更大的发展空间，推动绿色投资发展。

第一，确定"绿色标准"和绿色债券准则，是发展绿色债券市场的首要任务。

从绿色债券国际发展趋势看，绿色债券的"标准化和透明化"程度正在提高，随着越来越多发行人、金融机构和市场主体加入标准制定和统一进程，"绿色债券准则"将成为市场发展关键。我国应该把握这一时机，积极推动绿色债券标准化。当前国际上的自愿准则和绿色债券标准是市场主体的自发行为，其前提是政府的环保法律和制度已经比较完善，中介评估机构也比较发达，部分标准如气候债券标准（CBS）在项目选择中排除了核能设施等。然而，对中国而言，环境责任制度还不完善，缺乏法律框架支持，绿色债券探索时间较短，不能仅靠市场自发建设标准；而对具体项目选择如果完全参照外国标准又不符合中国发展阶段特点。因此，迫切需要政府推出权威性的中国"绿色项目和绿色资产"标准。目前相

关监管部门正在研究制定"绿色债券发行管理办法"，建议以银监会绿色信贷定义为起点，参照气候债券组织（CBI）绿色投资相关准则和标准，由官方明确推出权威性的中国"绿色项目和绿色资产"标准，界定"绿色投资"和绿色债券范围，为合格企业和项目的标准化认证体系提供根基。这一标准应该同国内一些标准（如银监会发布的绿色信贷指引）相容；还应该前瞻性地考虑中国绿色债券市场未来规模和潜力，在原则上同国际实践标准相容，但具体项目类别应该充分考虑中国的国情；此外，可通过合作协议促使标准的"互认互通"，促进债券市场流动性，以此提高中国在绿色债券市场上的话语权和市场地位。

第二，政府对绿色项目的全方位扶持，是发展绿色债券市场的客观基础。

绿色债券市场的发展是一个系统性工程，离不开绿色投资理念的全面推广以及对绿色项目的全面扶持。由于绿色项目周期长且具有明显外部性，单纯依赖市场定价可能会低估其总效益，相应的债券融资成本可能较高，因此，政府可在发展初期给予一定激励政策。

第三，健全绿色债券市场监管体系，是绿色债券市场规范化发展的制度保障。

从债券市场基础设施建设看，我国目前在信息披露、制度监管和中介监督等方面存在不足，缺乏明确的上市公司或债务发行主体的环境信息披露制度，也没有相应的环境和绿色评级机构和体系。政府可主导建立一个由金融和环境监管部门、金融机构、中介和评估机构等多方参与的核查体系，建立比较完善的认证和监督体系，对所有投资的绿色项目类别均提供可以描述、量化及评定的明确环境效益；鼓励发展中国的第三方独立认证机构，该实体应具有出具"第二意见"的权威，审查现有和未来的绿色债券标准以及法规；强制要求上市公司和债务发行人进行环境信息披露，并对相关项目的环境影响公开评估，鼓励和发展中介机构的环境与绿色评级。

第四，公共机构示范发行，是推动绿色债券市场早期发展的突破口。

国际范围内绿色债券发展早期均以国际多边开发机构和区域开发机构为主角。市场初建期，公共部门发行绿色债券，有助于推广绿色投资理念。在明确绿色债券标准前提下，可以由国家开发银行、农业发展银行以及进出口银行在银行间市场试点发行绿色金融债，所获资金用于支持绿色基础设施建设；可自主发行地方债券的试点省、市也可发行绿色地方政府债券和市政债券，资金专项用于环保节能领域基础设施建设。还可结合人民币国际化进程和亚洲基础设施投资银行业务开展推广我国绿色债券标准，推进人民币绿色债券的跨国或国际发行。

第三节　中国绿色债券发展

一、中国发展绿色债券的必要性

（一）增加绿色投资融资渠道，降低融资成本

绿色债券能够为绿色企业和绿色项目投资提供新的融资渠道，缓解绿色投资不足的问题。国务院发展研究中心金融研究所（DRC）估计，中国绿色产业的年投资需求在 2 万亿元人民币以上，而财政资源只能满足10%～15%绿色投资需求，通过发展绿色金融，特别是直接融资，引导社会资本投向绿色产业是必然选择。目前我国社会融资规模中，信贷占全部融资额的60%左右，债券占全部社会融资规模的15%左右，是仅次于贷款的重要融资渠道，绿色债券理应发挥更重要作用。

发展绿色债券有助于降低企业融资成本。绿色投资往往期限较长，企业融资成本较高，通过发行中长期绿色债券，有助于为企业提供长期稳定的资金来源，缓解企业期限错配问题，从而降低企业的投资风险、利率风险。在绿色债券发行过程中，企业的环境责任披露、环境影响评估等透明度的提高，也有助于促进绿色投资整个行业的程序化和标准化运作，提升效率。

（二）化解商业银行信贷风险，为商业银行提供新的业务增长点

相比绿色信贷，绿色债券有助于解决商业银行期限错配问题。因为绿色项目固有的周期长、技术复杂和短期回报率低等特点，在利率市场化压力下的商业银行亟待获得长期、低成本的资金来源，减少绿色项目投放资金的期限错配风险。发行期限较长（如 5 年、10 年）的绿色债券和资产证券化债券，不仅能够盘活资金，而且还能够减少对间接融资的依赖，降低商业银行体系的系统性风险。不仅如此，商业银行还可从绿色债券发

行、销售、投资中获得新的业务增长点，提高银行社会责任和声誉。

（三）推广绿色投资理念，推动资本市场创新

从国家层面上看，发展绿色债券具有多重战略意义。一是绿色债券是绿色金融体系重要组成部分，发展绿色债券能够增加绿色投资规模，促进储蓄向绿色投资的配置和转化，适当分担商业银行信贷风险，促进经济的绿色转型。二是绿色债券作为直接融资手段，能够促进中国资本市场创新。绿色债券作为当前国际前沿的金融创新产品，与我国债券市场"扩大发行主体范围，丰富债券发展方式"改革思路相吻合。三是发挥国际影响力。发展绿色债券不仅能够提升中国的国际形象，树立一个负责任大国的形象，而且通过发展本国的绿色债券市场，建立符合国情的绿色债券定义、评估和审核体系，有助于提高中国的绿色债券标准，增加主动权。

二、中国绿色债券发展现状

（一）发展现状

一些国际组织的绿色债券融资资金已经投向中国，但同蓬勃发展的国际绿色债券市场相比，我国绿色债券市场刚刚起步。

1. 中国是国际绿色债券项目受益者

一些国际开发机构的绿色债券项目已将资金投放到中国。例如，世界银行发行的一个绿色债券项目就投到我国青海省西宁市；另一个项目则投到山东省。亚洲开发银行发行的首只绿色债券的一部分收益，也将用于我国的一个废水处理及循环使用项目。除此之外，国际金融公司（IFC）在2014年6月发行了世界上第一只人民币绿色债券，期限为3年，筹集资金5亿元人民币，票面收益率2%，获得投资者的热烈追捧。

2. 中国本土的绿色债券市场进入萌芽发展阶段

2014年以来，庞大的融资需求催生了中国绿色债券市场的萌芽与快速发展。银行间交易商协会累计支持绿色能源、公共交通、环保技术等超过千家绿色企业发行债务融资工具，融资额超过万亿元。2014年5月，中广核风电有限公司在银行间市场发行国内第一笔碳收益中期票据，募集资金10亿元，期限5年；2015年1月，兴业银行发行专项金融债券300亿元，资金由环境金融事业部用于节能环保项目并定期报告披露；6月，贵阳市政府与银河证券签署《绿色债券（项目收益票据）框架合作协议》，筹备申报发行100亿元绿色市政债券；7月14日，北京市金融局、

中国人民银行营管部、北京节能环保中心等 16 家企业共同签署《绿色债券联盟发起成员单位合作备忘录》，成立绿色债券联盟，以帮助环保类企业在国内外发行债券，增加融资渠道；7 月 17 日，金风科技完成 3 亿美元境外债券发行，票面利率 2.5%，期限 3 年，是我国上司公司第一只境外绿色债券发行；10 月，农业银行在伦敦发行价值 10 亿美元的首单离岸金融绿色债券。

2016 年，中国绿色债券发行在银行间市场取得突破性进展。兴业银行、浦发银行、青岛银行和江西银行先后获准发行绿色金融债，总规模达550 亿元。2016 年 1 月至 7 月，绿色债券已经达到 750 亿元人民币，占全球同期绿色债券发行量的 33%，"中国已经成为全球最大的绿色债券市场"；7 月，新开发银行（NDB）在中国银行间债券市场发行了首只以人民币计价的绿色金融债券，规模达 30 亿元人民币，成为多边金融机构在华发行的第一只绿色债券（见表 5 - 1）。

表 5 - 1　我国绿色债券存量（截至 2016 年 6 月 30 日）

发行人	发行规模（亿元）	评级	发行日期	利率	期限
商业银行债					
浦发银行	200.00	AAA	2016 - 1 - 27	2.95%	3
兴业银行	100.00	AAA	2016 - 1 - 28	2.95%	3
青岛银行	35.00	AA +	2016 - 3 - 10	3.25%	3
青岛银行	5.00	AA +	2016 - 3 - 10	3.40%	5
浦发银行	150.00	AAA	2016 - 3 - 25	3.2%	5
公司债					
保利协鑫	10.00	AA +	2015 - 10 - 27	5.60% + 上调基点	5
北京神雾环境能源科技	5.00	AA -	2016 - 1 - 27	7.9%	3
浙江嘉能能源化工	3.00	AA	2016 - 5 - 20	4.78% + 上调基点	5
天顺风能	4.00	AA	2016 - 6 - 21	5% + 上调基点	5
企业债					
浙江汇盛投资集团	10.00	AA	2016 - 3 - 14	4.49%	8
北京汽车	25.00	AAA	2016 - 4 - 21	3.45% + 上调基点	7
中期票据					

续表

发行人	发行规模（亿元）	评级	发行日期	利率	期限
中广核风电	10.00	AAA	2014 – 5 – 8	5.65% + 上调基点	5
协和风电投资	2.00	AA	2016 – 4 – 6	6.2%	3
新疆金风科技股份	10.00	AAA	2016 – 5 – 24	5%	5
合计					
截至 2016 年 6 月绿色债券余额				569.00 亿元	
2016 年上半年绿色债券发行量				549.00 亿元	

资料来源：《兴业银行绿色金融半年报》。

（二）存在问题

1. 债券"绿色"比重偏低，标准化程度不高

我国目前已经成为全球第二大债券发行和交易市场，然而，相比我国债券市场总融资额而言，我国债券融资的"绿色"比重偏低；尤为重要的是，我国绿色债券均属于广义的绿色债券，缺乏经过严格的第三方认证的绿色标准债券产品。

2. 债券种类单一

我国发行的广义绿色债券债务工具品种有限，主要是普通收益（一般义务）债券；融资发行主体单一，以企业发行为主，国家开发银行、商业银行等金融机构还未充分利用这一市场，正因如此，绿色债券市场存在广阔发展前景。

3. 绿色债券市场基础设施建设有待完善

中国绿色债券市场发展的一些制度和环境基础有待完善，在环境信息披露、制度监管和中介监督等方面存在不足，缺乏明确的上市公司或债务发行主体的环境信息披露制度，也没有相应的环境和绿色评级机构和体系，对经济主体的环境责任有待从法律上进一步明确。

正因如此，政府正在研究和实施绿色债券发展计划，为市场提供发展空间。

（三）绿色债券发展政策动向

2015 年以来，人民银行、发改委和银监会高度重视绿色债券发展。2015 年 4 月，中国人民银行领导的绿色金融工作小组发布了政策报告：

《构建中国绿色金融体系》，提出了 14 条关于政策变化、监管体制改革和市场创新建议，以通过金融系统增加绿色投资。除绿色债券之外，建议采取行动的领域还包括绿色贷款、绿色银行、绿色投资基金、绿色保险、碳交易和绿色法律体系。这些领域也会对中国绿色债券市场发展产生积极影响：比如绿色贷款可以通过发行绿色债券进行再融资；绿色银行可以发行绿色债券并提供信用升级，或设立绿色投资基金用于绿色债券投资。

具体到绿色债券，中国人民银行成立了独立的绿色债券分委会，以及半官方的中国金融学会绿色金融专业委员会。委员会致力于开发针对绿色金融工作小组所提建议的具体实施方案，制定了适用于绿色债券融资资产或项目的绿色定义。2015 年 12 月 22 日，中国人民银行发布绿色金融债券公告，就金融机构在银行间债券市场发行绿色金融债券各项事宜进行了规定，同时颁布了由中国金融学会绿色金融专业委员会起草编制的《绿色债券支持项目目录》。2016 年绿色债券在银行间市场取得了较为明显的增长。2016 年 1 月至 7 月，绿色债券已经达到 750 亿元人民币，占全球同期绿色债券发行量的 33%。

2016 年 1 月，国家发改委发布了《绿色债券指引》，指引明确现阶段"绿色债券"的支持重点为：节能减排技术改造项目；绿色城镇化项目；能源清洁高效利用项目；能源开发利用项目；循环经济发展项目；水资源节约和非常规水资源开发利用项目；污染防治项目；生态农林业项目；节能环保产业项目；低碳产业项目；生态文明先行示范实验项目；低碳发展试点示范项目等。

三、中国绿色债券发展前景

（一）融资重点领域

我国"十二五"规划列出了各相关行业、部门和领域的绿色增长目标，这些目标同国际绿色标准债券所涉及的内容有很大重合，如表 5 - 2 所示。这些领域如清洁能源、能效和建筑节能、运输等，将成为我国发展绿色债券的重点领域。

表 5 – 2　市场中绿色标准债券涉及的领域

	世界银行/国际货币基金组织（IFC）绿色债券	欧洲投资银行（EIB）气候债券	气候债券汇丰银行（HSBC）债券与气候变化市场调研	2011～2015 中国"十二五"规划的绿色增长目标
清洁能源	可再生能源	可再生能源	可再生能源核能	11.4% 非化石首要能源消费
能效	建筑和产业项目	节能 20% 的能效项目	工业能效措施绿色建筑；环保标签装置	能源强度减少 16%
交通	包括燃料转换和公共交通	—	铁路、电动汽车、公共交通	高铁、城市公共交通体系目标
水	—	—	供水投资；减少气候变化影响的用水	污水处理基础设施
废物	废物管理	—	可回收的、循环经济措施	固体废物处理基础设施
清洁燃料	—	—	生物燃料：不包括玉米乙醇	汽车标准
减少温室气体排放	新技术	—	—	碳强度减少 17%
气候变化适应	防洪，粮食安全	—	—	—
农业与林业	可持续的林业管理避免毁林造林	—	可持续林业经营管理认证	增加 1250 万公顷林业面积

资料来源：International Institute for Sustainable Development（2014）.

（二）发行人和债券类型多样化

中国可以通过发展绿色债券成为国际绿色投融资领先者。

1. 鼓励绿色主权债券

绿色主权债券可以用来实现多重目标，包括扩大中国债券的海外发行、鼓励绿色投资理念，用于支持带有绿色和可持续特征的资助项目。

主权债务的发行，可以提供一个更高透明度的债券发行范例，吸引众多机构投资者，为绿色债券融资确定基准利率，同时能够提升中国在绿色金融领域内的地位。

2. 启动地方政府绿色债券发行

目前，地方政府承担着大量基础设施建设、城市节能环保和交通运输建设职能。截至 2014 年末，地方政府总负债 30.28 万亿元，除了地方政府债券发行，中国 133 个低碳和生态城市发展计划中申明有发行绿色债券目标，未来可能形成地方政府发行绿色资产担保债券或绿色城市债券高峰期（见图 5-5）。

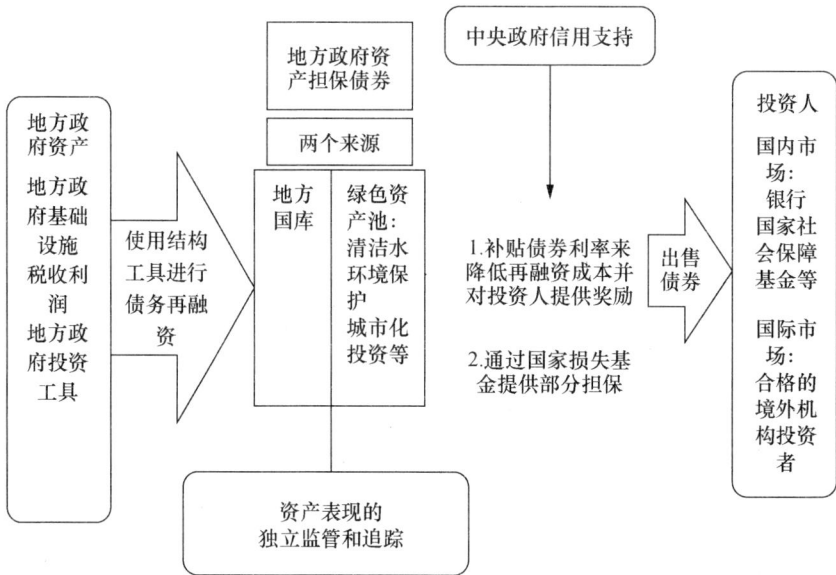

图 5-5 中国地方政府绿色资产担保债券示意图

资料来源：International Institute for Sustainable Development（2014）.

地方政府承担的很多地方基础设施建设，如水的净化处理、环境保护、城市投资等，均可以以其未来的现金流作为抵押，以地方政府一般收入作为担保。发行符合标准的绿色债券，中央政府可以通过对投资者税收豁免或国家损失基金来加强对这些债券的扶持。这将解决短期融资与地方政府长期资产和基础设施不匹配问题，并提高这些资产透明度，从而在鼓励绿色投资的同时，引导私人投资。

3. 大力发展金融机构绿色债券

债券市场的发展通常从大型机构的发行开始：它们可以发行大规模的绿色债券来增加市场流动性。金融债券是中国债券市场的主要品种。政策性银行如国家开发银行、农业发展银行等贷款的较大比例投向节能、环保项目、铁路、农业、林业和水资源项目部门，而商业银行的绿色信贷总规模已经超过1万亿元，兴业银行、农业银行等已经开始尝试发行绿色债券。这些金融机构绿色债券的发行，将有助于为整个市场树立绿色标准，提高市场流动性和定价基准。

4. 公司和企业债

中国大约有78万亿美元未偿公司债券与绿色主题相关，其中有许多为光伏和风力发电机组制造商发行的高息票据和可转让债券。这些并不是中国绿色部门中最大或最重要的公司，却是唯一的将债券获资明显用于绿色项目的公司。在应用绿色技术和方法上活跃的国有企业、大型私有企业和小企业，也可以通过绿色债券获得支持。国际上清洁能源使用往往由大型国有企业支持，因为后者可以较低成本融资，而资金投向可能惠及相关产业和供应链中的中小型制造商，从而能够成功降低经营和技术成本，进一步促进提高整体经济中绿色科技使用的成本效益（见图5-6）。

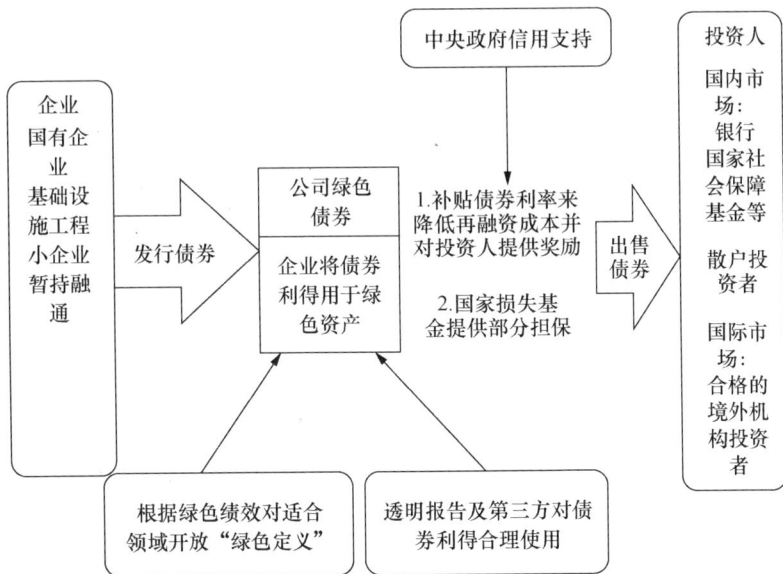

图5-6 公司绿色债券市场结构

资料来源：International Institute for Sustainable Development（2014）.

5. 其他债券

证券化绿色债券。全球范围内，将现金流证券化到资产担保债券是一种新的尝试，目前中国可以发展暂持融通和绿色资产担保证券。例如，国际金融公司中国能源融资项目，自 2006 年便开始与当地银行合作对 7.83 亿美元贷款进行部分担保。该项目的新阶段将专注于小企业，并对其提供 5.5 亿美元担保池。政府也可以与地方银行合作，类似于英国的绿色项目融资公司，对证券打包标准化提供非盈利的暂持融通。发行由能够吸引投资人的贷款数额和规模担保的证券。

碳债券。中国碳信贷市场是世界上最发达的市场之一。国内的 7 个试点碳排放交易系统已成功运行 2 年，2017 年全国性碳排放权市场有望建成。发行同碳减排收益挂钩的债券产品，不仅能够直接支持碳减排项目，而且也能为碳减排交易市场提供更强的流动性，促进碳排放交易市场和债券市场的共同发展（见表 5 - 3）。

表 5 - 3   中国未来绿色债券概览

债券类型	发行人	利润流	绿色目标
主权债券	中央政府	国库	国内绿色政策和投资项目，如补助金计划、海外发展援助和政府电价补贴等
地方政府债券	地方政府	国库和资产担保池	低碳基础设施资产
金融机构债券	政策银行、商业银行	地方政府收入、资产担保池	低碳贷款、基础设施发展绿色按揭、跨部门贷款
公司债券	国有企业、民营企业	收入和融资的绿色使用	清洁能源，能源效率等
证券化债券	暂持融通	绿色按揭、碳信贷收入	建筑节能减排、清洁能源碳减排项目

资料来源：国际可持续发展研究院：《发展中国家的绿色债券》报告。

第四节   中国的商业银行与绿色债券

鉴于绿色债券的广阔市场前景和政策前景，商业银行应该把握绿色债券发展带来的机遇，结合自身的优势，积极发展绿色债券相关业务，成为该领域领先者。

一、绿色债券给商业银行带来的机遇

（一）商业银行的绿色债券发展潜力巨大

商业银行具有很强的动力发展绿色债券市场。

1. 绿色信贷资金的盘活意味着绿色债券需求量巨大

中国银行业未清偿绿色信贷金额超过 7 万亿元，如果 20% 实现证券化，则金融机构的绿色债券市场规模将接近 1.5 万亿元。从信贷结构来看，我国大部分商业银行绿色信贷为绿色交通运输提供资金，其他包括可再生能源和清洁能源。从国际绿色债券市场来看，初期大部分投资均用于可再生能源和能源高效建筑（超过65%），这些领域对于投资者和利益相关者具有更加明显的绿色和气候效益，目前我国在这些领域的商业银行绿色信贷规模占比不到40%，在此领域内还有广阔空间（见表5-4）。

表5-4 绿色投资领域

全球绿标债券募集资金投资领域	银监会绿色投资领域①	可用于发行绿色债券未清偿绿色信贷数②
农林（3.9%）	绿色农业开发项目 绿色林业开发项目	
建筑与工业（27.5%）	工业节能节水环保项目 绿色建筑	人民币4576亿元 （合732亿美元）
气候适应（4.3%）	自然保护、生态修复机灾害防控项目	人民币1716亿元 （合275亿美元）
废弃物管理（6.2%）	资源循环利用项目 垃圾处理及污染防治项目	人民币2860亿元 （合458亿美元）
能源（38.3%）	可再生能源及清洁能源项目	人民币1.6万亿元 （合2563亿美元）
水（9.7%）	农村及城市水项目	
运输（10.2%）	绿色交通运输项目 节能环保服务	人民币2.75万亿元 （合4393亿美元）

资料来源：《CBI-HSBS市场状况报告》，2015年。

① 这些投资领域很大部分都与国际性的气候债券分类方案一致，请见：http://www.climatebonds.net/taxonomy。
② 未偿清债券的数额来自银监会绿色信贷统计表11个分类项目的绿色信贷数据以及 Chan and Kuang（2015）中提及的7个新兴产业绿色信贷数据。

2. 开展债务融资工具创新是商业银行市场竞争的必然选择

在利率市场化和金融脱媒化快速推进背景下，我国商业银行普遍存在资产负债期限结构错配，金融机构主动负债工具不足，相当程度制约了金融机构经营主动性和风险承担能力。从国际经验来看，发行金融债券可以作为长期稳定的资金来源，与绿色信贷中长期融资项目类型匹配，能有效解决资产负债期限结构错配问题，还可以成为主动负债工具，改变商业银行被动负债局面，降低金融风险。

（二）商业银行具有发展绿色债券的自身优势

总体而言，银行在绿色债券领域将具有资源、标准、流程、产品创新等方面的比较优势。

1. 拥有丰富的债券资源，能够提供全面客户服务

商业银行除发行绿色债券外，还可以作为企业代理发行者或绿色债券承销商，推动企业的绿色融资。作为我国最主要的金融中介，商业银行拥有广泛的信贷客户资源，在已有的长期信贷业务基础上，增加债券发行及承销业务，可以帮助投资者对发行人的了解，降低经济运行交易成本，提升社会总体资源配置效率；银行还可以借助其庞大机构和个体资源，发挥中介的作用，帮助发债企业拓宽融资渠道，降低融资成本和财务风险，从而扩大企业在资本市场中的知名度，提升其在市场经济中的竞争力和可持续发展能力。商业银行在绿色债券发展中角色多样化，可以全方位满足客户需求。

2. 具有绿色客户或绿色项目识别选择的专业能力

绿色债券的关键在于项目的绿色标签识别，规避环境风险。我国商业银行在绿色客户或项目定义和选择上已经有较好基础，形成了绿色发展理念，并且在银监会监督下，形成了比较完善的绿色信贷政策制度体系。通过对污染企业的"名单管理"，严格控制"两高一剩"行业的投放，形成较为完善的评估企业项目"绿色"程度、规避环境风险的能力；在操作层面，商业银行借鉴赤道原则和 IFC 绩效标准，制定完善了绿色信贷分类标准，按照贷款对环境的影响程度将客户全部贷款分级，并与客户评级和质量分类结果关联，实现了对客户环境和社会风险的量化管理。

3. 具有标准化的审批和风险管理流程

随着新巴塞尔协议的实施，我国银行业大多已形成较为严谨的风险管理体系，在流程、技术方面更为规范，这个流程经过国际先进经验、模型

和国内信贷实践检验之后,可以提升市场投资人的可信度。在债券市场,银行无论是作为发行人还是承销商,都能够发挥增强信用、防范风险、保障收益的作用。

二、商业银行绿色债券探索实践

(一)兴业银行绿色资产支持证券(ABS)实践

兴业银行是我国最早加入赤道准则,践行绿色标准的银行,也是绿色金融业务的市场领先者。截至2015年末,兴业银行绿色金融融资余额3941.95亿元,较年初新增982.01亿元。近年来,兴业银行积极探索绿色信贷资产证券化,进行了有益尝试。

2014年9月16日,由兴业银行发起、兴业信托作为受托机构的国内首只绿色金融信贷资产支持证券——"兴元2014年第二期绿色金融信贷资产支持证券"在全国银行间债券市场成功招标,招标总额33.18亿元,投标总额82.96亿元,投标倍率为2.5倍。该信贷资产支持证券的基础资产池为兴业银行绿色金融类贷款,发行金额34.94亿元,分为优先A档、优先B档资产支持证券和次级档资产支持证券。其中优先A档发行金额为27.6亿元,评级为AAA,加权平均期限0.69年,发行利率5.1%;优先B档发行金额为3.35亿元,评级为AA/A+,加权平均期限1.88年,发行利率5.89%;次级档发行金额为3.99亿元,加权平均期限2.07年。

2015年1月16日,兴业银行招标发行2015年第一期金融债券融资300亿元,3年期固定利率,不含提前赎回和提前回售条款,债券主承销商为工商银行和交通银行,发行利率为4.95%,债券募集资金将依据法律和监管部门的批准,用于保持整体负债规模稳定、优化负债结构,主要投放于环境保护、节能减排等领域。上海新世纪资信评估投资服务有限公司综合评定,兴业银行的主体评级为AAA级,本期债券的信用级别为AAA级。该债券成为中国首只绿色金融专项债券,债券所得资金将投放于环境保护、节能减排等领域。

截至2015年底,该行已累计为众多节能环保企业或项目提供绿色融资超过8000亿元,融资余额达3942亿元,比年初增加982亿元,增幅达33%。绿色融资客户数快速增长,达6030户,较年初新增2796户,增幅达86%,业务覆盖低碳经济、循环经济、生态经济三大领域。

2016年1月5日,兴业银行成功发行总金额为26.457亿元的兴业银行绿色信贷资产支持证券。其绿色金融信贷资产支持证券基础资产池来自29个借款人的42笔贷款，全部为绿色金融类贷款，是从兴业银行贷款中严格筛选出来的优质贷款，覆盖污染治理、节能改造、资源循环利用、环保设备制造、公共设施管理等节能环保领域，项目投向符合中国人民银行近期发布的《绿色债券支持项目目录》和银监会关于绿色信贷统计相关标准要求。

兴业银行绿色证券化债券实践是重要的金融创新，是资产证券化和绿色投资领域的结合。兴业银行通过绿色债券发行，不仅降低了融资成本、扩大了银行在绿色投资领域内的领先地位和社会声誉，还充分发挥了金融机构引导资金流入可持续发展领域的中介功能，实现了资本市场和银行信贷的对接，为商业银行盘活资产，缓解期限错配，提升绿色信贷规模提供了示范效应。通过灵活运用多种金融工具，引导社会资源投向节能减排领域，为美丽中国"添绿增彩"。

（二）浦发银行承销中广核碳债券

浦发银行是国内较早参与绿色债券发行的银行，作为中广核碳收益票据承销方，对碳收益对应的收益进行了评估和测算，以确保其现金流的稳定性。

2014年5月，浦发银行主承销的国内首只碳债券——10亿元中国广核集团有限公司（简称：中广核）风电附加碳收益中期票据在银行间交易商市场成功发行。该债券收益与中广核5个风电厂形成的碳指标挂钩，将每年节约的碳指标在深圳能源交易所出售的资金作为偿付利息的一部分。浦发银行等参与方在债券发行过程中重点解决的问题主要有：一是测算中广核5个风电厂每年节约的碳指标，并请有资质的核证机构对碳指标进行核查核证；二是确保节约的碳指标能够以合理价格顺利在碳市场交易。最终碳债券的成功发行，体现了银行间市场投资人对碳交易市场和发行人附加碳收益可实现性的信心。

绿色债券概念的体现：募集资金用于风电项目，减少了碳排放，而产生的碳减排指标可以在碳排放权交易市场交易，并由此产生金融收益。该项目给投资人的收益部分包括固定收益和浮动收益两部分。固定收益是通过投资人询价确定的，浮动收益是以募集资金投放的五个风电项目产生的碳收益和碳排放权，在碳交易市场进行交易获得的碳收益，根据这个碳收益率值来决定投资人可以获得一定的浮动收益区间，也就是说如果碳排放权在交易所交易收益越高，投资人获得的浮动收益越多。交易收益低，投资人的收益也低。这些票据推出之后受到市场广泛好评。当然，碳收益相关的债券，其发展本身取决于碳交易价格和市场发展程度，但毫无疑问，这是商业银行未来可以开拓的一个新的增长点。

此案例是商业银行碳金融业务和绿色债券业务相结合的创新业务。碳金融业务具有创新性和专业性，它突破了传统银行业务对标的资产或抵质押物的要求，业务收益或担保以碳资产及其衍生品为主，扩大了业务范围；而在碳资产价值评估、碳资产交易流程及交易风险、碳资产质押操作等方面，均依赖较强的专业知识，也对商业银行提出了挑战。为适应国内碳交易市场的蓬勃发展，银行可尝试开展碳金融业务，积累专业知识和业务经验：一是寻找典型项目和企业，适时开展碳资产质押、碳资产交付保函、售碳代理服务、碳债券发行等业务试点；二是主动与试点碳交易市场联系，争取交易资金存管和资金清算等业务。

（三）农业银行双币绿色债券海外发行

近年来，人民币国际化进程加速。农业银行在开发绿色债券的同时，把握人民币国际化趋势，在伦敦市场发行双币绿色债券，开创中国银行业海外双币发行先河。2015 年 10 月 13 日，农业银行在伦敦市场同时发行以人民币、美元计价的双币种绿色债券，总计规模 10 亿美元，包括 4 亿三年期美元绿色债（年利率 2.215%）和 5 亿五年期美元绿色债（年利率 2.75%），6 亿元人民币绿色债券（年利率 4.15%）。该只债券由农银国际、巴克莱、汇丰银行、摩根大通担任联席全球协调人，并联合美银美林、摩根士丹利、高盛、渣打同富国银行担任账簿管理人。该笔债券资金投向将用于可再生能源、能源效率、可持续废物管理、绿色土地开发、清洁运输、可持续水资源管理等。三家评级机构分别给予 A1/A/A 评级。从市场反应来看，美元债券总认购规模为 40 亿美元，超额认购倍数为 4.44 倍；人民币债券认购规模为 55 亿元，超额认购倍数为 9.16 倍，获得了海外投资者青睐。

对于农业银行而言，此次发行具有几个显著收益：一是以低成本融资；二是扩大了农业银行市场影响，并树立了银行的绿色机构地位；三是促进了海外合作。中国农业银行与伦敦证交所集团签署了《绿色金融战略合作备忘录》，以此次发行绿色债券为契机，在国际市场上发行绿色债券工作常态化、机制化，持续推广绿色金融理念，扩大金融机构和客户对绿色金融认可度，为全球绿色产业发展作出进一步努力。

对于我国而言，鼓励金融机构海外发行绿色债券，不仅表明了中国对于绿色投资和绿色金融的支持，而且也推进了人民币国际化发展，打开了金融机构海外融资的新窗口。由于海外投资者日益关注绿色投资、可持续发展，并且投资期限较长，海外融资能够降低机构资金成本，缓解期限不对称风险。

（四）工商银行绿色债券发展计划[①]

2016 年，中国工商银行应邀参加贵阳生态国际论坛、中国生态文明论坛福州年会、G20 智库峰会（T20）中国启动会、联合国环境规划署金融项目（UNEP FI）和英国剑桥可持续领导力研究机构（CISL）共同举办的环境风险专家会议，与英国 Trucost 公司、德国国际合作机构（GIZ）、自然资本宣言（NCD）、G20 绿色金融研究小组等机构开展了合作交流。

工商银行的绿色发展经验体现了理念、战略、政策、操作的统一。

一是树立"绿色"发展理念和战略。2007 年以来，工商银行在同业中较早提出"绿色"发展理念，将打造国内领先、国际一流的绿色金融机构作为长期发展战略，树立绿色发展的核心价值观。

二是形成了完善的绿色信贷政策制度体系。工商银行 2014 年已印发 61 个行业信贷政策，覆盖了全行 85% 的公司贷款和国家产业政策鼓励发展的绿色经济领域。在行业投向上，鼓励和引导全行积极支持生态保护、清洁能源、节能环保、循环经济等绿色经济领域的信贷业务。同时，对企业实行名单制管理，从严控制"两高一剩"行业投放。

三是制定健全的绿色信贷分类标准。借鉴赤道原则和 IFC 绩效标准，按照贷款对环境影响程度将客户全部贷款分为 4 级、12 类，并与客户评级和质量分类结果关联，实现了对客户环境和社会风险的量化管理。

四是形成了标准化的审批和环境风险管理流程。工商银行对环境与社会风险实施全过程监控，建立健全了总分行分工负责的环保风险预警和防控工作机制，密切关注国家环保产业政策动态和相关环保风险信息，对环境与安全生产违法违规企业及时下发风险预警通知书，并建立挂牌督办企业名单，加强跟踪监测与督导，实现对环境与社会风险的全过程管理和控制。

[①] 殷红：《美丽中国需要银行力推绿色债券市场》，《上海证券报》2015 年 5 月 13 日。

五是积极探索绿色债券创新。工商银行现有 6500 亿绿色贷款，可以作为证券化支持的贷款资产进行证券化融资，满足企业项目前期的股权、债券、搭桥等资金需求。目前工商银行正在研究提供低碳企业股市债市直接融资、融资租赁服务，积极探索开发银行类碳基金理财产品、碳资产证券化、碳交易 CDS 等结构性金融工具和碳金融理财、碳交易指标代客买卖等产品，提升对绿色经济发展的支持和服务能力。

总体来说，商业银行将在机构治理体制、政策标准体系、产品服务体系、行业分类体系以及流程管理体系等各方面出台一整套措施，更好支持绿色债券市场发展。

参考文献

［1］曾刚：《推动中国绿色债券市场发展》，《当代金融家》2015 年第 10 期。

［2］王遥、曹畅：《推动绿色债券发展》，《中国金融》2015 年 10 月 16 日。

［3］秦绪红：《发达国家推动绿色债券发展的主要做法及对我国的启示》，《金融理论与实践》2015 年 12 月 10 日。

［4］潘晓娟：《绿色债券在"十三五"期间将成为资本市场新宠儿》，《中国经济导报》2015 年 11 月 11 日。

［5］马骏：《构建中国绿色金融体系》，《金融论坛》2015 年 5 月 5 日。

［6］殷红：《美丽中国需要银行力推绿色债券市场》，《上海证券报》2015 年 5 月 13 日。

［7］曹明弟、王文：《绿色债券发展前景》，《中国金融》2015 年 5 月 16 日。

［8］陈雯瑾、王虎云：《绿色债券成市场新宠》，《金融世界》2015 年 5 月 1 日。

［9］CBI. Climate Bond Initiative, "Bonds and Climate Change: the State of the Market in 2015", www. climatebonds. net

［10］CBI. Climate Bond Initiative, "Greening China's Bond Market"［R］, www. climatebonds. net

［11］ICMA. International Capital Market Association, "Green Bond Prin-

商业银行绿色金融实践

ciples，2015：Voluntary Process Guidelines for Issuing Green Bonds ", ［R］，2015 http：//www. icmagroup. org/

［12］WFE. World Federation of Exchange. "Exchanges and ESG Initiatives – SWG Report and Survey"，2015，http：//www. wfe. org/

［13］万志宏、曾刚：《国际绿色债券市场：现状、经验与启示》，《金融论坛》2016 年第 2 期。

第六章　碳金融

　　碳金融（Carbon Finance）是温室气体排放权交易以及与之相关的各种金融活动和交易总称，因所有温室气体的排放权或减排指标折合成二氧化碳当量进行交易而得名。碳金融市场既包括排放权交易市场，也包括开发可产生额外排放权（减排单位）项目的融资和交易，以及与排放权相关的各种衍生产品交易。碳金融制度基石在于温室气体减排的国际协议和国内政策，这些制度和政策使得碳减排量成为可交易的商品，而企业、金融机构则从中发掘商机，实现绿色和可持续发展。

　　我国碳金融已经有了初步发展。我国是国际上最大的清洁发展机制（CDM）的供给国，商业银行为企业提供了融资、投资、碳减排认证顾问等一揽子服务，积累了一定经验。近年来我国开始在 7 个试点省市推行碳排放权交易，并将于 2017 年建成全国统一的碳排放权交易市场。本章介绍碳金融市场的国际和国内发展状况，展望碳金融发展趋势，探讨商业银行应该如何在碳金融方面发挥更大作用。

第一节　碳金融概述

一、碳金融源起

　　碳金融起源于气候变化背景下，国际应对气候变化的政策努力以及民间的自发减排行为。

(一)《京都议定书》与碳市场发端

为了应对气候变化，联合国于1992年6月在巴西里约热内卢举行地球高峰会（Earth Summit），通过了《联合国气候变化框架公约》，并于1994年正式生效。《联合国气候变化框架公约》共26条款与2个附件，规定了2050年温室气体减排总体目标和"共同但有区别"原则，为国际因应气候变迁制订了目标、指导原则、责任义务、制度规定等。1997年12月，在京都举行的第三届缔约国大会正式提出《京都议定书》，设定了发达国家（框架公约附件一中所列国家）在2008～2012年的温室气体减排目标和各国具体目标，要求附件一国家（即发达国家）在2008～2012年期间，应降低温室气体排放至1990年的排放量再减排5.2%的水平，同时于2005年前报告减排进展情形，并规定了三种市场机制以降低各国实现减排目标的成本，即发达国家间的联合实施机制（Joint Implementation，简称JI）和国际排放权交易（International Emission Trading，简称IET），以及发达国家和发展中国家间的清洁发展机制（Clean Development Mechanism，简称CDM）。《京都议定书》给参加国规定的强制排放目标具有一定弹性。各国可以通过自身需要调整所面临的排放约束。当排放限额可能对经济发展产生较大负面影响或成本过高时，可以通过买入排放权（包括向另一个附件一国家买入AAUs或获取ERUs，和向发展中国家购买CERs）来缓解这种约束，或降低减排的直接成本。以《京都议定书》为基础，欧盟等发达国家实施总量减排计划，国际碳排放权交易就此发端。2012年多哈会议延长了附件一国家的第二阶段承诺期（2013～2020），保证了上述三种机制的延续性[①]。2015年12月，联合国大会在巴黎通过共同应对气候变化的《巴黎协议》，在总体目标、责任区分、资金技术等多个核心问题取得进展，各方同意努力将全球平均气温升幅与前工业化时期相比控制在2℃以内，并继续努力，争取把温度升幅限定在1.5℃之内，以大幅减少气候变化的风险和影响。协议还强调了各国以"自主贡献"方式参与全球应对气候变化行动。

在国家层面，各国政府纷纷出台减排目标，欧盟、英国、澳大利亚等公布无条件减排承诺，日本、加拿大、美国等则公布了有条件的减排计

---

① 澳大利亚、白俄罗斯、克罗地亚、欧盟27国、哈萨克斯坦、列支敦士登、摩纳哥、挪威、瑞士和乌克兰提交了第二轮承诺减排计划，新西兰仍是京都议定书成员，日本、俄罗斯拒绝第二轮承诺，加拿大则退出京都议定书。

划，使温室气体排放权成为稀缺资源，从而为碳排放提供了市场化定价方式。2005 年 1 月，欧盟正式启动温室气体排放交易体系（European Union Emissions Trading Scheme，简称 EUETS），这是世界上第一个基于法律约束的碳排放权交易体系，也是最大的温室气体减排交易体系。美国虽未批准加入《京都议定书》，但 2008 年由美国东北部和中大西洋各州组成的地区间温室气体动议（Regional Greenhouse Gas Initiative，RGGI）开始投入运行，在《清洁能源法案草案》中也提出了建立全国性限额交易体系的设想；澳大利亚、新西兰也先后计划实施全国性减排交易；日本东京、京都和琦玉三个城市、加拿大魁北克省等启动了地区性碳排放权交易。广大发展中国家虽然在京都议定书中未受温室气体排放限制，但中国、印度、巴西等国家也都先后签署了京都议定书，并公布了单边减排目标，中国已经开始运行地区性的碳排放交易体系，并计划在 2017 年建立全国性排放权交易市场。

（二）民间自愿减排

《京都议定书》生效和欧盟交易体系运转之前，伴随着企业和居民日益增强的环境保护意识和社会责任感，自愿减排行动开始零星发展。《京都议定书》生效后，出于对未来政策预期考虑，一些地区和企业也加入减排行动和交易中，如澳大利亚悉尼期货交易所、美国芝加哥气候交易所的排放权衍生品交易、日本的自愿减排 ETS 交易，航空公司面向旅客推出的碳补偿计划，汇丰银行等实现零排放的碳"中和"行动等。但由于缺乏制度和法律约束，自愿交易规模较小，发展缓慢，一些市场逐步被正规交易体系取代。据不完全统计，2011 年其交易量仅占全部碳交易约 0.1%，2012 年交易量仅 1 亿吨二氧化碳，2013 年约 0.67 亿吨。本书仅针对政策和法律约束的"规则市场"及其相关金融活动——狭义碳金融市场进行分析。

二、市场体系

（一）市场类型和分布

国际碳金融市场按照交易的原生产品（温室气体排放权）来源可分为基于配额的市场（Allowance - based Markets）和基于项目的市场（Project - based Markets）。

基于配额的市场又称限量—交易（Cap and Trade），即由管理者制定总的温室气体排放权配额（通称为碳配额）进行分配，被约束对象根据自身需要进行排放权配额买卖。一级市场涉及原始排放权分配，通常由政府在不同企业和部门之间进行拍卖和无偿分配，而在二级市场履约主体可以转让与交易初始配额和使用规模之间的差异。2014 年，全球有 14 个基于配额的排放权市场，包括 1 个跨国市场（欧盟 ETS），4 个全国性交易系统（瑞士、澳大利亚、新西兰、哈萨克斯坦），13 个地区性市场（美国 RGGI 和加州碳交易，加拿大魁北克省交易体系，中国的 7 个试点省市碳排放交易所和日本的 3 个城市），韩国计划启动全国性的交易，全球约 13 个国家或区域市场正在筹划或筹备。

基于项目的市场（Project – based Markets）又称基准—交易（Baseline and Trade），即规定一定排放量基准（通常是单位产出的排放量——碳排放强度），低于基准排放水平的项目经过认证可获得核准减排单位（以下简称碳信用）。受排放配额限制的国家或企业，可通过购买这类减排单位来应对其面临的排放约束，即抵消（Offset）。这类交易主要涉及具体项目的开发，最为典型的是发达国家与发展中国家之间的清洁发展机制（CDM）和发达国家之间的国际联合实施 JI 机制交易项目，中国、印度和巴西是项目市场的最大供给者。

配额市场由于总供给数量一定，因此配额具有一定稀缺性，通过对未能履约的企业施加惩罚，配额市场实际可确定排放权价格的上限；而项目市场主要通过抵消机制同配额市场关联，价格整体受制于配额市场价格。总体来说，配额市场交易规模远大于项目市场，并发挥着价格主导作用。2013 年，全球配额碳市场交易总量约 104.2 亿吨，交易总额约为 549.08 亿美元，与之相对应，2005～2013 年项目市场累计核准减排量约 22 亿吨，2014 年二级 CER 市值估计不到 3 亿美元。

（二）市场参与者

碳排放权市场参与者包括组织管理机构、监管机构、市场服务机构和市场交易者。组织管理机构主要包括联合国以及欧盟委员会等国际组织、各成员国政府、地区政府以及交易所，其负责市场管理和交易组织实施。监管机构主要包括排放交易市场的主管部门、注册登记管理系统以及碳排放核查审计机构，负责对碳交易过程中实际排放量、配额转移情况和交易实施过程进行监督和管理。市场服务机构主要包括清算机构、信息和技术服务机构，负责为碳交易提供政策、金融、平台技术等领域的专业服务。

在二级市场交易碳配额和碳信用的主体，主要包括受约束的企业（即责任主体）、产业投资机构以及金融投资者，后者试图利用价格差异获取利润，包括金融机构、企业和非金融中介。

根据购买碳排放权主体用途不同，大致可以将国际碳市场参与者分为最终使用者、中介以及供给者三大类，涉及受排放约束的企业或国家、减排项目开发者、咨询机构以及金融机构，等等（见图6-1）。

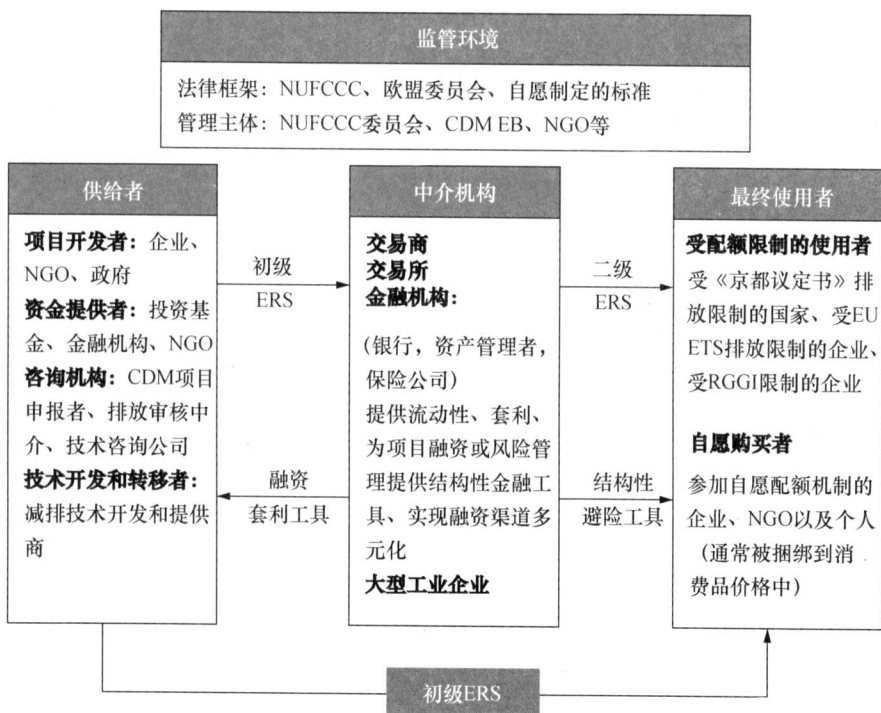

图6-1 国际碳金融市场的参与者

排放权的最终使用者是面临排放约束的企业或国家，包括《京都议定书》约束下的附件一国家，欧盟排放体制约束下的企业以及自愿交易机制参与者，等等。这些最终使用者会根据自身情况购买排放权配额或能起到相同作用的减排单位，以确保达到监管要求，避免遭到处罚。

最终使用者对配额体系之外的减排单位的需求推动了项目交易市场发展，并吸引了各种企业和机构的参与。在原始排放单位市场上，项目开发者或独立或联合起来进行减排项目的开发；各种投资基金积极寻求机会，或直接投资于某个具体项目，或购买某个项目的原始排放单位；技术开发或转让者专门从事减排技术研究，向项目开发商提供可达到减排目标的技术；金融机构通过运用结构性工具为项目融资，或对冲项目所涉及的风险；监管者负责制定减排单位的认证标准和程序，并对所申报项目进行审核；受监管者制定的特殊中介机构则负责项目申报，并对项目实际排放情况进行定期核实，等等。

已发放的减排单位可以进入二级市场交易（各种气候交易所）。在二级市场中，金融机构（包括商业银行、资产管理者以及保险公司等）扮演着重要角色，如，促进市场流动性的提高；提供结构性产品来满足最终使用者的风险管理需要；通过对远期减排单位提供担保（信用增级）来降低最终使用者可能面临的风险；等等。

（三）交易工具与交易方式

温室气体排放权以及与排放权相关的远期、期权是最主要交易工具。基础产品是各种排放权或减排额度指标，均实现标准化计量，即以吨二氧化碳当量为单位。根据《京都议定书》建立的 IET 市场交易配额排放单位（Assigned Amount Units，简称 AAUs）；欧盟排放权体系（EU ETS）从事欧洲排放许可（EUAs）的相关产品交易；原始 CDM 市场上交易的是原始核证减排量（pCERs），二级市场上交易二级核证减排量（sCERs）；联合实施机制（JI）产生减排单位（Emission Reduction Units，简称 ERUs）；自愿市场则交易自行规定的配额或确认减排量（VERs）相关产品。《京都议定书》框架下的三类排放（减排）单位 AAUs、CERs 和 ERUs 可在国家层面互通，欧盟 EUETS 也规定了其他减排单位，如 CERs 可在一定条件下在欧盟交易体系内用于履约，从而实现了市场之间的互联互通。

由于排放权涉及不同年度，因此对未来年度的排放权交易（期货交易）也是交易重点，围绕基础排放权和"碳信用"产生了众多衍生产品，主要是排放权的期货和期权交易，此外还有在各市场间利用价差套利的互换工具，等等。投资银行和商业银行发行了与碳排放权挂钩的结构性投资产品，或实现以碳排放权为抵押的贷款证券化，绿色气候基金发行了相关融资债券，金融机构和保险公司开发了可降低碳排放权的交付风险的履约担保或保证保险品种等，2013 年以来基于结果（Result – based Finance）的碳融资也开始兴起。

专栏 6-1：主要碳金融衍生产品

1. 应收碳排放权的货币化

原始 CDM 交易属于一种远期交易，其回报来自项目成功后所获减排单位的转让。这意味着在此期间，对减排项目的投资或贷款缺乏流动性。为提高流动性，目前有些减排项目协议允许投资者或贷款人将其未来可能获得的减排单位证券化。不过，由于各国在该方面的法规都接近于空白，这种证券化还未大规模开展。

2. 碳排放权交付保证

在原始 CDM 交易中，由于项目成功具有一定不确定性，这意味着投资人或借款人会面临一定风险。在这种情况下，投资人或借款人有可能大幅压低原始项目价格，这对促进减排项目发展不利，而且也可能扼杀一些有前景的盈利机会。为此，一些金融机构，包括商业银行和世界银行下属的国际金融公司（IFC）为项目最终交付的减排单位数量提供担保（信用增级）。这有助于提高项目开发者收益，同时也降低了投资者或贷款人风险。

3. 套利交易工具

不同碳金融市场上交易的工具有所不同，且市场存在一定价差。由于所涉及的减排量相等，认证标准相同且同属一个配额管制体系的减排单位（如 EUAs、CERs 和 ERUs）之间的价差及其变化，无疑会产生一定的套利空间。正因为此，过去一段时间，利用市场价差进行套利的工具有了较快发展，其中包括：CERs 和 EUAs 之间，以及 CERs 与 ERUs 之间的互换交易；基于 CERs 和 EUAs 价差的价差期权（Spread Option），等等。

4. 保险/担保

项目交易中存在许多风险，价格波动、不能按时交付以及不能通过监管部门的认证，等等，都可能给投资者或贷款人带来损失，因此需要保险或担保机构的介入，进行必要的风险分散，针对某种特定事件可能造成的损失，向项目投资人提供保险。

5. 与碳排放权挂钩的债券

在过去几年，投资银行和商业银行开始发行与减排单位价格挂钩的结构性投资产品，其支付规模随减排单位价格波动而变化。在这些结构性投资产品中，有些挂钩的是现货价格（无交付风险），有些挂钩的是原始减排单位价格（包含交付风险），有的则与特定项目交付量挂钩。

从交易方式看，场内交易逐步成为主要方式。配额市场的排放权交易主要在交易所内进行，而项目交易如 CDM 的减排单位（CER）早期多数在场外交易，但后者流动性差且风险较大，参与者面临较大的信息不对称和信用风险，一些交易所因此开发了相关期货和期权产品以规避风险。当前，欧洲洲际交易所（ICE）是碳排放权交易量最大的交易所，占欧洲市场 85% 的场内交易份额，交易的品种包括 EUA 现货、期货和 CER 期货、期权等，其 DTC 市场还提供北美地区碳排放产品的交易服务，包括加州碳交易体系的加州碳配额（CCA）、美国东北部区域碳减排计划（RGGI）的排放配额等，衍生品交易数量是排放权基础产品的数倍，此外还有欧洲能源交易所 EEX，北欧电力交易所等。中国 7 个试点省市交易所交易的是排放权现货产品。场内交易为实现碳排放权交易的标准化、规范化和融合提供了良好基础。

三、碳金融市场发展意义

碳金融市场的发展，体现了理念创新、制度创新、技术创新和金融创新的结合，从无到有创造出了具有巨大发展潜力的市场，实现了资源的有效配置，为应对气候变化提供了良好机制。

第一，降低了排放成本，减少了全球温室气体排放。以目前运行时间最长的欧盟碳排放交易体系为例，根据欧洲环境保护署发布的温室气体排放报告，欧洲排放交易体系的实施，使原欧盟 15 国 2007 年温室气体排放量比 2006 年减少 1.6%，与 1990 年基准年相比减少了 5%。在 2005 年至 2007 年第一个阶段实施结束后，已完成欧盟减排目标的 60%，大大超过当初预定的 45% 目标。此外，原欧盟 15 国在完成到 2012 年的温室气体减排目标的同时，排放贸易机制使欧盟实现减排目标成本减少 35%，通过在减排成本更低的发展中国家实施减排，不仅带动了环境保护投资，也改善了环境成本。2010 年 5 月，欧盟完成的一份全面评估表明，2008 年经济危机以来，欧盟到 2020 年减排 20% 的经济成本已由每年 700 亿欧元降低到 480 亿欧元。

第二，为发展中国家和新兴经济体提供了资金和技术支持，有助于增长和环境保护的共赢。以清洁发展机制为例，涉及 155 个国家，投资金额约 1300 亿美元，共登记注册 7000 多个项目，实现了约 1400mt 的二氧化碳减排量，带动了发展中国家风能、水电、生物能源的技术投资和进步，主要项目和核准减排量来自中国（50%）、印度（20%）和巴西（4%），碳信用贸易呈现出南北互补特征。2008～2012 年，欧盟从购买 CER 中节约的减排成本约合 4 亿～20 亿欧元。

第二节　全球碳金融市场发展与趋势

2005 年《京都议定书》正式生效之前，碳排放权相关交易以自愿交易为主，整体规模小。2005 年以欧盟 ETS 启动为标志，国际碳金融市场发展序幕正式拉开，随后以 2012 年（《京都议定书》第二轮签约承诺截止期）为分界线，大致经历了两个阶段。第一阶段，欧盟排放权市场的建立推动了全球碳交易的活跃，2005 年全球碳金融市场交易总额为 100 亿美元左右，到 2009 年快速增长到 1400 多亿美元，受国际金融危机持续和全球应对气候变化政策不明朗的双重因素影响，碳市场发展开始放缓。2012 年《京都议定书》第一期承诺期到期后，多哈谈判并未取得实质进展，加上欧盟第三阶段开始配额供应严重过剩，国际排放权价格大幅下跌，全球成交金额萎缩，2012 年、2013 年分别为 850 亿美元和 550 亿美元左右。但 2013 年出现了一些可喜变化，中国推出了 7 个试点城市碳排放权交易，巴西、智利、印度等国也在考虑筹建全国性的碳放权市场，北美区域减排计划 RGGI 改革后重新激活了市场活力，2014 年中美达成协议，承诺总量减排，并将推动 2015 年巴黎气候大会协商，全球碳金融市场可望迎来发展新时期。

根据联合国环境署主导的投资组合脱碳联盟（Portfolio Decarbonization Coalition）数据，2015 年底已有 6000 亿美元投入碳减排项目，是原来目标的 6 倍。

一、发展特点和趋势

（一）排放权交易数量日益扩大

随着各国减排计划的逐步推进和实施，碳排放权交易数量稳步增加。2008～2012 年，排放权成交数量从年 31.08 亿吨二氧化碳增加到 107 亿吨，增长 3 倍，2013 年回落到 92 亿吨。从成交金额看，2005 年，碳金融市场规模约 100 亿美元，2008 年迅速增长到 1260 亿美元，2011 年达到高峰 1760 亿美元，此后受欧盟市场低迷影响，2012 年成交量下跌将近 50%，2013 年以来进一步萎缩。

（二）结构性不平衡日益明显

1. 配额市场的分配和成交量远远超过项目市场

从碳配额初始分配和发布看，2005～2013 年，项目市场累计 CER 和 ERU 签发数量不到 16 亿吨，而欧盟仅 2010 年就分配了 44.1 亿吨碳排放额度，虽然 2013 年以后欧盟碳排放年度上限降低到 20.1 吨，但配额市场的供给主导了全球碳基础产品的供给。从成交量看，配额市场也远远超过项目市场，配额市场占全部成交份额比重 2005 年为 72.7%，随后迅速上升到 2011 年的 85%，显示出规则市场的巨大发展动力。

2. 欧盟在碳市场交易中独领风骚

欧盟交易体系占配额交易体系超过 90% 的份额，大量二级 CER 单位也在欧洲市场交易，因此成为全球碳交易的风向标。2013 年，欧盟碳市场总交易量约 102.6 亿吨，交易额约 528.49 亿美元，其中 EUA 交易量 86.5 亿吨，约 523.48 亿美元，CER 交易量 7.09 亿吨，交易额约 4 亿美元；ERU 交易量约为 9 亿吨，交易额约为 1.02 亿美元。中国自 2013 年至 2015 年 6 月累计成交 2000 多万吨，交易金额为 12 亿元人民币，尽管成为全球第二大碳交易市场，但还不到欧盟年度成交量的万分之一，成交金额的 2%。

表 6-1 主要配额市场分布（2015）数据

	温室气体配额（亿吨）	覆盖率	链接与抵消
欧盟 ETS	22.5	45%	CER 和 EUA
中国（7 省市合计）	11	40%～60%	CEER（5%～10%）
哈萨克斯坦碳交易	1.68	50%	
加州碳计划	1.63	35%（2015 年 85%）	
RGGI（美国）	0.83	20%	CERRGGA
新西兰碳排放系统	0.32	50%（2015 年 100%）	NZU
魁北克交易系统	0.23	30%（2015 年 85%）	

资料来源：根据各交易所公开信息整理。

3. 碳交易产品价格变动剧烈

主要碳交易产品价格经过剧烈下跌后逐步回暖，政策风险和机制设计对价格影响较为明显。作为全球新兴的金融市场，碳市场创立之初的结构性不平衡产生了较大的市场风险和价格风险，欧盟政策和市场交易机制对全球碳信用的价格产生了较大影响力，并影响着全球项目市场的进展。

欧盟碳交易体系经历了三阶段运行。2005~2007 年 ETS 试运行期间，EUA 价格一度从 8 欧元上升到超过 30 欧元每吨，随后由于初始配额过度及不允许排放权储存等制度缺陷，2007 年 10 月份开始，2007 年到期的 EUA 品种价格出现大幅下跌，一度接近零，2008 年到期的 EUA 价格则在 15~25 欧元震荡，欧盟交易体系正式运行后，2008 年到期的 EUA 价格在 2008 年 5 月冲到 33 欧元高位。然而，2008 年下半年遭遇金融危机，市场流动性紧张、能源价格下跌以及企业生产下降导致的排放需求下降，连同企业抛售多余排放权以改善财务状况导致的供给增加，使得全球排放权市场价格从高位一路下跌，EUA 价格从 30 欧元左右快速下跌超过 75%，2009 年 2 月配额价格到 8 欧元，随后经济企稳回升加上流动性恢复，促使市场出现反弹，2009~2011 年维持在 16 欧元附近。然而，欧盟委员会估计在 EUETS 第三阶段开始 EUETS 的过剩配额将达到 15 亿~20 亿吨，供求失衡导致价格进一步下挫，2013 年以后跌至 5 欧元左右。2008~2014 年的价格走势如图 6-2 所示。

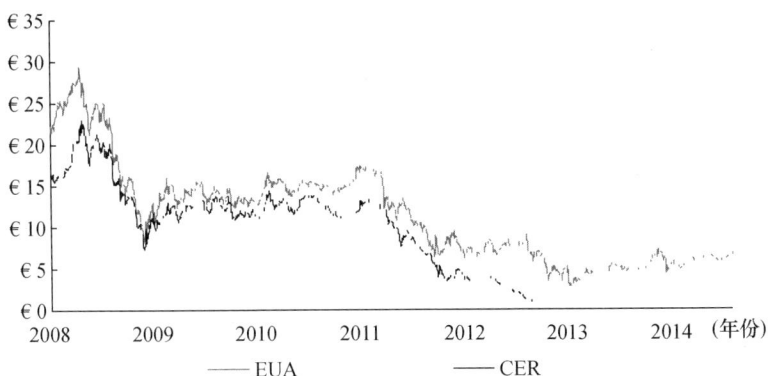

图 6-2 欧盟 EUA 和 CER 价格走势

2013 年以来，面对市场低迷，一些国家和地区寻求通过完善交易机制设计对碳配额价格加以支持。2012 年 11 月，欧盟委员会提出包括"折量拍卖（Backloading）"、提高减排目标、提高年度减排系数在内的 6 项结构性改进措施。"折量拍卖"计划是指推迟拍卖 2013 年到 2015 年共 9 亿吨 EUA，并于 2019 年至 2020 年间分两个阶段返还给市场，即将配额拍卖时间后移，以减少短期配额供给，提升市场价格。2013 年 12 月"折量拍卖"计划在欧洲议会投票中获得通过，欧盟 EUA 价格有所回暖，从 2013 年最低 3 欧元逐步回升到目前 6 欧元。新西兰通过限制使用国际减排单位规模支持价格，2013 年 9 月法案规定抵消上限为 50%，增加了新西兰配额单位（NZU）的履约需求和市场价格，NZU 价格因此从 3.8 新西兰元回升到 5 新西兰元左右；北美的 RGGI 也进行了改革，削减了 45% 的配额总量，并规定随后各年递减，支持了市场价格回暖，目前二级市场价格约在 12 美元/吨。

整体来看，2012 年以来项目市场碳信用持续受到政策不确定性影响而大幅下跌（见图 6 - 2），EUA_ CER 的价差进一步扩大，原因在于京都议定书第一阶段承诺期到期，主要国家未能达成进一步共识，全球碳交易前景不明朗，而欧盟等排放体系削减了使用国际减排单位抵消的规模和幅度，因此项目市场价格始终在低位徘徊，CER 价格几乎跌至 0.1 欧元，目前不足以支付项目注册和签发成本，导致相应的 CDM 机制陷入停顿。

（三）碳金融市场基础设施建设不断完善，市场融合加快

1. 基础设施不断完善

经过 10 年发展，各主要市场均建立了完善的监测、报告和核查体系制度（MRV）和高效安全的登记注册系统，为碳排放交易提供了技术保障，也成为市场间融合和链接的平台。欧盟碳排放交易体系通过数年运作，已建立庞大的数据库；美国环保署（EPA）于 2009 年出台了基于工厂层面的强制性温室气体报告制度，范围涵盖 31 个工业部门和种类，覆盖全国约 85% 的六种温室气体排放，覆盖了全美 8000 多家排放企业；2013 年起中国也开展了系统性的 MRV 制度建设。这些管理制度和基础数据的建立与完善为开展碳排放交易提供了充分支持，并为统一监管提供了基础。

2. 市场逐步开始融合

抵消和关联机制增加了碳指标的替代性和流动性，促进市场融合。《京都议定书》规定通过清洁发展机制（CDM）或联合履约机制（JI）形成的减排量，可以在配额市场使用，为提高市场交易产品的流动性提供了制度基础。欧盟建立了 CER 指标与 ERU 指标的抵消关系①，同意 EUETS 和已批准《京都议定书》的国家进行链接，2008 年欧盟注册交易平台（Community Independent Transaction Log，CITL）实现了和联合国国际交易日 ITL（Independent Transaction Log）的对接，从技术上扫清了各种减排指标的登记、注册和流通交易障碍，大大促进了市场融合。截至 2014 年 10 月，欧盟、瑞士、新西兰、澳大利亚已经建立起 CDM 和 JI 抵消机制。韩国、RGGI、加州、魁北克、中国各交易所也建立了本国范围内的抵消机制，魁北克和加州交易系统还建立起关联，相互承认对方的碳配额，并且等价交易，分散的碳金融市场出现融合迹象。

回顾碳金融市场近 10 年历程，从无到有飞速发展，规模日益增大，交易体系覆盖面更加广阔。然而仍存在结构性不平衡，呈现市场分割、价格剧烈波动等现象，市场远未成熟。归根结底，碳金融市场很大程度并非自下而上地产生于市场需求，而是自上而下由国际协议和各经济体环境立法创造的"合规"市场。在这一市场上，尽管短期冲击会造成市场的反复，但真正影响市场的是政策前景和预期交易机制与惩罚机制等。长期来看，政府需要释放清晰合理的信号，引导市场预期和行为。

二、后京都时代国际碳金融市场展望

（一）全球经济复苏前景制约了碳金融市场的短期走势

与其他商品市场类似，碳交易市场发展与经济发展密切相关。金融危机期间，主要发达国家出现大规模经济衰退和工业生产下滑，致使排放权需求量萎缩；而经济衰退同时也加大了治理污染的相对成本，妨碍了一些新建投资和项目实施；加上国际基础能源产品价格大幅下跌带动了碳交易市场产品价格下跌。当前，全球经济复苏态势尚不明朗，日本和欧洲仍为避免经济衰退绞尽脑汁，经济形势低迷使得上述地区碳排放相关投资和能源替代进程放缓，同时也为发展中国家减排带来了机遇。另一方面，全球持续宽松的货币环境为碳金融市场的发展提供了空间，二级市场交易温和回暖，将推动在低成本国家进行项目投资，一定程度缓解经济不景气对碳

---

① 为避免来自项目的减排额度冲击市场正常运作，欧盟为进口外部指标设置了一定条件，包括对项目来源的限制和指标总量限制等。

市场的影响。

（二）国际碳金融市场将迎来全面发展和整合的新时期

第一，主要经济体的态度和政策日趋明朗，特别是中美公布减排承诺将极大推动单边行动的覆盖范围，为局部碳市场发展奠定法律和制度基础。

当前，主要碳排放经济体均公布了减排计划和目标。欧盟 2014 年 10 月秋季峰会就《2030 年气候与能源政策框架》达成一致，计划到 2030 年比 1990 年减少 40% 的温室气体排放，将绿色能源在能源使用总量中的比重提升至 27%，有可能达到 30%。中国于 2014 年 9 月正式公布《2014 ~ 2020 年国家应对气候变化规划》，提出单位 GDP 的二氧化碳排放比 2005 年下降 40% ~ 45%，非化石能源占一次性能源消耗比重达到 15% 的目标。2014 年 11 月 12 日，在 APEC 峰会上，中美联合发布减排公告，中国宣布争取 2030 年达到二氧化碳排放峰值，实现非化石能源占一次性能源消耗比重达到 20% 的目标，而此前一直未作出总量承诺的美国，也提出到 2025 年温室气体排放较 2005 年整体下降 26% ~ 28% 的减排目标，双方声明将努力推动联合国气候变化巴黎会议取得的实质成果。至此，全球碳排放量最大的三个经济体均公布了明确的减排计划，加上此前已经有明确自主减排承诺的英国、巴西、俄罗斯、印度、日本等，各国减排政策日趋明朗，承诺减排的国家已经占全球碳排放的 90% 以上。毫无疑问，随着越来越多国家加入减排承诺阵营，全球合作也有望进一步推进。

第二，全球层面减排政策合作可能迎来升温期。

后危机时代，伴随美国和中国政策的明朗化，全球碳排放市场有望改变以往基于单边行动，各自为政局面，出现合作升温迹象。截至 2015 年 10 月 1 日，147 个联合国气候变化框架公约缔约方提交了国家自主贡献。也就是说，有大约 3/4 的缔约方提交了国家自主贡献，这些国家温室气体排放量占全球排放总量 80% 以上。可以说，在国际社会应对气候变化进程中，各国携手开展行动已然成为主旋律，是大势所趋。从 2015 年联合国巴黎会议达成的协议看，《巴黎协定》在总体目标、责任区分、资金技术等多个核心问题上取得进展，各方同意努力将全球平均气温升幅与前工业化时期相比控制在 2℃ 以内，并继续努力、争取把温度升幅限定在 1.5℃ 之内，以大幅减少气候变化的风险和影响。此外，协定承认各国共同但有区别的责任，规定发达国家应为协助发展中国家在减缓和适应两方面提供资金资源。将"2020 年后每年提供 1000 亿美元帮助发展中国家应对气候变化"作为底线，提出各方最迟应在 2025 年前提出新的资金资助目标。巴黎会议意味国际合作未来将进一步强化，其建立的评估盘点机制将有助于实质性推动碳金融市场发展。

当然，国际合作进程中必然伴随着国际利益的冲突与博弈。例如，如何确定"有区别的责任"，怎样对发展中国家的碳排放进行限制？在第五次 IPCC 报告中，使用了全球排放上限概念，如果实现统一的碳排放交易体制，如何设定各国的排放配额，如何设定统一的监管制度？这些问题仍未解决。巴黎协议虽然通过，但距离 2016 年 4 月 22 日提交联合国最终签署还有时日，且最终还需占全球碳排放 55% 以上的 55 个国家提交批准文件后正式生效，前路并非坦途，因此碳金融市场的发展很大程度仍是各国的自愿行动。尽管如此，相信全球气候变暖这一人类发展面临的共同威胁将使全球最终走上合作之路，国际碳金融市场或许将很快进入更快发展阶段。

第三，国际碳排放权市场的整合可能提速，但全球碳交易主导权争夺也将趋于激烈。

目前，国际碳金融交易仍存在一定程度的市场分割，但主要碳交易市场基础设施建设，特别是 MVR 机制已经相对完善，大大提高了"碳信用"的标准化程度，市场之间的关联（欧盟和其他国家之间的关联、加州碳市场和魁北克交易所的关联）也便利了"碳信用"的国际流通，技术已经不存在较大障碍。随着各国政策的日趋明朗，全球碳减排市场有可能加速区域整合，进一步发挥规模效应和网络效应，增加流动性，防止价格过度波动，降低企业减排成本。

欧盟一直在致力推动全球排放交易系统整合。欧盟委员会在 2010 年曾公布一个雄心勃勃的整合计划，建议到 2015 年建立一个 OECD 范围内的碳市场，到 2020 年囊括所有大型碳排放者，从而建立起一个统一的全球性碳市场。如果 2016 年中国启动全国性碳交易市场，从规模和涉及范围看，未来很可能形成中国与欧盟排放权体系分庭抗礼的局面，如果美国气候立法框架日趋明晰，中、美会对国际碳金融领域欧盟独大的局面构成持续挑战。短期内，三地可能会各自独立运行，但长远看，市场链接和竞争将可能改变碳金融市场的世界格局。

总之，国际碳金融市场的发展，高度依赖于全球应对气候变暖的政策合作，也依赖于全球经济和金融的发展前景。虽然道路曲折，但在全球发展低碳经济、促进节能减排大趋势下，碳金融市场终将迎来光明的未来。

第三节　中国的碳金融发展

从 1990 年开始，中国正式把应对气候变化列为政府重要工作之一，经历了 20 多年的政策演进，最终把建立统一的碳市场作为应对气候变化主要工具。在此期间，中国主要通过参与国际清洁发展机制和自愿减排交易，使碳市场萌芽发展。2011 年以来，一系列政策为中国碳市场的发展指出了明确方向，通过发展 7 省市试点碳排放权交易，为 2017 年建立全国统一的碳排放权市场提供了经验。

一、中国的低碳政策

20 世纪 90 年代伊始，中国就把应对气候变化列为政府的重要工作，并于 1992 年成为《联合国气候变化框架公约》的缔约国之一。1990 年至今，中国政府应对气候变化的政策与行动已经有 25 年，大致经历了三个阶段，最终明确了建立中国碳市场的政策目标。

（一）参与国际应对气候变化行动

1998 年，中国设立了国家气候变化对策协调小组，作为部门间的议事协调机构。由国家发展计划委员会牵头，成员由国家发展计划委员会、国家经贸部、科技部、国家气象局、国家环保总局、外交部、财政部、建设部、交通部、水资源部、农业部、国家林业局、中国科学院以及国家海洋局等部门组成。日常工作由国家气候变化对策协调小组办公室负责。

1998 年，中国签署并在 2002 年批准了《京都议定书》。2002 年，在中国共产党的第十六次代表大会上，构建和谐社会与和谐世界的总体战略中纳入了应对气候变化问题。2003 年 10 月，经国务院批准，新一届国家气候变化对策协调小组正式成立。协调小组成员单位财政部、商务部、农业部、建设部、交通部、水利部、国家林业局、中国科学院、国家海洋局和中国民航总局均派出有关负责同志担任协调小组成员，并指定本部门联络员。根据协调小组有关分工，国家发展和改革委员会牵头负责有关应对气候变化对策的总体协调工作，外交部牵头负责有关气候变化的对外谈判工作，中国气象局牵头负责有关政府间气候变化专门委员会工作。2004年11月9日，《中华人民共和国气候变化初始国家信息通报》正式发布，通报了国家温室气体清单及适应与减缓气候变化相关政策措施。并于2004年12月在《联合国气候变化框架公约》第10次缔约方大会上，中国向《联合国气候变化框架公约》秘书处正式提交了该通报。

（二）推动国内低碳经济发展

2005年到2009年，中国政府开始进一步推进国内应对气候变化的低碳经济发展。

2005年10月12日，国家发改委、科技部、外交部、财政部联合制定了《清洁发展机制项目运行管理办法》。2006年12月26日，中国第一部《气候变化国家评估报告》发布，这是我国编制的第一部有关全球气候变化及其影响的国家评估报告。该报告系统总结了我国在气候变化方面的科学研究成果，全面评估了在全球气候变化背景下中国近百年来的气候变化观测事实及其影响，预测了21世纪的气候变化趋势，综合分析、评价了气候变化及相关国际公约对我国生态、环境、经济和社会发展可能带来的影响，提出了我国应对全球气候变化的立场和原则主张以及相关政策。2007年6月，中国发布了《应对气候变化国家方案》，这是发展中国家在该领域的第一部国家方案。本方案明确了到2010年中国应对气候变化的具体目标、指导思想、基本原则、重点领域及其政策措施。其中提出的中期减排目标是：2010年前，减少10亿吨温室气体排放，这个指标占《京都议定书》中所有附件一国家在2012年前减排总量的1/5。该方案把开发新能源及节能减排新技术等作为应对气候变化的重点领域。

2007年6月14日，科技部、发展改革委等14个部委公布了《中国应对气候变化科技专项行动》，目的是全面提升我国应对气候变化的科技能力。2008年10月，发表了《中国应对气候变化的政策与行动》白皮书，介绍了气候变化对中国的影响、中国减缓和适应气候变化的政策与行动，以及中国为此进行的体制机制建设。2009年5月20日，中国政府公布了有关哥本哈根气候变化会议立场文件，阐述中国关于哥本哈根会议落实巴厘路线图的立场和主张，表明中国积极、建设性推动哥本哈根会议取得积极成果的意愿和决心。

2009年9月，胡锦涛主席在联合国气候变化峰会上提出了中国今后应对气候变化的具体措施：加强节能、提高能效，争取到 2020 年单位 GDP 的 CO_2 排放比 2005 年有显著下降；大力发展可再生能源和核能，争取 2020 年非化石能源占一次能源消费比重达到 15% 左右；大力增加森林碳汇，争取到 2020 年森林面积比 2005 年增加 4000 万公顷，森林蓄积量比 2005 年增加 13 亿立方米；大力发展绿色经济，积极发展低碳经济和循环经济，研发和推广气候友好技术。

2009 年 11 月 25 日，温家宝总理在国务院常务会议上，做出到 2020 年中国碳排放强度比 2005 年下降 40% ~45% 的承诺。

（三）建立中国碳市场试点和统一的碳市场

2010 年以来，中国政府把绿色低碳可持续发展作为经济发展方式转变方向，把碳减排作为约束性指标纳入五年规划，明确提出建立碳市场，将碳减排目标分解下放到各个省区市，并积极筹划区域碳交易试点。

2010 年 7 月 19 日，国家发展改革委下发《关于开展低碳省区和低碳城市试点工作的通知》，确定广东、辽宁、湖北、陕西、云南五省和天津、重庆、深圳、厦门、杭州、南昌、贵阳、保定八市开展试点工作，提出"研究运用市场机制推动控制温室气体排放目标的落实"，开始了使用碳市场作为碳减排工具的探索与研究。2010 年 9 月 27 日，国家发展改革委下发《国家发展改革委办公厅关于启动省级温室气体排放清单编制工作有关事项的通知》，要求各省、自治区、直辖市启动省级温室气体 2005 年清单编制工作。国家发展改革委气候司选择了陕西、浙江、湖北、云南、辽宁、广东和天津，作为省级温室气体清单编制的 7 个试点地区，进一步加强和完善温室气体排放统计体系建设，为中国碳市场的构建奠定基础。

2011 年 3 月 16 日，中国政府正式发布《中华人民共和国国民经济和社会发展第十二个五年规划纲要》，在低碳发展方面最重要的推进是，把节约资源和保护环境作为基本国策，在国家五年发展规划主要目标中第一次提出降低 CO_2 排放量的指标，即单位国内生产总值 CO_2 排放降低 17%，这是一个必须完成的约束性指标。其中，中国政府首次正式提出"逐步建立碳排放交易市场"。

2011 年 8 月 31 日，国务院发布《"十二五"节能减排综合性工作方案》，其中明确提出"推进排污权和碳排放权交易试点。完善主要污染物排污权有偿使用和交易试点，建立健全排污权交易市场，研究制定排污权有偿使用和交易试点的指导意见。开展碳排放交易试点，建立自愿减排机制，推进碳排放权交易市场建设"。2011 年 11 月 14 日，国家发改委在北京召开了国家碳排放交易试点工作启动会议，北京、广东、上海、天津、重庆、湖北和深圳被确定为首批碳排放交易试点省市。此后，中国国内碳交易市场建设的两个维度（地方碳交易试点和国家级碳交易市场）均取得了突破性进展。一方面，深圳、上海、北京、广东、天津和湖北等碳交易试点先后正式启动交易，使中国一举成为碳排放配额规模全球第二大碳市场；另一方面，国家发改委正式启动自愿减排项目的申报、审定、备案、签发等工作流程。此外，国家发改委公布的 10 个行业温室气体排放核算指南及国家登记系统建设取得进展等，都为建设全国统一碳市场打下良好基础。

二、中国清洁发展机制 CDM 现状

中国作为《联合国气候变化框架公约》的非附件一国家、《京都议定书》的非附件 B 国家，没有受国际社会的强制量化减排要求，因此中国碳金融最早实践，主要是通过清洁发展机制（CDM）参与国际碳市场。

根据《京都议定书》，发展中国家通过实施清洁发展机制项目所实现的核证减排量（CER），可用于发达国家完成《京都议定书》规定的强制量化碳减排承诺，因此中国是作为减排量的供应方参与温室气体排放交易，清洁发展机制为中国引进先进技术和资金，实现社会与环境协调发展提供了机遇。

（一）政策规范

国家高度重视清洁发展机制。2004 年 7 月 1 日，中国颁布了《清洁发展机制项目运行管理暂行办法》，提出清洁发展机制项目实施的优先领域、许可条件、管理和实施机构、实施程序以及其他相关安排，并于 2005 年 10 月 12 日开始实施，2011 年 8 月 3 日，修订后的《清洁发展机制项目运行管理办法》取代了原来的管理暂行办法。

国家设立清洁发展机制项目审核理事会。项目审核理事会组长单位为国家发展改革委和科学技术部，副组长单位为外交部，成员单位为财政部、环境保护部、农业部和中国气象局。中国境内的中资、中资控股企业作为项目实施机构，可以依法对外开展清洁发展机制项目合作。

《清洁发展机制项目运行管理办法》规定，清洁发展机制项目因转让温室气体减排量所获得的收益归国家和项目实施机构所有，其他机构和个人不得参与减排量转让交易额的分成。国家从清洁发展机制项目减排量转让交易额收取的资金，用于支持与应对气候变化相关活动，由中国清洁发展机制基金管理中心根据《中国清洁发展机制基金管理办法》收取。

（二）中国参与 CDM 现状

目前，中国已成为核证减排量的最大供应国（见表 6 - 2 和图 6 - 3），截至 2015 年 12 月 31 日，在联合国清洁发展机制执行理事会信息平台上，已注册的清洁发展机制项目预计年均减排量约为 9.964 亿吨 CO_2，中国约为 5.969 亿吨 CO_2，占其中的 59.9%（见图 6 - 4）；成功注册的清洁发展机制项目为 7685 个，中国是 3764 个，占 48.99%（见图 6 - 5）；执行理事会签发的核证减排量约为 16.43 亿吨 CO_2，中国约为 9.6 亿吨 CO_2，占其中的 58.44%（见图 6 - 6）。

表 6 - 2　中国清洁发展机制概况

项目数量	2007 年	2008 年	2009 年	2010 年	2011 年	2012 年	2013 年	2014 年	2015 年
经国家发改委批准	769	772	531	459	712	1316	127	46	
在联合国清洁发展机制注册	114	222	353	504	634	1819	62	19	1
获核证减排量签发	37	121	213	340	885	1096	1167	179	141

资料来源：中国清洁发展机制网，http：//cdmgis.ccchina.gov.cn：8080/cdmgis/.

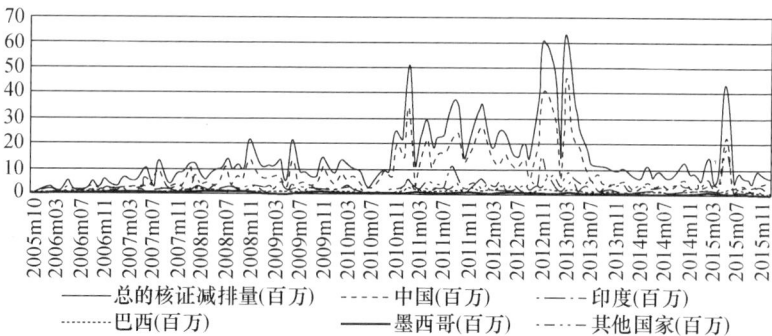

图 6 - 3　核证减排量的趋势按东道国分布

截至 2015 年 12 月

资料来源：联合国气候变化框架公约网址：http：//cdm.unfccc.int.

■中国　　■印度　　■巴西　　■韩国　　■墨西哥　　■越南　　■印度尼西亚
■智利　　■秘鲁　　■南非　　■马来西亚　　■阿根廷　　■泰国　　■其他国家

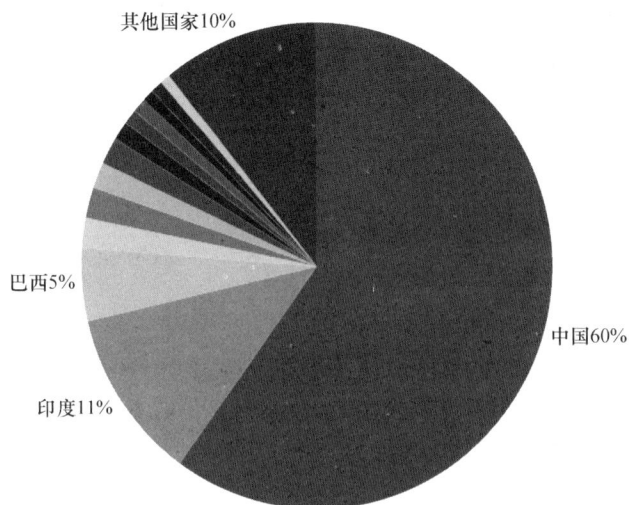

图 6 - 4　已注册的清洁发展机制项目预计减排量按东道国的分布
截至 2015 年 12 月 31 日

资料来源：联合国气候变化框架公约网址：http://cdm. unfccc. int.

■中国　　■印度　　■巴西　　■越南　　■墨西哥　　■印度尼西亚
■泰国　　■马来西亚　　■智利　　■韩国　　■菲律宾　　■哥伦比亚
■秘鲁　　■南非　　■阿根廷　　■其他国家

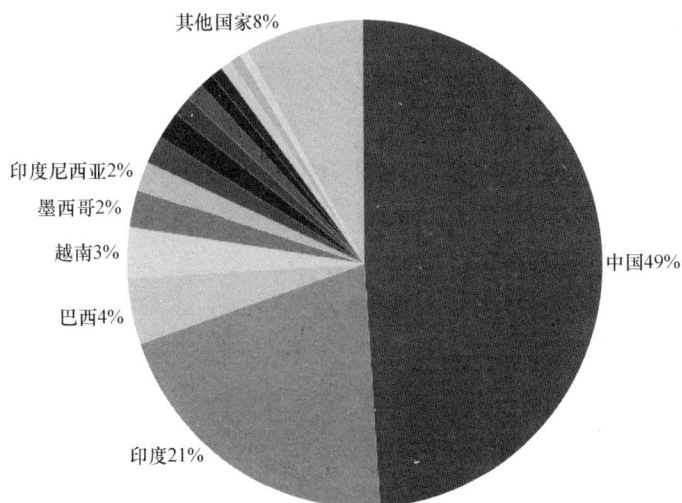

图 6 - 5　已注册的清洁发展机制项目按东道国的分布
截至 2015 年 12 月 31 日

资料来源：联合国气候变化框架公约网址：http://cdm. unfccc. int.

■ 中国	▨ 印度	▨ 巴西	▨ 韩国
■ 墨西哥	▨ 智利	■ 印度尼西亚	▨ 乌兹别克斯坦
■ 越南	▨ 阿根廷	■ 埃及	■ 南非
▨ 马来西亚	▨ 哥伦比亚	▨ 泰国	■ 其他国家

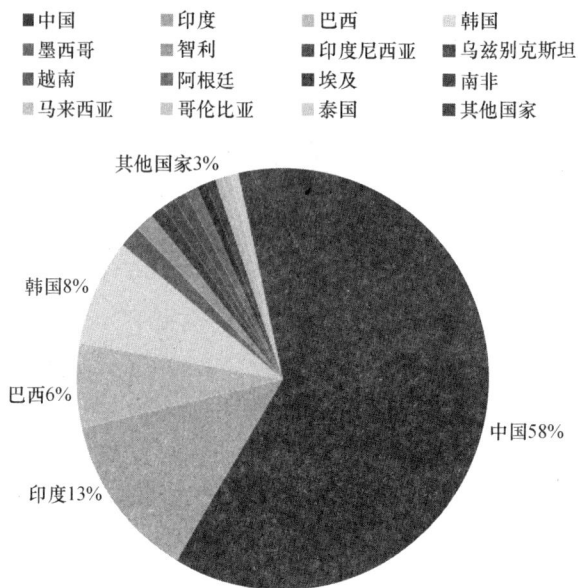

图 6 - 6　已签发的核证减排量按东道国分布

截至 2015 年 12 月 31 日

资料来源：联合国气候变化框架公约网址：http：//cdm. unfccc. int.

截至 2015 年 7 月 14 日，经联合国清洁发展机制注册的中国清洁发展机制项目中，新能源和可再生能源项目数量最大，占 83.35%。具体情况如表 6 - 3 所示。

表 6 - 3　经联合国 CDM 注册的中国 CDM 项目按减排类型分布

（截至 2015 年 7 月 14 日）

类型	项目数	占比
新能源和可再生能源	3173	83.35%
N_2O 分解消除	43	1.13%
甲烷回收利用	237	6.22%
HFC - 23 分解	11	0.29%
节能与提高能效	256	6.72%
燃料替代	28	0.73%
垃圾焚烧发电	34	0.89%

续表

类型	项目数	占比
造林和再造林	4	0.105%
其他	21	0.55%
合计	3807	100%

资料来源：中国清洁发展机制网，http://cdm.ccchina.gov.cn/NewItemTable9.aspx。

（三）CDM 对中国碳市场发展的影响

CDM 客观上对中国碳市场的发展起到了"启蒙"作用，但对于中国这样的大国来说，减排的任务艰巨，还需发展自身的碳金融市场体系。

1. CDM 为中国应对气候变化工作提供了资金、技术和人才培育

中国政府从 CDM 项目减排量转让交易额收取的资金，用于支持与应对气候变化相关活动，因转让温室气体减排量所获得的收益归国家和项目实施机构所有。国家与项目实施机构减排量转让交易额分配比例如下：①氢氟碳化物（HFC）类项目，国家收取温室气体减排量转让交易额的65%；②己二酸生产中的氧化亚氮（N$_2$O）项目，国家收取温室气体减排量转让交易额的30%；③硝酸等生产中的氧化亚氮（N$_2$O）项目，国家收取温室气体减排量转让交易额的10%；④全氟碳化物（PFC）类项目，国家收取温室气体减排量转让交易额的5%；⑤其他类型项目，国家收取温室气体减排量转让交易额的2%。

CDM 项目也为业主带来了显著收益。业主投资的各类减排项目，如可再生能源发电项目（风电、水电、生物质发电）、能源效率提高项目，不仅可以获得项目本身所产生的常规效益，还能获得额外的出售核证减排量收入。项目运行产生的减排量，会以核证减排量形式出售给承担减排义务的发达国家。按照目前国家发改委批准交易的最低限价8欧元/吨计算，假设某个热点联产项目年供电1000万千瓦时，估计年减排量可达10万吨，出售一年的核证减排量就可有80万欧元收益。中国企业通过 CDM 已经获取了数十亿美元收益，这也为企业促进低碳化和节能减排提供了经济动力。

CDM 还为中国构建自身的碳市场培育了中介机构，促进了人才和管理等知识储备。在政府层面，国家设立 CDM 项目审核理事会。国家发改委、科技部、外交部、财政部、环境保护部、农业部和中国气象局都设置

相应的为 CDM 服务的机构，为中国制定碳市场制度提供了坚实的基础。在中介服务层面，各个省市几乎都建立了省级 CDM 服务中心，许多为 CDM 提供编写项目设计的文件、项目开发文件，项目申报咨询等中介服务公司大量建立，中环联合认证中心有限公司（CEC）、中国质量认证中心（CQC），以及 2010 年底刚刚获联合国批准的中国船级社和深圳赛宝认证中心获得联合国认证，其他一些国家的指定经营实体也在国内设立了代表处或分部。这对中国温室气体清单的编制以及今后碳市场排放量监测工作开展人才积累打下基础。

2. CDM 不能成为中国碳市场发展方向

第一，CDM 的内在问题制约了中国低碳发展，并产生诸多风险。由于项目基准线与额外性确定比较困难，联合国 CDM 执行理事会经常以项目基准线与额外性问题不批准中国企业的项目，导致大量纠纷。

由于项目审批程序复杂而不透明，导致大量交易成本。交易成本包括项目搜寻，开发、选择基准线方法并且估计项目减排量，准备相关技术文件，东道国的批准，利益相关方的咨询和环境影响评价，准备核证减排量购买协定，指定经营实体对项目的审定，注册费，监测，核查和核证费用，适应性费用，CDM 的管理费用。据估计，一个大型 CDM 项目的交易成本有可能高达 20 万 ~ 25 万美元。

第二，中国处于 CDM 交易的最低端，没有话语权。中国处在整个碳交易产业链最底端。中国所创造的核证减排量被发达国家以低廉的价格购买后，通过金融机构包装、开发，作为价格更高的金融产品、衍生产品及担保产品进行交易。两者实质都代表一吨 CO_2 减排量，从经济学的市场无套利原理来说，两者的价格应该是相同的，但是现实中两者存在着巨大价差，核证减排量（CER）与欧盟配额（EUA）的每单位价差甚至达到10 欧元。

第三，CDM 存在一些潜在的环境负面影响。由于在制度本身没有排放总量的限制以及实施中的问题，也会造成对环境的不良影响。一些中国企业为获取减排量的收益而新建项目，一些企业也会制造一些虚假材料获取减排量，这些行为实际上反而增加了中国实际的碳排放。还有一些企业在环境评估报告没有落实情况下，私自开始项目建设，导致原先的减排项目成为污染项目。

第四，至关重要的是，中国 CDM 交易规模相对于排放总量过小，不可能成为减排主要手段。中国已经成为 CDM 最大项目来源国与最大核证减排量出售国，但是所有的减排额累加也只有 9.6 亿吨 CO_2，对于中国约 70 亿吨碳排放总量而言，微不足道，无法真正实现中国低碳发展目标。而且，CDM 必须与国外的总量—交易体系链接才能形成交易，无法成为真正意义的独立的碳市场。

综上所述，尽管 CDM 的确为中国碳市场的构建提供了基础，但是它不能成为中国碳市场的运作机制。

三、7 省市试点碳排放权交易

（一）市场发展概况

2011 年 11 月，国家发改委正式批准七个省份启动碳排放权交易试点。作为"十二五"期间控制温室气体排放的重要手段，为建立全国统一的碳排放权交易市场，国家鼓励试点省市结合自身实际，首先做好区域碳交易市场体系建设。2013 年 6 月 18 日，国内首个碳排放权交易市场在深圳启动，并且也是中国第一个强制配额交易市场，随后上海、北京、广东、天津在 2013 年内完成了碳排放权交易市场启动，重庆和湖北分别于 2014 年启动碳交易市场。2014 年，北京启动了国内首个跨区域碳市场。12 月，京冀跨区域碳排放权交易启动，河北承德市 6 家水泥企业成首批纳入的控排企业，按照北京试点的标准进行碳排放核算并在北京环交所进行交易，这 6 家河北企业于 2015 年 6 月迎来首次履约。

表 6 - 4　2015 年试点地区二级市场交易情况

	成交量（万吨）	成交额（亿元）	均价	价格区间	履约率
深圳	431.4	1.68	38.88	21 ~ 57	99% 以上
上海	161.9	0.38	23.50	10 ~ 35	100%
北京	121.77	0.565	46.44	30 ~ 60	100%
广东	464.9	0.764	16.43	14 ~ 34	100%
天津	52.41	0.073	13.93	11 ~ 25	99% 以上
湖北	1369.11	3.43	25.05	20 ~ 29	100%
重庆	12.76	0.0234	18.31	10 ~ 30	

资料来源：根据各交易所公开信息整理。

2014 年 6 至 7 月，五个碳交易试点迎来第一次履约期，全面检验各地配额分配、MRV 体系、市场运行、企业教育等各项设计工作，各地履约率均超过 95%。

各试点地区还在交易规则、交易产品等方面进行了探索。2014 年 9 月，北京发布《碳排放权抵消管理办法》，对碳市场抵消机制规则进一步细化，成为首个专门出台相关规则的试点地区；深圳、湖北前后推出了碳配额托管机制并附带相应管理细则，为企业管理碳资产提供了更多方式。各试点地区也在积极开发新的碳金融产品，2014 年 5 月，中广核风电附加碳收益总规模 10 亿元的中期票据在银行间交易商市场成功发行，发行期限 5 年，浮动利率部分与 CCER 收益正向关联，成为国内碳金融市场的突破性创新；9 月，湖北碳排放权交易中心、兴业银行和湖北宜化集团签订了"碳排放权质押贷款协议"，是我国首个碳资产质押贷款项目；11 月湖北发布首只经监管部门备案的"碳排放权专项资产管理计划"基金，规模 3000 万元，主要通过交易配额获利；12 月，国内首单 CCER 质押贷款在上海签约，等等。

（二）试点地区交易机制比较

根据我国减排目标，发改委首先确定各交易试点配额总量，然后各交易试点选择纳入的控排主体多为能耗大的工业企业，基于历史排放法和行业基准线法等配额分配方法，采取免费或免费 + 有偿（拍卖或固定价格）方式向相应的各个控排企业分配年度配额，履约期为每个自然年，履约期截止到目前，控排单位须向主管部门提交与其上年度实际碳排放量相等的配额数量及其可使用的核证自愿减排量之和，否则会受到相应处罚。试点地区的交易规则存在一定差异，具体体现在覆盖面（特别是行业和企业规定）、配额总量分配、履约方式和接受 CCER 抵消比例差异，如表 6 – 5 至表 6 – 8 所示。各地发展不均衡，交易量差别极大，而且交易价格差别也较大。其中，交易较为活跃的深圳碳排放权交易试点的交易价格呈现了极大波动。

表 6 – 5 试点交易机制比较

试点	分配方法	履约期	交易方式
深圳	有偿分配 无偿分配（≥90%）	2014 年 6 月 30 日	2013 年 12 月 20 日改为现货交易，此前为定价点选

试点	分配方法	履约期	交易方式
上海	目前全部免费	每年 6.1~6.30	挂牌交易，协议转让等
北京	分别核定 分别发放	次年 6 月 15 日前	整体竞价交易，部分竞价交易和定价交易；交易双方具有关联关系或大宗交易，须选择场外协商方式
广东	2013~2014 97% 的免费配额和 3% 的有偿配额 2015 年 90% 免费配额和 10% 有偿配额	每年 6 月 20 日前	现货交易方式包括挂牌竞价，挂牌点选，单向竞价，协议转让或经交易主管部门批准的其他方式
天津	免费发放为主 有偿发放为辅	每年 5 月 31 日前	网络现货，协议交易和拍卖交易
湖北 重庆	暂无	暂无	暂无

表 6-6 各试点配额总量不同

试点	配额总量
深圳	2013~2015 年每年平均配额总量约为 0.3 亿吨
上海	2013 年配额总量约为 1.6 亿吨
广东	作为首个明确公布配额总量的试点。其 2013 年的配额总量是 3.88 亿吨，其中包括 3.5 亿吨的控排企业配额和 0.38 亿吨的储备配额
天津	估算每年配额总量约为 1.6 亿吨
湖北	预计每年配额总量约为 3 亿吨
北京重庆	未公布

表 6-7 试点地区碳交易市场行业和企业覆盖

试点	企业数量	覆盖行业
深圳	635 家企业 197 栋公共建筑物	电力、水务、建筑和制造业
上海	191 家企业	钢铁、化工、电力等工业行业 宾馆、商场、港口、机场、航空等非工业行业
北京	490 家企业	钢铁、化工、电力热力、石化以及油气开采业

续表

试点	企业数量	覆盖行业
广东	202 家控排企业 40 家自建项目企业	电力、水泥、石化以及钢铁行业
天津	114 家企业	钢铁、化工、电力热力、石化以及油气开采业
湖北	预计 140 家左右	钢铁、化工、水泥、汽车制造、电力、 有色金属、玻璃、造纸等行业
重庆	未确定	未确定

表 6-8　抵消机制

试点	抵消机制的比较
深圳	单位年度碳排放量的 10%
上海	不高于 5% 用于配额清缴
北京	当年排放配额数量不高于 5% 且 50% 以上项目来自北京市辖区
广东	上年度实际碳排放量的 10% 且 70% 以上由广东省本省温室气体资源减排项目产生
天津	不得高过年度排放量的 10%，但未对项目范围进行限定
湖北重庆	未确定比例

资料来源：根据各交易所公开信息整理。

（三）各交易所创新实践

七个试点交易所之间的竞争加剧，各自发挥自身优势，不断创新交易服务，提高交易规模。2014 年 9 月 9 日，湖北签约全国首笔碳排放权质押贷款。湖北宜化集团以 210.9 万吨碳配额作为质押担保，获得兴业银行 4000 万元质押贷款。其评估标准为每吨 23.7 元左右的价格，该价格为湖北碳市场开市以来的二级市场平均价格，在此基础上乘以通用贷款系数 0.8，最终确定为 4000 万元。

2014 年 12 月 11 日，上海银行与上海宝碳新能源环保科技有限公司在上海环境能源交易所签约国内首个《中国核证减排量 CCER 质押贷款协议》，这是国内首次金融机构与碳资产管理公司就 CCER 进行质押，CCER 由此进入金融领域。上海宝碳以 CCER 作为质押，获得上海银行 500 万元质押贷款。CCER 质押定价方式是以目前七个碳交易市场碳配额价格的加权平均价作为基准价，再按照一定质押率折算为质押价。CCER

和配额作为企业资产，以碳产品形式进入金融领域，增加了企业融资渠道。对于金融机构而言，两者带来的潜在风险各不相同。在试点碳交易市场运行一年后，碳配额的价格是可以预期的，将其作为质押物，金融机构面临的风险相对较低；而 CCER 在 2014 年尚未进入试点用于履约，缺少透明的市场价格，不可预期性较大。

除上海、湖北外，深圳也在尝试碳金融产品创新。12 月 3 日，深圳排放权交易所和超越联创环境投资咨询（北京）有限公司正式签署《托管会员协议书》，超越联创成为深圳碳市场首家托管会员。通过开展托管业务，帮助管控单位提升碳管理能力、提高市场交易活跃性、促进碳排放权资产化，并以企业碳资产为支点，为深圳碳市场发展提供一个协同创新的平台，不断发掘企业低碳转型和可持续发展的最佳商业模式。

（四）试点过程中的问题与不足

1. 市场机制不成熟，碳价发现机制有待完善

在试点阶段，各种机制存在完善空间。例如，价格调节机制是调节资源配置的基础，也是维护市场稳定运行的必要条件。但就目前情况来看，中国碳排放权交易试点市场机制不够完善，价格波动幅度过大，容易导致投机行为，对有正常需求的企业形成"挤出效应"。试点地区交易规则各不相同，难以进行市场间的对接、交流和整合，单个市场交易广度、深度、活跃度都不足以发挥规模效应。目前各地区的配额属于各地自行设定，总量大小和配额发放松紧直接影响该地区的交易活跃度。市场上交易品种单一，仅限于配额现货，往往存在履约截止期之前很长一段时间碳交易量少，有价无市状态，而在履约期时成交急剧现象。企业对于参与二级市场的交易活动缺乏积极性。

碳交易市场的重要功能是释放碳价格信号，反映碳减排成本。各试点地区价格比较悬殊，市场整体价格波动幅度基本处于 20 元/吨到 90 元/吨之间，但是也呈现出流动性严重不足的问题，影响碳价准确性。虽然试点地区基本已对投资机构开放，但碳市场的不确定性以及微弱的流动性导致投资机构保持观望态度。

2. 基础设施和制度基础有待完善

信息不透明。大部分碳排放权交易试点都不公布精确的交易配额，也不公布排放上限计算方式。公布的大致配额数据也并不说明与历史数据之间的关联。没有及时公开可靠的信息，市场效率无法得到保障。

碳排放的 MVR 还未健全。试点之前，我国尚未建立企业层面的温室气体排放统计体系，各试点地区在初始阶段均面临历史数据缺乏的困境，大部分试点地区通过历史排放摸底来获取数据，但数据质量较差，且核查标准不统一，过程不透明，从而影响了碳排放总量和基准值等关键指标的准确度。

法律基础不够坚实。目前，除了北京、深圳已经通过支持碳交易的地方立法，其他试点省市只依靠行政命令方式。得不到应有的法律保障，目前碳交易市场的市场风险仍较大。也正是这个原因，目前所有试点都未开发期货等碳交易衍生品。这样降低了市场的流动性，也使得中国碳排放权交易市场体系建设相对单薄。

3. 国内经济环境限制

碳排放权交易试点覆盖的能源、电力和建筑等行业，许多是国有垄断行业，政策因素在这些行业的发展中发挥重要作用，从而也会影响碳排放权交易市场的发展。例如，电力行业在中国受到严厉调控，电价的制定相当大程度取决于行政部门而非价格和需求之间传导。在这种情况下，中国的碳排放权交易试点要求发电企业和用电客户一同提交排放许可，这样就可能发生双重核算问题，导致碳核算变得更为复杂且精度下降。

四、我国碳交易发展前景

为推动建立全国碳交易市场建设，国家发展改革委在 2014 年 12 月正式发布了《碳排放权交易管理暂行办法》，进一步明确了全国碳市场建立的主要思路和管理体系，拟在上海、北京、天津等七省市碳交易试点基础上，逐步建立全国统一碳市场。根据国家发改委规划，全国统一碳市场建立时间表为：2014～2015 年为准备阶段，完善法律体系等；2016～2020 年为运行完善阶段（第一阶段），全面启动实施和完善碳市场。2020 年后为拓展阶段（第二阶段），扩大参与企业范围和交易产品，探索与国际市场的连接。

2014 年开展了大量筹建全国统一碳市场的基础工作，包括碳交易的法律法规和配套细则、技术标准的编制工作，以及十个行业的企业碳排放核算报告技术指南。2015 年，国家正式颁布了这十个行业的企业排放核算标准。2016 年，国家将对地方碳市场、参与碳市场交易企业进行核查和配额的初始分配。2017 年实现全国统一碳市场运行。全国统一碳市场将涵盖一万家以上企业，覆盖近50%的全国碳排放量，这些企业的准入门槛是年消费一万吨标准煤以上，预测首批全国碳市场的规模、碳排放量约在30亿~40亿吨。若仅考虑现货交易，每年交易量将达到12亿至80亿元人民币。若进一步考虑期货交易，交易量将达到600亿至4000亿元人民币。届时中国的碳市场将成为全世界最大的碳排放权交易市场。

2017年全国统一的碳市场将采用统一标准：统一的MRV（监测、报告、核查）体系、统一的配额分配以及统一的法律基础，并将在配额市场和自愿减排交易市场之间建立良性互动。为了维持运行初期碳市场供求关系的脆弱平衡，应该学习欧盟经验，对CER的减排量同总量市场的链接施加上限，让配额市场与自愿减排交易市场之间形成良性互动。

第四节　中国商业银行的碳金融实践

中国商业银行的碳金融业务还处于起步阶段，一些银行如兴业银行、浦发银行等已经取得了一些进展，但商业银行在碳金融业务发展过程中仍有很多问题亟待解决。可以预计，随着2017年全国统一碳排放市场的建立，商业银行的碳金融业务将有更为广阔的空间。

一、商业银行的碳金融实践

（一）兴业银行的碳金融实践

兴业银行是中国首家也是唯一一家"赤道银行"，结合传统信贷模式，对绿色金融融资模式进行了大胆创新，形成了包括节能减排技改项目融资模式、CDM项下融资模式、节能服务商（EMC）融资模式、节能减排设备供应商买方信贷融资模式、节能减排设备制造商增产融资模式、公用事业服务商融资模式、融资租赁模式、排污权抵押融资模式等在内的绿色金融信贷体系，成为国内绿色金融产品最丰富的银行。以融资租赁为例，兴业金融租赁公司开业以来，以节能减排项目作为业务拓展重点，已经初步形成了节能减排设备融资租赁方面的核心竞争力，截至2014年12月末，公司节能减排存量项目87个，融资租赁余额合计233.0亿元，占总余额的32.3%。

在低碳节能金融服务方面，兴业银行区分零售客户和企业客户，从信用卡、碳质押贷款等方面进行了大胆尝试，既推广了节能减排理念，又为企业提供了全方位服务。兴业银行还积极同各省市和碳排放权交易所合作，参与碳排放权交易市场建设，正在努力形成符合中国碳交易市场特色的碳金融产品服务体系，成为全流程、宽领域的碳金融服务商。

案例 6-1：低碳信用卡——面向零售客户推广低碳节能理念

兴业银行与北京环境交易所携手推出国内首张低碳主题认同卡——兴业银行中国低碳信用卡，并且推出了两个版本：风车版与绿叶版。兴业银行中国低碳信用卡本着倡导"绿色、低碳"生活理念，鼓励信用卡客户参与绿色消费，畅享"低碳生活"，旨在唤起社会各界对环保事业的重视和支持，并为个人碳交易市场运行开辟一个切实可行的通道。

兴业银行为倡导绿色刷卡理念，特设购碳基金，每刷 1 笔，兴业银行就出资 1 分钱，于 4 月 22 日世界地球日集中向上海环境能源交易所购买自愿碳减排量，倡导绿色刷卡理念。

案例 6-2：碳资产质押授信——提供一揽子解决方案

2011 年 4 月，兴业银行向福建某民营水电企业提供碳资产质押授信业务，该企业以其 20 万千瓦小水电项目的未来预计售碳收入作为质押，成功从兴业银行申请首笔 108 万元人民币融资支持。

该小水电 CDM 项目已于 2010 年 6 月获得联合国成功注册，预计实现年减排量 4.3 万吨，该公司已与瑞典某碳资产公司签署了减排量购买协议（以下简称 ERPA），交易价格为 10.3 美元/吨。由于碳减排量尚未签发，企业尚未获得售碳收入，而每年 1～5 月份是枯水期，水电站发电量减少，公司收入减少，企业同时面临水电站修缮资金需求，现金流紧张，因此企业亟须资金支持。

针对企业资金需求，兴业银行以水电项目未来的应收账款（售碳收入）作为质押担保，为项目业主设计了首笔 108 万元人民币的授信方案，并视项目实际减排量签发和项目运营情况，持续优化授信方案。同时，兴业银行还利用其在专业能力、法律、财务及谈判等方面的优势帮助业主实现更合理的减排量交易协议，并把控风险。在对上述项目 ERPA 法律审核过程中，兴业银行还对 ERPA 条款中不完善之处提出了专业意见。买卖双方根据该意见对 ERPA 进行了修改，保证 ERPA 的切实履行，规避了潜在的法律纠纷。

兴业银行还为企业提供了一揽子咨询、评估和管理服务，协助客户（碳卖家）制定 CDM 项目开发方案，为业主提供全面系统的 CDM 培训，增强客户的 CDM 监测与实施能力，协助客户申报等；利用自主开发的基于产量预测和风险折价模型的碳资产评估工具为客户碳资产价值进行评估，并设计碳资产管理等服务方案，推动客户利益最大化。

案例 6-3：自愿减排交易结算业务

自愿减排交易结算业务是兴业银行为自愿碳减排交易提供资金存管和交易结算服务，开创了商业银行为自愿减排项目交易提供金融结算服务的先河。

北京奥运单双号限行期间，中国国际民间组织合作促进会和美国环保协会、北京人民广播电台、人民网、搜狐等机构联合举办了绿色出行"碳路"活动，北京市近百家企事业单位的 81670 人注册参与了该项活动，活动累计减排二氧化碳 8026 吨。这批碳减排量经清华大学交通研究所核证后，于 2008 年 12 月 11 日在北京环交所正式挂牌，成为中国首个自愿碳减排挂牌交易项目。购买方上海天平汽车保险股份有限公司将此碳减排指标用于抵消该公司运营过程中产生的碳排放，实现运营过程的碳中和。兴业银行作为本笔交易的交易清算银行和资金监管银行，为双方提供了便利的清算结算服务。

案例 6-4：推动国内碳交易平台建设

2011 年 11 月 2 日，兴业银行上海分行与上海环境能源交易所正式签署碳交易领域战略合作协议，截至 2014 年底，兴业银行已与 7 个国家级碳交易试点省市中的 6 个签署协议开展合作（上海、深圳、广东、天津、湖北、重庆），提供包括交易架构及制度设计、资金存管、清算在内的一揽子金融服务，推动国内碳交易市场建设。

在上海、广东、天津、湖北、深圳等重点区域，兴业银行成为碳交易市场的主要清算银行，完成交易系统开户与结算对接，为碳交易市场的顺利运作打下良好基础。2014 年 11 月，兴业银行正式上线全国首个基于银行系统的碳交易代理开户系统，成为深圳排放权交易所首家也是目前唯一一家利用银行网上平台进行碳交易代理开户的商业银行，参与碳交易市场的国内机构和个人可通过兴业银行个人网银直接开通深圳排放权交易所账户，实现为企业、个人提供碳金融综合服务的目的，碳金融生态体系成型。

案例 6-5：国内首单碳配额卖出回购业务落地

2016 年 4 月，国内首单碳配额卖出回购业务在沪落地——兴业银行与春秋航空股份有限公司、上海置信碳资产管理有限公司在上海环境能源交易所签署《碳配额资产卖出回购合同》，交易标的达 50 万吨碳配额。这也是国内航空业参与碳金融创新的首单业务。

该单卖出回购业务由春秋航空向置信碳资产根据合同约定卖出 50 万吨 2015 年度碳配额，在获得相应配额转让资金收入后，将资金委托兴业银行进行财富管理。约定期限结束后，春秋航空再购回同样数量碳配额，并与置信碳资产分享兴业银行对该笔资金进行财富管理所获得的收益。

这种碳配额资产管理模式，既保证了春秋航空作为控排企业可以无风险完成履约，又可以盘活碳配额资产，在获得融资的同时，实现碳配额资产的高效管理。该模式引入了控排企业、碳资产管理公司和商业银行三方共同参与，实现了多方共赢。这是继 2014 年在深圳成功落地国内首笔碳资产管理产品后，该行碳金融业务的又一创新。

案例 6-6：绿色融资备忘录

2016 年 7 月，兴业银行上海分行等沪上 10 家银行与上海市经信委签订《上海市"节能减排收益权"质押 500 亿绿色融资合作备忘录》，签约银行承诺，在"十三五"期间以"节能减排收益权"模式向上海市节能环保服务机构提供等值总额 500 亿元人民币的本外币融资总额度。这是目前国内参与银行最多、资金规模最大、针对绿色产业园区创建的节能减排投融资新模式。

据了解，"节能减排收益权"质押融资备忘录是 2013 年"上海合同能源管理未来收益权质押融资"的升级版。当时，兴业银行上海分行就曾作为 13 家银行代表之一，参与"十二五"期间"上海市合同能源管理未来收益权质押百亿融资合作"活动，此次签约是兴业银行积极推动"十三五"上海市绿色产业园区建设及低碳循环经济发展的重要举措。

（二）浦发银行的碳金融服务

作为国内绿色金融领先银行，浦发银行积极创新，利用自身碳金融领域的领先优势，为参加碳交易的各类排放企业提供周到、综合的金融服务。通过对碳排放权融资业务的法律依据理解的专业性及准确性，浦发银行率先创新推出碳排放权抵押融资业务，创新性地采用碳排放权作为银行融资的抵押标的，帮助企业及可再生能源企业最大限度发挥其拥有的碳资产价值。

浦发银行通过自主创新与国际合作，针对能效融资（工业和建筑能效）、清洁能源融资、环保金融、碳金融和绿色装备供应链融资这五大板块客户特点，投行部设计了十大绿色信产品，其中碳交易（CDM）财务顾问、国际碳（CDM）保理融资、排污权抵押融资、绿色股权融资和绿色固定收益融资领先金融同业。

案例 6-7：浦发银行 CDM 项目

2009 年 7 月 3 日，浦发银行西安分行与陕西镇坪桂花水能有限公司正式签署《CDM 项目财务顾问委托协议》，浦发银行总行认定的国际专业机构也与该项目业主正式签署《减排量购买协议》（ERPA）。签约项目主要包括陕西省安康市镇坪县 2 万千瓦安宁渡水电站和 4.9 万千瓦白土岭水电站，年减排量合计约 20 万吨二氧化碳。在两个 CDM 项目获得联合国注册后，按照协议 8 欧元/吨的单价，在项目运营期内，预计每年项目业主可实现约 160 万欧元的售碳收入，占其主营业务收入约 30%。这一项目是国内银行业正式签署委托协议及 ERPA 的首单 CDM 财务顾问业务。

浦发银行利用渠道和专业优势，对 CDM 项目开发和 CERs（核证的减排量）交易可行性进行评估，为 CDM 开发和碳市场交易没有经验的客户，提供包括市场和CDM开发咨询的一站式全程服务，有利于企业提高交易成功机会。

案例6-8：上海市政府海上风力发电项目

2006年下半年，上海市政府就中国第一个海上风力发电项目委托招标时，在浦发银行密切配合下，由中国大唐、上海绿色能源、中广核和中电国际组建的联合体，在激烈竞标中成功胜出。其后，上海东海风力发电有限公司（下称"东海风电"）宣告成立。

东海风电自有资金4亿多元，尚需资金18.9亿元。通过CDM，该项目每年能获得资金近2400万元。浦发银行在牵头组建银团进行高达18.9亿元的融资中，除了传统融资外，有一部分就是以东海风电每年CDM项目这笔应收账款作为质押予以贷款。这在国内银行业同样是第一单。依托资金结算优势，确保交易资金快速到账，使CDM项目业主实现更多的商业价值并降低风险。

案例6-9：呼和浩特分行努力打造低碳银行

2014年，包头青山支行成功为包钢股份发放本年度首笔AFD绿色信贷项目贷款，即102万欧元法国开发署中间信贷项目贷款，用于包钢炼钢厂转炉除尘系统改造项目和高炉上料系统技术改造工程项目。还利用国际金融资源，为重点煤炭生产企业提供技术改造贷款，淘汰落后产能，支持地区节能减排事业发展，为绿色低碳经济发展做出贡献。

案例6-10："碳排放权抵押"创新融资产品

2014年12月25日，浦发银行与华电正式落地了国内首单碳排放权抵押融资业务。华电新能源公司以广东碳配额获得1000万元的碳配额抵押融资及控排企业法人账户透支授信。该笔业务由广东省发改委出具广东碳配额所有权证明，由广州碳排放权交易中心进行抵押登记、冻结、公示，浦发银行在放款后每周进行盯市管理，实现了碳资产抵押品的标准化管理。

（三）其他银行的实践

其他商业银行在积极践行绿色信贷，支持风电、水电、垃圾焚烧、建筑节能等领域发展之外，通过金融创新，探索商业银行为碳金融提供全方位服务，从企业资金清算、提供 CDM 碳交易服务、参与碳市场建设等方面展开探索。

中国银行先后出台了《支持节能减排信贷指引》和《碳金融指导意见》，大力发展低碳金融，主动加强对授信项目的环境和社会风险评估。中国银行积极落实北京市发展和改革委员会《关于开展碳排放权交易试点工作的通知》，按要求进行碳排放权交易。截至 2014 年末，已完成碳排放权配额账户登记注册、碳排放权交易账户开户等工作。中国银行还推出一系列碳金融产品，例如基于清洁开发机制（CDM）的节能减排融资项目，基于碳排放权的金融理财产品等。

中国建设银行在节能减排绿色信贷方面成绩显著。截至 2014 年末，建行绿色信贷余额 4870.77 亿元，减排效益预计折合减排标准煤 1969.58 万吨，减排二氧化碳 4653.39 万吨，减排 COD14.23 万吨，减排氨氮、二氧化硫、氮氧化物分别为 1.33 万吨、13.08 万吨、1.62 万吨，节水 89.91 万吨。中国建设银行积极支持国内碳排放权交易领域，与国内七个碳排放交易所建立了业务合作关系，积极推动中国碳排放交易市场的发展。

中国农业银行除了加大绿色信贷力度外，在碳金融领域推出节能减排顾问、合同能源管理、排污权质押贷款、碳交易预付账款融资等多项产品，有效支持高耗能行业客户开展节能技术升级改造。

中国工商银行积极支持低碳新兴企业，2014 年，工商银行修订并印发了 61 个行业（绿色）信贷政策，覆盖了全行 85% 的公司贷款和国家产业政策鼓励发展的绿色经济领域，对绿色和节能减排企业提供流动性贷款、项目贷款、并购贷款、现金管理、电子银行等一系列个性化的综合金融服务。

案例 6－11：中国农业银行 CDM 全方位顾问服务

为帮助国内企业提高在国际碳交易中的议价能力，农业银行在国内金融机构中率先推出了 CDM 顾问业务。2008 年以来，重点评估和服务的 CDM 项目达到 22 个，涵盖 7 个省份，涉及水电、风电、生物质发电三大业务领域，年减排量约 120 万吨，其中在联合国成功注册项目达 5 个，年减排量约 25 万吨。

2013 年，农业银行在原有"CDM 顾问业务"基础上及时推出"已注册 CDM 项目减排量转卖"顾问服务，利用平台、渠道和信息优势，通过向国内拥有已注册 CDM 项目的减排企业提供后继的碳减排交易顾问服务，提高企业在交易中的议价能力。服务推出以来，已累计为 10 余家企业提供初步信息和咨询服务，并为 4 家企业正式提供顾问服务，服务企业年减排量总计约 17 万吨。

二、影响商业银行开展碳金融业务因素

整体来看，我国商业银行正积极进行碳金融实践探索，影响业务发展的主要因素，既有银行战略规划、经营条件等主观因素，也有客观政策激励、碳交易市场发展的成熟度等客观条件的制约。

（一）商业银行主观原因

商业银行的发展战略和规划、经营条件、人才储备等均影响商业银行开展碳金融的积极性。

1. 绿色战略和规划

商业银行在碳金融交易业务上的支持程度与自身发展战略和规划有很大关系。当商业银行切实将绿色环保理念纳入经营战略和考核体系时，相应的资源、资金、人才等自然会向该领域倾斜。以兴业银行为例，作为国内绿色金融领军银行，在绿色金融领域建树不断。从 2006 年首推能效融资，该行多项环境金融业务和产品属业内首创。2015 年初，该行进一步将绿色金融业务列入集团七大核心业务群之一，在集团层面加快推进协同发展，实现从"绿色银行"到"绿色金融集团"的升级。至 11 月末，该行已累计为近 6000 家客户提供绿色金融融资 7706.64 亿元，余额 3768.60 亿元。其中，福建省绿色金融融资达 306.31 亿元，减排量相当于 115 万公顷森林每年吸收的二氧化碳总量。如果商业银行没有将环保概念纳入自身考量体系，不是将碳金融交易当成自身事业发展，仅仅迫于国家政策压力来发展，那么商业银行发展碳金融交易的积极性就会大打折扣。

2. 经营条件和经验

在碳金融交易业务发展上，由于每个商业银行的经营条件不同，对碳金融交易业务的支持态度也会有差异。对于股份制商业银行而言，兴业银行、浦发银行等在碳金融交易方面的表现比较积极。在经营条件上，兴业银行占优势。兴业银行在碳金融交易业务上的实践开始较早，积累了很多案例经验和人才技术，形成了很多成熟的支持模式。兴业银行从与国际金融公司合作开始，就频繁涉足支持节能减排领域，通过环境金融合作和市场运作方式，最大限度推动中国节能减排在商业银行上的发展。浦发银行紧随其后，与国际金融公司签订能效贷款。对于这些与国际金融公司有合作的商业银行而言，借助国际金融公司的贷款经验，在贷款风险评价、合同保护、清收政策等方面都有改进，经营条件更加优越。

3. 缺乏管理碳金融业务风险的经验和手段

由于碳金融涉及经济、环境、金融、政治等诸多领域，因此商业银行发展碳金融面临着巨大的风险，最主要问题在于国际和国内碳金融市场未来发展的不确定性、碳排放权交易过程中的经济和技术风险、交付风险等。

（1）全球碳市场和中国碳市场发展的政策风险。国际公约的延续性问题是碳金融业务未来发展的最大不确定性，巴黎会议后是否对于碳市场的链接、对于中国等发展中国家参与全球碳市场的方式仍不确定；而2017 年中国统一的碳排放权交易市场能否形成具有约束力的强制减排机制，影响碳减排量的价格走势和稀缺程度，这些政策方面的不确定，对商业银行发展碳金融业务产生了巨大影响。

（2）碳金融的市场风险。市场风险主要是指碳交易的市场价格变化风险，当碳交易市场价格低于核证减排量合同协议价格，买方受损；当碳交易市场价格高于核证减排量合同协议价格，卖方受损。引发碳减排供求变化的因素很多，例如碳交易价格与传统能源特别是石油价格紧密联系，而当前以石油、天然气为代表的传统能源价格大幅下跌，很大程度降低了新能源和节能的经济吸引力，也使减排量的市场价格面临下跌风险；宏观经济周期波动同企业生产规模相关，导致碳排放量的相应变化。目前全球经济可能再一次衰退，从而引发碳交易需求量的下降和交易价格的下跌。

（3）技术风险。因碳减排技术处于初期，高风险，高投入，很大的不可预知性，而所有碳金融都依存于碳减排技术，所以技术风险是商业银行发展碳金融最不可控风险。

此外，还有碳减排量的认证、交付和转让过程中的各种风险。对于商业银行而言，诸多不确定性制约了商业银行开展碳金融业务的意愿。

（二）制约商业银行碳金融业务的客观因素

1. 政府相关配套政策措施不健全

我国对于商业银行开展碳金融交易的激励及扶持措施不健全，缺少有效的利息补贴、税收减免和风险补偿等综合性配套扶持政策。很多环保产业和新能源产业仍停留在产业发展初始期。这些产业一方面需要数量巨大、连续不断的资金投入；另一方面它们往往有一定程度的技术不成熟或不符合行规的问题，极有可能被迅速淘汰。在低碳经济的背景下，依照环保标准施行产业结构调整，鼓励企业走低碳环保道路，定会使转型企业运营成本上涨且获利能力下降。对于有明显社会效益的，但是经济效益不好的投资项目，商业银行将面临更大的信贷风险。由于收益和风险不成正比，在缺少政府扶持情况下，商业银行内在驱动力必然不足，一定程度阻碍了我国商业银行碳金融交易的发展。

2. 中介市场有待发展

碳减排额是虚拟产品，其产生和转让是人为设定的，交易规则非常严格，开发流程也很复杂，销售合同遍及国内外，合同期限比较长，需要非常有经验的机构才有开发此类 CDM 项目的能力。例如，开展碳交易的必要条件是 CO_2 统计监测系统，尽管各试点市场已大力加强此方面建设，但总体而言，该系统的建设还是严重滞后；碳交易市场的发展过程中第三方核证机构饰演重要角色，然而当前联合国委用的第三方机构有 18 家，只有 1 家是我国的。国内缺少专门的技术咨询机构为商业银行剖析、评估及规避 CDM 项目及交易风险，也缺少对于项目审批、核实认证和注册过程中对风险施行鉴别和防范的中介机构，很大程度限制了我国商业银行在碳金融交易领域的发展。

3. 统一的碳交易市场尚未建立

完善的碳金融市场体系是商业银行开展碳金融交易的必要条件，但我国目前还没有统一的碳交易市场。我国 7 个碳排放交易试点虽已开始运行，然而开展强制性减排交易等重大问题和原则还未得到清晰确认，尚未推出碳排放强制交易，碳市场仍是一个区域性的，零散自愿及实验性交易为主的市场，其价格发现、交易融资、节能减排及资源配置作用有限，很难与发达国家成熟的碳市场相提并论。

碳交易市场的不健全，一方面使我国商业银行缺少一个将开发的碳权产品进行交易的平台，另一方面市场的分割使得我国对碳权价格的制定难有发言权，被动受制于国外市场，致使我国商业银行面临的风险大大提升，也制约了商业银行碳金融业务的全面展开。

三、发展商业银行碳金融业务的建议

我国处于经济转型阶段，经济与人口增长、产业结构不合理等都会推高温室气体排放量。而对于我国商业银行来说，把碳的排放量打包转变为一种金融产品及衍生品并上市交易，通过市场方式实现城市间和企业间碳排放量的交易、流通和交易，并且让投资者有机会参与其中并且获利，发展碳金融业在我国市场前景广阔，蕴藏着巨大商机。由于目前我国碳金融交易的主要类型是基于项目的交易，因此，在我国"碳金融"更多是指依托联合国 CDM 的金融活动。随着越来越多中国企业参与碳交易活动，中国的"碳金融"市场潜力更加巨大。

（一）构建完善的碳交易市场和机制

我国碳交易市场最后变成一个在各种节能减排资源分类中发挥充沛的市场，必须实现"从自愿到强制"、"从区域试点到全国市场"、"从特定行业到整体经济"、"从一级现货市场到二级期货市场"、"从国内到国外"五个方面的突破，其中最重要的是"从自愿到强制"的突破，它必须以有强制力的法律文件作为支撑，否则将无法构建全国性碳交易市场。全国性碳交易市场是一个强制市场，只有如此，才能真正给 CO_2 排放权定价，引导全社会预期和有效调动各种节能减排资源。在不断完善地区试点碳交易基础上，带动别的区域的节能减排行动，并制定出全国碳减排市场实施方案，最终建立统一的碳交易平台。

（二）建立有效的激励和约束机制

有效的激励机制包括增强的正激励和削弱的负激励两个方面。

第一，构建相应补偿机制。政府利用财政政策给予发放绿色信贷的银行一定的税收优惠或税收减免，以确保商业银行在对一些低污染、低排放、低消耗企业或者项目予以支持的同时，不会影响商业银行的正常获利能力。第二，人民银行可以利用货币政策，建设与绿色信贷政策相关联的再贷款、再贴现和差别准备金制度。对执行绿色信贷政策并取得良好效果的银行，人民银行可以优先办理其再贷款和再贴现业务，甚至可以给予适当的利率优惠，或者可以适当地降低其准备金率。第三，鼓励地方政府建立担保公司或碳基金，为商业银行开展碳金融业务可能产生的风险进行分

担。第四，外汇管理部门需配合 CDM 机制研究并开通"碳金融绿色通道"，争取将人民币与碳排放绑定，帮助人民币成为碳交易中的主要结算货币，从而扩大人民币国际影响力。这对商业银行开展碳金融业务有一定促进作用。第五，除了激励，商业银行违规向"高碳"产业贷款的行为，政府也可以予以责任追究和处罚。应该完善人民银行、银监会和环保部门的检查协调机制，在明确责任分工基础上开展有效监管工作。

（三）建立完善的碳金融法律体系

我国现行碳金融法律体系不够详细，缺乏很好的操作性，还没有恰当的法规用来保护碳金融参与者的权利及约束他们的义务。很大程度增加了商业银行参加碳金融业务的法律风险，应该尽快建立健全的碳金融法律体系，为商业银行此项业务的发展提供法律保障。首先，完善碳金融信贷立法。一是修缮《绿色信贷指引》内容，对绿色信贷的具体实施条例进行细化，使其适用于所有商业银行。二是适量放宽或解除针对环保项目信贷额度的限定，提升商业银行参与碳金融业务积极性。三是出台风险控制准则，处罚商业银行对"两高"项目的乱融资，追究商业银行法律责任。其次，完善碳金融交易立法，加强对碳交易和金融衍生品的监管，促进碳交易市场基础建设，鼓励碳金融产品创新。最后，加快推进我国碳金融发展的配套法律、法规、行业准则，并与国际接轨，确保我国商业银行碳金融业务得以规范发展。

（四）培育碳金融业务的中介机构

在构建统一碳交易市场的同时，积极引导中介服务机构的设立。目前，要解决我国碳金融中介机构及技术不足问题，除了引进专业人才外，还应该采取"现学现用"方针，在商业银行开展碳金融业务时，鼓励已有的专业性中介机构参与。加强与国外金融服务中介合作，从合作中汲取先进经验，指导专业碳金融中介机构。

（五）宣传碳金融业务的意义

碳金融业务归根结底需要企业和个人支持，为了使企业自身加强环保意识，避免一些企业因为缺乏对 CDM 项目的认识，浪费自身生产开发项目中蕴含的碳交易资源，政府应该宣传碳金融知识，银行管理机构可以指派专业人员讲解相关知识。

政府应该督促企业在财务报告中考虑节能减排责任和气候变化因素，需要对企业参与炭交易形成的经济利益或义务进行核算和计量。企业应做好准备，积极积累碳资产，明确自身社会责任，规划将来的减排目标，争取行业内的主动权。

商业银行作为金融企业，开展碳金融有重要战略意义。国内商业银行发展碳金融不均衡，碳金融业务开展参差不齐，银行监管部门应该予以支持和鼓励。

个人环保意识的增加会促使其购买银行绿色理财产品和绿色信用卡，个人对商业银行存款也是对商业银行碳金融事业的支持。所以有效地宣传碳金融业务可以使更多企业和个人加入低碳经济行列，成为我国商业银行发展碳金融业务的动力。

参考文献

［1］刘铮、陈波：《清洁发展机制的局限性和系统风险提示》，《广东社会科学》2009年第6期。

［2］潘家华、陈迎：《碳预算方案：一个公平的可持续的国际气候框架》，《中国社会科学》2009年第5期。

［3］于同申、张欣潮、马玉荣：《中国构建碳市场的必要性及发展战略》，《社会科学辑刊》2010年第2期。

［4］曾刚、万志宏：《国际碳金融市场：现状、问题与前景》，《国际金融研究》2009年第10期。

［5］万志宏、曾刚：《碳排放权交易：理论及应用研究综述》，《金融评论》2010年第4期。

［6］World Bank. "State and Trends of the Carbon Market 2012"［R］, World Bank Group, D. C. Washington, 2013

［7］World Bank. "State and Trends of Carbon Pricing 2015", ［R］, World Bank Group, D. C. Washington, 2015